Inhaltsverzeichnis

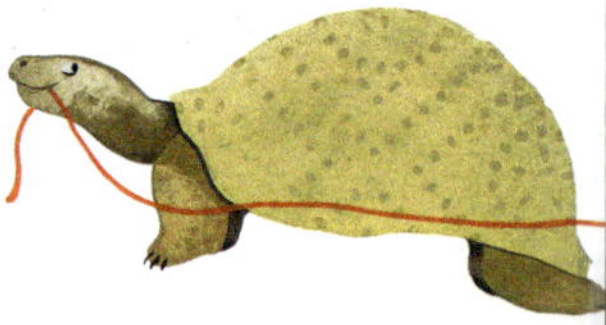

Sätze und Satzglieder untersuchen

Richtig schreiben 147–182

auf deutliches Sprechen achten

auf Wortstamm und Endung achten

Großschreiben in Sätzen und Texten

Texte schreiben und Zeichen setzen

das Wörterbuch benutzen

Kompetenzen vernetzen

- Sachtexte erarbeiten
- literarische Texte erschließen
- Texte schreiben
- Tabellen und Diagramme untersuchen
- einen Kurzvortrag halten

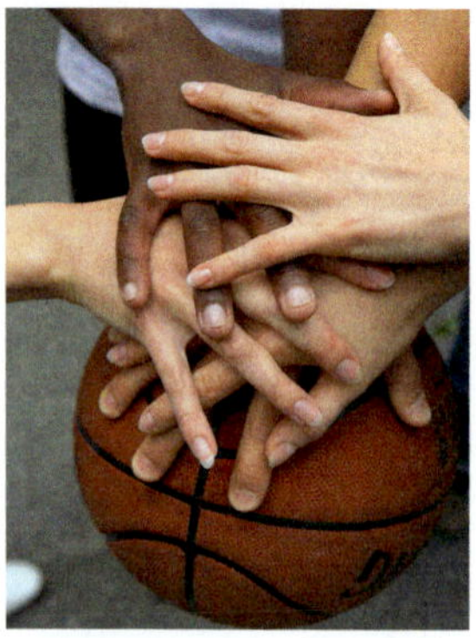

Kindergipfel

Vor anderen sprechen und zuhören

Kindergipfel – eine Idee macht Schule

Auf dem jährlichen Kindergipfel der Regionalen Schule Altenglan können Schülerinnen und Schüler aller Klassen Vorschläge für mehr Kinderfreundlichkeit in der Schule und in ihren Wohnorten machen. Viele Ideen sind in den vergangenen Jahren verwirklicht worden.

Was weißt du schon?

- Was ist ein Gipfeltreffen?
- Was hast du bereits von einem Weltkindertag oder einem Kindergipfel gehört?
- Warum gibt es Kindergipfel?
- Wie könnte ein Kindergipfel an deiner Schule aussehen?
- Auf einem Kindergipfel kann man seine Forderungen vor Zuhörerinnen und Zuhörern vortragen. Tauscht euch aus:

– Welche Schwierigkeiten können die Zuhörerinnen und Zuhörer dabei haben, welche die Sprecherinnen und Sprecher?

– Wie kann Sprechen und Zuhören gelingen?
Sammelt Tipps, z. B.:
Die Sprechenden sollten ...
Die Zuhörenden sollten ...

Wünsche und Vorschläge äußern

1 **a)** Notiere in drei bis vier Sätzen, welche Veränderungen du dir an deiner Schule wünschst, z. B.:
Ich wünsche mir …   Ich hätte gerne …   Mir fehlt …

b) Fasse deine Vorschläge in Stichwörtern zusammen, z. B.:

~~Ich wünsche mir für mich und meine Mitschüler~~ mehr Sitzbänke im Pausenhof. → mehr Sitzbänke im Pausenhof
~~Schön wäre es, wenn wir~~ längere Pausen ~~hätten~~. → längere Pausen

Stichwörter aufschreiben
- kurze, klare Formulierungen wählen
- alles Unwichtige weglassen

! Stichwörter

Stichwörter sind kurze Notizen. Sie helfen dir, nichts zu vergessen. Benenne in wenigen Worten das Wichtigste. So siehst du auf einen Blick, worum es geht.

2 **a)** Wähle einen Vorschlag aus, der dir besonders wichtig ist und den du in der Klasse oder in einer Schulversammlung vortragen könntest.

b) Schreibe drei Begründungen für deinen Vorschlag auf, die deine Zuhörer überzeugen könnten, z. B.:
Längere Pausen sind wichtig, / Ich wünsche mir längere Pausen, …
- ***weil** es dann weniger Andrang im Kiosk gibt.*
- ***denn** ich brauche mehr Zeit, um in Ruhe mein Brot zu essen.*
- ***da** ich mich dann besser im Unterricht konzentrieren kann.*

Begründungen formulieren
- Sätze mit den Konjunktionen (Bindewörtern) *da, weil, denn* einleiten

INFO
Konjunktionen sind Bindewörter, mit denen man Sätze oder Satzteile verknüpfen kann.

3 Überlege dir eine kurze Einleitung, die das Interesse deiner Zuhörer weckt, z. B.:
„Habt ihr euch auch schon so oft über die kurzen Pausen geärgert?“

eine Einleitung formulieren
› Zuhörer direkt ansprechen (z. B. durch eine Frage)

4 **a)** Lege dir einen kleinen „Spickzettel“ an. Notiere darauf in Stichwörtern deine Einleitungsidee, deinen Veränderungsvorschlag und drei passende Begründungen, z. B.:

Meine Einleitung:
– kurze Pausen -> Ärger
Mein Veränderungsvorschlag:
– längere Pausen
Meine Begründungen:
– weniger Andrang am Kiosk
– in Ruhe essen
– bessere Konzentration

einen Redebeitrag vorbereiten
› Stichwörter notieren:
– Einleitung
– Vorschlag
– Begründungen

b) Erkläre deiner Lernpartnerin / deinem Lernpartner deine Begründungen genauer.

c) Überlegt zu zweit, wie sich eure Ideen verwirklichen lassen. Achtet darauf, einander ausreden zu lassen und genau zuzuhören. Stellt Rückfragen, wenn ihr etwas nicht genau verstanden habt.
– Wer eignet sich als Ansprechpartner (z. B. Lehrer, Schulleitung, Schülervertretung, Eltern ...)?
– Welche Schwierigkeiten könnte es geben und wie könnten sie gelöst werden?

Sprechen und Zuhören üben

1 Übe deinen Redebeitrag vor dem Spiegel oder mit deiner Lernpartnerin / deinem Lernpartner und probiere Verbesserungsvorschläge aus. Beachte die folgenden Tipps:

! Sprechregeln

- Schau alle deine Zuhörer beim Sprechen immer wieder direkt an.
- Sieh nur auf deinen „Spickzettel“, wenn es nötig ist.
- Sprich laut und deutlich.
- Sprich nicht zu schnell und mache ab und zu Sprechpausen.

2 Deine Gesprächspartner merken, dass du gut zugehört hast, wenn du in der Lage bist, Aussagen zu wiederholen.
Das kann man durch „Spiegeln“ üben.

a) Trainiert das richtige Zuhören in Vierergruppen.
Zwei Gesprächspartner diskutieren über mögliche Veränderungen an eurer Schule. Dabei „spiegeln“ sie abwechselnd ihre Meinungen und Begründungen.
Die beiden anderen übernehmen die Rolle der Beobachter.
Geht so vor:

„Spiegeln“
- einander aufmerksam zuhören
- in eigenen Worten wiederholen, was die/der andere gesagt hat

Sprecher/innen:

Gespräche beobachten
- je einen der beiden Sprecher beobachten
- den Sprechern nach Ende des Gesprächs eine Rückmeldung geben

Beobachter/innen:

b) Tauscht die Rollen.

3 Du bist dir nicht sicher, ob du alles richtig verstanden hast? Dann frage am besten zurück. Rückfragen erleichtern dir das Verständnis und zeigen, dass du interessiert zugehört hast, z. B.:
- *Kannst du bitte wiederholen, was du gesagt hast?*
- *Könntest du ...?*

Rückfragen stellen

a) Suche weitere passende Formulierungen. Schreibe sie auf.

b) Wann ist der richtige Zeitpunkt für Rückfragen? Begründe.

Zuhörregeln

- Schau die Sprecherin / den Sprecher an.
- Wiederhole Gesagtes in eigenen Worten („spiegeln“).
- Frage zurück, wenn dir etwas unklar ist.

Passende Formulierungen wählen

4 Welche der folgenden Vorschläge werden deiner Meinung nach gut eingeleitet, welche weniger gut? Begründe.
- *Ich will mehr Bäume auf dem Schulhof.*
- *Ich habe mir überlegt, dass wir alle etwas davon hätten, wenn die Pausen etwas länger dauern würden.*
- *Es wurden schon viele gute Ideen genannt. Ich möchte den Vorschlag machen, „Türlotsen“ gegen das Gedrängel beim Klingeln einzusetzen.*
- *Unser Schulhof ist doch einfach nur hässlich – das sagen alle!*

Vorschläge einleiten

sich angemessen ausdrücken

HILFEN
- *der Meinung sein*
- *denken*
- *für sinnvoll halten*
- *vorschlagen*

5 Auf den richtigen Ton kommt es an!
Diese Wendungen kannst du in einer Diskussion verwenden:

für Vorschläge	für Begründungen	für Rückfragen
– Meiner Meinung nach … – Ich finde, dass … – Schön wäre es, wenn …	– Ich möchte meinen Vorschlag so begründen: … – Ich schlage das vor, weil …	– Hast du das so gemeint? – Dein Vorschlag ist mir nicht ganz klar.

Übertrage die Tabelle in dein Heft und ergänze weitere Satzanfänge.

den Schlusssatz formulieren

6 Auch der Schlusssatz ist wichtig!
Welche Schlusssätze findest du gelungen, welche weniger gelungen? Begründe.
- *Deshalb unterstütze ich den Vorschlag, Bäume am Schulhofrand zu pflanzen.*
- *Bäume müssen her!*
- *Okay, das war's, was ich sagen wollte.*
- *Aus diesen Gründen sind Bäume auf dem Schulhof für uns alle sehr wichtig.*

schriftlich Stellung nehmen

7 Schreibe einen kurzen Text für die Schülerzeitung zum Thema „Das wünsch ich mir für meine Schule".
Mache darin einen Vorschlag zur Verbesserung deiner Schule und nenne mindestens drei Begründungen. Achte darauf, die Sätze abwechslungsreich einzuleiten.

Ein paar Übungsrunden machen fit!

„Mehr gemeinsame Unternehmungen außerhalb des Unterrichts!", so lautet eine Forderung auf einem Schülerplakat beim Kindergipfel.

Ideen im Cluster sammeln
- Oberbegriff (Thema) in die Mitte des Blattes schreiben und einkreisen
- dazu passende Ideen und Begriffe darum herum aufschreiben

8 **a)** Welche Vorschläge für gemeinsame Unternehmungen mit der Klasse fallen euch ein? Setzt euch zu dritt zusammen und ergänzt den Cluster mit euren Ideen.

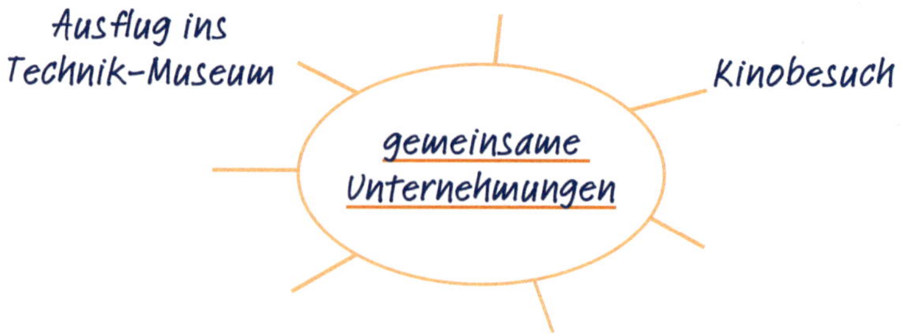

b) Wie können die Vorschläge begründet werden?
Wählt nun jeweils zwei Ideen aus dem Cluster aus und bildet Sätze mit passenden Begründungen.
Verwendet die Konjunktionen *weil, da, denn,* z. B.:
Wir sollten ins Museum gehen, denn das ist für alle interessant.

Vorschläge begründen

c) Erstelle zu deinem Lieblingsvorschlag einen „Spickzettel" mit einer Einleitung und drei Begründungen in Stichwörtern.

einen Redebeitrag vorbereiten

9 **a)** Tragt eure Vorschläge für gemeinsame Unternehmungen nacheinander in kleinen Gruppen vor. Achtet auf die Einhaltung der Sprech- und Zuhörregeln und auf den „richtigen Ton".

b) Besprecht die Redebeiträge in der Gruppe.
– Was ist den Sprechenden bei sich selbst aufgefallen?
– Welche Tipps haben sie für sich selbst?
– Woran haben sie gemerkt, dass ihnen jemand gut zuhört?
– Welche Tipps können die Zuhörenden den Sprechenden geben?
– Welche Vorschläge und Begründungen waren überzeugend? Wiederholt sie.

die Diskussion bewerten

Das habe ich gelernt!

- Formuliere Tipps für gelungenes Sprechen.
- Formuliere Tipps für gelungenes Zuhören.
- Schätze dich als Sprecherin/Sprecher und Zuhörerin/Zuhörer ein. Denke dabei auch an andere Unterrichtsfächer. Übertrage die Tabelle in dein Heft und fülle sie aus.

Sprechen und Zuhören

Das kann ich jetzt gut:	*Daran möchte ich noch arbeiten:*
...	...

Anwenden und vertiefen

Das find ich richtig gut!
Was ist dir außerhalb der Schule wichtig? Entscheide dich für ein Thema und bereite einen Redebeitrag vor. Beachte dabei, was du in diesem Kapitel gelernt hast.

Diesen Sport treibe ich am liebsten: …

Das lese ich am liebsten: …

?

Das ist mein Lieblingstier: …

… – das beste Hobby!

1 **a)** Überlege dir eine Einleitung, überzeugende Begründungen und einen guten Schlusssatz.
b) Schreibe deine Ideen in der richtigen Reihenfolge in Stichwörtern auf einen „Spickzettel“.

HILFEN
So könnte dein „Spickzettel“ aussehen:
Inline-Skaten
Einleitung:
- *„wacklige Angelegenheit“?*

Begründungen:
- *in der Natur sein*
- *sich schnell fortbewegen*
- *kann man (fast) überall machen*

2 Arbeite mit einer Lernpartnerin / einem Lernpartner zusammen.
a) Wiederholt die wichtigsten Sprech- und Zuhörregeln.
b) Stellt einander mit Hilfe eurer Notizen eure „Lieblingssache“ vor. Benutzt dabei Ausdrücke aus den Sprechblasen.

Ich möchte dir … vorstellen.

… ist eine … Sache, denn …

Mir gefällt … aus verschiedenen Gründen: …

… ist deshalb so …, weil …

Viele Leute glauben, dass …, aber…

Ganz besonders mag ich daran, dass …

c) Stellt euch gegenseitig Rückfragen. Im Kasten findet ihr Hilfen.

Wie bist du zu … gekommen? Seit wann …? Wie oft …?
Bist du in einem …? Was sagen … dazu? Welche … hast du?
Wie viele …? Wie viel Zeit verbringst du mit …?

HILFEN
Mit diesen Adjektiven kannst du dein Hobby beschreiben:
- *aufregend*
- *abenteuerlich*
- *beruhigend*
- *entspannend*
- *fesselnd*
- *gesund*
- *interessant*
- *lehrreich*
- *lustig*
- *witzig*
- *spannend*
- *toll*
- *prima*

3 Setzt euch in Kleingruppen zu viert oder zu fünft zusammen.
a) Stellt nacheinander eure „Lieblingssache“ vor. Achtet darauf, eure Zuhörerinnen und Zuhörer einzubeziehen. Links findet ihr Tipps.
b) Stellt am Ende jedes Redebeitrags Rückfragen, die von der oder dem Vortragenden beantwortet werden.
c) Bewertet die Redebeiträge und begründet eure Meinung.

HILFEN
So kannst du die Zuhörenden einbeziehen:
- *Wer von euch kennt …?*
- *Wer von euch hat schon einmal …?*
- *Wisst ihr, was … ist?*
- *Gibt es noch Fragen?*

4 *Hilfe – ich brauche ein neues Hobby!*, so schreibt ein Schüler in einem Internet-Chat. Schreibe einen kurzen Antworttext, in dem du deine Lieblingsbeschäftigung beschreibst.

Ein Klassenlogo – logo, oder?

Miteinander sprechen

Was weißt du schon?

- Was ist ein Logo? Nenne Beispiele.
- Welche Merkmale muss ein gutes Logo haben?
- Wozu kann ein Klassenlogo gut sein? Begründe.
- So nicht – oder?
  - Schau dir die Gesprächssituation oben an. Gegen welche Gesprächsregeln wird hier verstoßen?
  - Wie kann das Miteinandersprechen besser gelingen? Formuliere Tipps.
  - Warum sind Gesprächsregeln in der Klasse wichtig?

Seine Meinung vertreten

Begründungen formulieren
- Sätze mit den Konjunktionen (Bindewörtern) *da, weil, denn* einleiten

1 a) Ihr sucht ein Logo für eure Klasse. Was ist dir bei der Wahl eures Klassenlogos besonders wichtig?
Schreibe deine Meinung auf einen „Spickzettel", z. B.:
Unser Klassenlogo soll leuchtende Farben haben.

b) Notiere eine Begründung für deine Meinung, z. B.:
Unser Klassenlogo soll leuchtende Farben haben, weil es dann mehr auffällt.

2 a) Stellt eure Meinungen in der Gruppe vor, z. B.:

Einleitung	Begründung
Ich bin der Meinung, ... *Meiner Meinung nach ...* *Ich finde wichtig, dass ...*	*... weil es dann mehr auffällt.* *... weil wir eine lustige Klasse sind.* *... damit man gleich weiß, in welcher Klasse wir sind.*

Stichwörter aufschreiben
- kurze, klare Formulierungen wählen
- alles Unwichtige weglassen

b) Welche Meinungen deiner Mitschülerinnen und Mitschüler findest du besonders überzeugend?
Schreibe sie in Stichwörtern in einer Tabelle auf, z. B.:

Wie soll das Logo aussehen?	Warum?
leuchtende Farben *witzige Abbildung*	*fällt mehr auf* ...

diskutieren
- eigene Ideen vorstellen und begründen
- alle zu Wort kommen lassen
- Meinungen begründen
- Beispiele nennen
- auf die anderen eingehen

3 Setzt euch in kleinen Gruppen zusammen. Sprecht darüber, wie euer Logo aussehen soll. Ihr habt zehn Minuten Zeit.
Zwei Schüler sind Beobachter und machen sich Notizen.
Achtet dabei auf folgende Regeln:

10 Minuten

Sprecher	Beobachter
• Du sollst mehrmals zu Wort kommen, um – deine Idee vorzustellen, – deine Meinung zu anderen Vorschlägen zu sagen. • Begründe deine Meinung. Du kannst auch Beispiele nennen.	• Kommt jeder zu Wort? • Werden die Vorschläge begründet? • Gehen die Sprecher auf die Vorschläge der anderen ein? • Werden Gesprächsregeln verletzt und wenn ja – welche?

4 Beurteilt eure Diskussion mit Hilfe der folgenden Fragen. Begründet eure Einschätzung.

die Diskussion beurteilen

Sprecher:
- Bist du oft genug zu Wort gekommen?
- Hast du deinen Vorschlag gut begründet?
- Hast du deine Meinung zu den anderen Vorschlägen gesagt?
- Hast du die Vorschläge der anderen verstanden?
- Welcher Vorschlag hat dir besonders gefallen?
- Welche Verbesserungsvorschläge hast du für die Gesprächsrunde?

Beobachter:
- Welche Regeln wurden beachtet?
- Was muss noch verbessert werden?

5 **a)** Einigt euch in der Gruppe auf einen Vorschlag für ein Klassenlogo, das ihr später der Klasse vorstellen wollt.

b) Erstellt dazu eine Skizze auf einem Notizblatt. Notiert passende Begründungen in Stichwörtern daneben, z.B.:

INFO
Eine **Skizze** ist eine einfache, schnelle Zeichnung, die das Wichtigste zeigt.

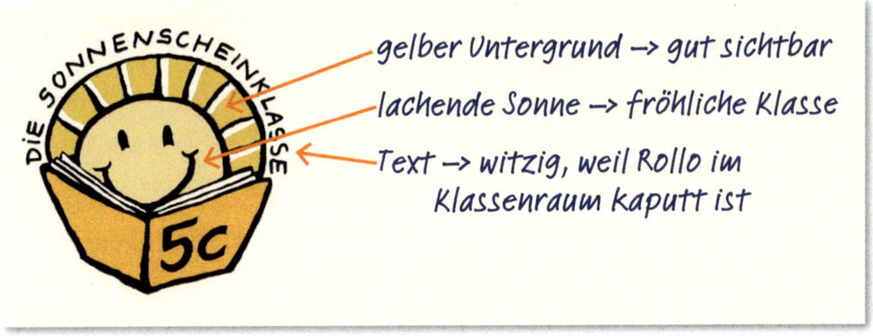

c) Übertragt die Skizze in euer Heft.

Eine Entscheidung fällen

Gesprächsregeln einhalten

1 Bevor ihr euch auf euer Klassenlogo einigt, solltet ihr euch die wichtigsten Gesprächsregeln in Erinnerung rufen:

- Sprecht so, dass ihr gut verstanden werdet.
- Lasst alle aussprechen.
- Hört einander aufmerksam zu.
- Sagt eure Meinung zu den anderen Vorschlägen.
- Bleibt sachlich und höflich.
- Knüpft an die Redebeiträge der anderen an.
- Fragt nach, wenn etwas unklar ist.

Besprecht in eurer Gruppe, was mit den einzelnen Regeln gemeint ist, und gebt Beispiele für gute Formulierungen, z. B.:
...... *bedeutet, dass jeder die Chance bekommen sollte, etwas zu sagen. Man könnte die Zuhörer fragen: „Wie seht ihr das?“*

seine Meinung formulieren

HILFEN
- *für richtig / für falsch halten*
- *genauso sehen / anders sehen*
- *nachvollziehen / nicht (ganz) nachvollziehen können*
- *für überzeugend halten / nicht für überzeugend halten*
- *zustimmen / ablehnen*

2 a) Mit welchen Formulierungen kannst du ausdrücken, dass dir ein Vorschlag gut oder nicht gut gefällt?
Schreibe die Tabelle ab und ergänze sie. Links findest du Hilfen.

gefällt mir gut	gefällt mir nicht gut
Ich finde den Vorschlag ...	*Dieser Vorschlag sagt mir nicht so zu. ...*

b) Übt die Formulierungen zu zweit.

3 a) Je nachdem, wie du dich ausdrückst, kann deine Aussage bei den Zuhörern ganz unterschiedlich ankommen.
Ordne zu, was auf die Aussagen der Sprechblasen zutrifft:
⊕ Die Aussage ermutigt andere beim Sprechen.
⊖ Die Aussage kränkt den Sprecher und stört die Diskussion.

1 Ich möchte deinen Vorschlag unterstützen.
2 Darüber möchte ich gerne mehr wissen.
3 So was Idiotisches!
4 Das glaubst du doch selbst nicht.
5 Klingt ganz gut, nur ...
6 Typisch für J.!
7 Toll, diese Idee!
8 Wer hat sich das bloß ausgedacht?
9 Das ist doch doof!

b) Der Ton macht die Musik!
Lest die Aussagen laut vor und probiert unterschiedliche Sprechweisen aus. Welche klingen freundlich, welche unfreundlich?

4 Bildet neue Tischgruppen mit je einem Mitglied aus allen „alten“ Gruppen. Jeder stellt den „Siegervorschlag“ aus seiner Gruppe vor.

a) Präsentiere die Skizze deiner ersten Gruppe (Seite 17, Aufgabe 5). Erkläre sie genau und formuliere Begründungen in vollständigen Sätzen, z. B.:
Wir haben uns für einen gelben Untergrund entschieden, damit man das Logo von Weitem gut erkennen kann.

b) Einigt euch in euren Gruppen auf einen Vorschlag und teilt der Klasse euer Ergebnis mit. Das Logo, das von den meisten Gruppen gewählt wurde, ist euer Klassenlogo.

5 Schätzt euer Gesprächsverhalten ein.

a) Welche Gesprächsregeln hast du gut eingehalten?

b) Welche Verbesserungsvorschläge hast du für dich und andere?

INFO
Präsentieren bedeutet, zu einem bestimmten Thema vor anderen zu sprechen und Bilder zu zeigen.

TIPP
Ihr könnt auch Stimmen vergeben (je zwei pro Person). Gewonnen hat der Vorschlag mit den meisten Stimmen.

Das habe ich gelernt

- *Worauf muss ich beim Diskutieren achten?*
  - Zeichne zu dieser Überschrift eine große Sprechblase in dein Heft und trage wichtige Gesprächsregeln darin ein.
  - *Was kann ich schon gut?* Markiere es grün.
    Woran möchte ich noch arbeiten? Markiere es rot.
- *Wie kann ich Redebeiträge einleiten?*
  Übertrage die beiden Cluster in dein Heft und ergänze sie mit passenden Satzanfängen.

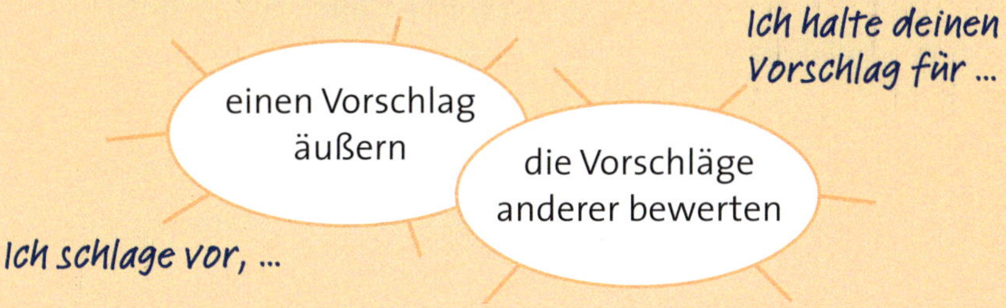

- Vergleiche deine Ergebnisse mit einer Lernpartnerin / einem Lernpartner oder lies noch einmal in diesem Kapitel nach. Ergänze weitere Formulierungen, die du dir merken möchtest, in einer anderen Farbe.

Anwenden und vertiefen

Wir wollen etwas unternehmen!
Einigt euch in der Klasse auf ein gemeinsames Vorhaben.

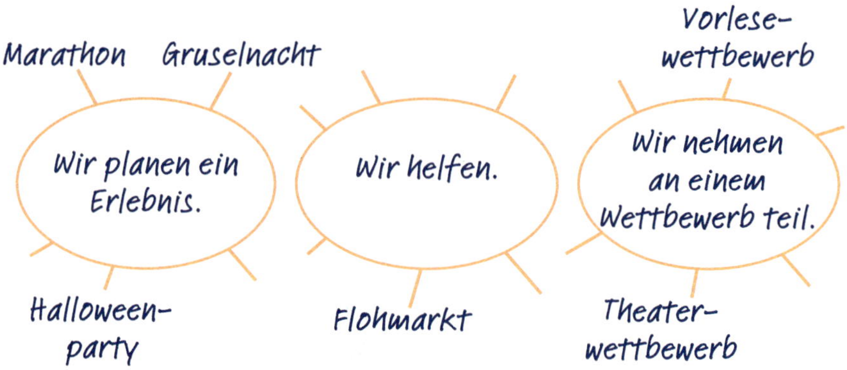

1 **a)** Sammelt zu zweit Ideen. Ergänzt zu jedem Themenbereich weitere Vorschläge in den Clustern.
b) Bilde dir eine Meinung: Welches Vorhaben findest du gut?

2 Übt zu zweit das Formulieren von Vorschlägen.
a) Wählt aus der folgenden Sammlung Satzanfänge aus und sucht passende Fortsetzungen.

> Ich fände es schön, wenn ... Was haltet ihr von ...?
> Es wäre einmal etwas anderes, wenn ... Sollen wir ... ?
> Wir könnten ... Ich habe mir überlegt, dass wir ...
> Mein Vorschlag ist ... Meiner Meinung nach ...

b) Es gibt verschiedene Möglichkeiten, Einwände (andere Meinungen) zu formulieren.
Füllt die Lücken in den folgenden Sätzen. Probiert zu zweit verschiedene Möglichkeiten aus. Links findet ihr Hilfen.

Die Idee ist nicht schlecht,
- *aber* nicht ganz leicht auszuführen.
- ...... können alle mitmachen?
- ...... was geschieht, wenn die Eltern nicht mitmachen?
- ...... eine Sache ist mir unklar: ...
- ...... das Wetter mitspielt.
- ...... sie anderen auch gefällt.

3 Setzt euch in Kleingruppen (4–6 Personen) zusammen.
a) Wählt einen der drei Themenbereiche aus.
b) Diskutiert in der Gruppe, welches Vorhaben umgesetzt werden soll. Beachtet dabei, was ihr in diesem Kapitel über das Diskutieren gelernt habt. Links findet ihr Hilfen.

HILFEN

Einwände formulieren
Satzverknüpfungen:
- *falls, wenn, nur wenn*
- *solange*
- *aber, denn, doch*

in der Gruppe diskutieren
- Bilde dir eine eigene Meinung: Welches Vorhaben gefällt dir am besten?
- Begründe deinen Vorschlag. Notiere dazu Stichwörter.
- Sage deine Meinung zu anderen Vorschlägen.
- Halte dich an die Gesprächsregeln.

Geschichten sind ein Erlebnis

Erlebtes und Erdachtes erzählen

Was weißt du schon?

- Wo und warum werden Geschichten erzählt?
- Was erwarten die Zuhörerinnen und Zuhörer oder Leserinnen und Leser von einer guten Erzählung?
- Welche Tipps für eine gute Erzählung kennst du schon?

Eine Erzählung untersuchen

Die folgende Erzählung stammt von dem Schriftsteller Benno Pludra. Sie ist hier in drei Abschnitten abgedruckt, damit du sehen kannst, wie die Erzählung aufgebaut ist.

Die Einleitung

1 **a)** Lies zuerst die Einleitung der Erzählung.

Benno Pludra
Die Schwäne auf dem Wasser

Der kleine Junge hatte in diesem Sommer schwimmen gelernt. Er war noch sehr klein und alle Leute bewunderten ihn. „Seht mal", sagten die Leute, „der kleine Junge kann schwimmen."

b) Was erfährst du durch die Überschrift und den Textanfang? Schreibe Stichwörter auf.

c) Wie könnte die Erzählung weitergehen? Notiere Vermutungen.

d) Vergleicht eure Sätze.

Merkmale einer Einleitung kennen

2 **a)** Erzähltexte haben oft eine Einleitung. Überlege, warum.

b) Lies den folgenden Merkkasten.

! Die Einleitung

Die Einleitung führt in die Handlung ein. Es wird oft noch nicht verraten, worum es in der Erzählung geht. Folgende **W-Fragen** werden meist in der Einleitung beantwortet:
- **Wer** ist beteiligt? (Hauptfiguren)
- **Wann** geschieht die Handlung? (Zeit)
- **Wo** spielt die Geschichte? (Ort)

c) Lies noch einmal die Einleitung der Erzählung (Zeile 1–4). Welche W-Fragen werden darin beantwortet?

Der Hauptteil

3 Lies nun den Hauptteil der Erzählung und überprüfe, welche deiner Vermutungen aus Aufgabe 1c) zutreffen.

Zum ersten Mal schwamm er heute ganz allein. Kein Vater war dabei, niemand am Ufer sah ihn. Der See war groß und glatt; er lächelte im Sonnenschein. Seerosenfelder blühten gelb und weiß. Zwischen den Seerosenfeldern, auf einer blanken Wassergasse, schwamm der kleine Junge vom Ufer weg und hin zu einem Pfahl*. Dort hielt er sich fest, das Kinn knapp über dem Wasser, und verschnaufte*. Die Wiese am Ufer erschien ihm fern, die Büsche und Bäume ruhten reglos wie im Schlaf. Der kleine Junge war glücklich und stolz. „Ich habe keine Angst mehr", sagte er zu sich selber, „ich könnte sonst wohin und sonst wie weit noch schwimmen."

der Pfahl: ein Stab aus Holz, an dem man Boote festmachen kann
verschnaufen: eine Pause machen, um sich auszuruhen

Nun sah er die Schwäne. Es waren drei und sie zogen gemächlich* heran, zwischen den Seerosenfeldern die blanke Wassergasse herauf, leicht und ruhig wie weiße segelnde Schiffe. Der kleine Junge blieb am Pfahl. Zwei Lehren* hatte ihm sein Vater gegeben: „Den Seerosen weiche aus, den Schwänen komm nicht zu nahe. Hüte dich, pass auf!" Die Schwäne begannen zu fressen. Sie beugten die hohen Hälse nieder und schnatterten mit den harten Schnäbeln flach durchs Wasser. Die schweren Schwingen* waren aufgestellt und sahen aus, als wären sie federleicht.

gemächlich: langsam, ohne Eile

die Lehre: der gute Ratschlag

die Schwinge: der Flügel eines Vogels

Der kleine Junge klebte am Pfahl. Das Holz war glatt, von Algen* bewachsen, und die Schwäne ließen sich Zeit. Sie gaben den Weg nicht frei, die blanke Wassergasse blieb versperrt.
Der Junge fror*. Er war klein und ein bisschen mager*, darum fror er bald und wünschte, dass die Schwäne jetzt verschwinden möchten. Er überlegte auch, ob er die Seerosenfelder nicht umschwimmen sollte; doch er war nun schon lange im Wasser und fühlte sich nicht mehr so stark, seine Muskeln waren kalt. Der kleine Junge wagte nicht, die Seerosenfelder zu umschwimmen.

die Alge: Wasserpflanze

fror, Präteritum (Vergangenheit) von *frieren:* dem Jungen war kalt
mager: sehr dünn

Die Schwäne indessen glitten* langsam näher. Sie fraßen nach links und rechts und glitten auf den kleinen Jungen zu. Er hörte ihre Schnäbel schnattern, und er wusste, dass diese Schnäbel zuschlagen konnten, heftig wie die Faust eines Mannes.

glitten, Präteritum (Vergangenheit) von *gleiten:* Sie schwammen ruhig über das Wasser.

Noch beachteten sie den kleinen Jungen nicht. Er verhielt sich still. Er fror immer mehr, und die Schwäne lagen drei Schritte entfernt auf dem Wasser. Sie fraßen nicht mehr und rührten sich nicht. Ihre großen Körper schaukelten sanft.

Der kleine Junge musste schwimmen. Es gab keine Wahl, er musste schwimmen – oder er würde versinken, hier am Pfahl, von keinem bemerkt. Warum rief er nicht nach Hilfe? Es gab keine Hilfe. Kein Vater, niemand am Ufer sah ihn. Der kleine Junge musste schwimmen.

Erzählschritte erkennen

INFO
Wenn in einer Erzählung etwas Neues passiert, spricht man von einem **Erzählschritt.**

4 **a)** Der Hauptteil besteht aus mehreren Erzählschritten. Welche sind das? Mache Zeilenangaben und fasse jeden Erzählschritt in einem Satz zusammen, z. B.:
1. Schritt: Z. 5–15 *Der kleine Junge schwimmt im See.*

b) Der Abschnitt von Zeile 46–50 stellt den Höhepunkt der Erzählung dar. Begründe das mit Hilfe des Merkkastens.

c) Welches Ende erwartest du?

! Der Hauptteil

Im Hauptteil wird das Geschehen in mehreren **Erzählschritten** dargestellt.
Der Hauptteil enthält oft einen **Höhepunkt.** Das ist die spannendste Stelle einer Erzählung: Man weiß noch nicht, ob die Handlung sich zum Guten oder zum Schlechten wendet.

Der Schluss

5 **a)** Lies das Ende der Erzählung.

Er sammelte all seinen Mut und zog die Füße an den Leib* und stieß sich ab vom Pfahl. Das Wasser rauschte auf, eine Welle schoss voran, den Schwänen unter den „weißen Bug"*. Sie äugten scheel*, die Schnäbel aufrecht und abgewandt, und wichen* lautlos zur Seite. Der kleine Junge aber schwamm. Sein Kopf war steil erhoben und hinten am Wirbel spießten die kurzen, blonden Haare hoch*.

der Leib: der Körper
der Bug: Vorderseite eines Schiffes; hier: der Schwäne
sie äugten scheel: sie blickten misstrauisch
sie wichen, Präteritum (Vergangenheit) von *weichen:* sie schwammen weg
spießten hoch: standen nach oben ab

! **Der Schluss**

Eine Erzählung kann ein **geschlossenes Ende** (alles klärt sich auf) oder ein **offenes Ende** (es bleiben noch Fragen offen) haben.

b) Wie endet die Erzählung? Vergleiche mit deinen Vermutungen.

c) Wie könnte die Erzählung anders enden? Schreibe einen eigenen Schluss.

6 Das Bild des roten Fadens hilft dir, den Aufbau einer Erzählung vor Augen zu haben.

den roten Faden einer Erzählung kennen

a) Zeichne einen roten Faden in dein Heft. Beschrifte den Faden in der richtigen Reihenfolge mit den Begriffen aus dem Kasten.

Schluss	Höhepunkt
Einleitung	Hauptteil

b) Notiere neben jeden Bestandteil der Erzählung die W-Fragen, die darin beantwortet werden, z. B.:
Einleitung: Wer? W...?
In der Randspalte findest du Hilfen.

HILFEN
W-Fragen formulieren
Wer? Wann? Wo? Was passiert? Wie wird es weitergehen? Wie endet die Erzählung?

7 Eine Erzählung kann in der Ich-Form oder in der Er/Sie-Form erzählt werden.

a) Untersuche, in welcher Form dieser Text erzählt wird. Achte auf die Personalpronomen.

b) Forme die Einleitung der Erzählung (Z. 1–4) in die andere Erzählform um. Was verändert sich, was bleibt gleich?

Erzählformen unterscheiden
- Ich-Erzähler, z. B.: *Ich ging die Straße hinab. Mir war kalt.*
- Er/Sie-Erzähler, z. B.: *Er ging die Straße hinab. Ihm war kalt.*

INFO
Personalpronomen:

ich	*wir*
du	*ihr*
er/sie/es	*sie*

Eine eigene Erzählung planen

Schreibideen sammeln

Benno Pludra erzählt von einem Erlebnis, das für den kleinen Jungen etwas Besonderes war. Jetzt bist du dran! Sicher hast du auch schon etwas erlebt, über das du erzählen kannst.

Ideen im Cluster sammeln
- Oberbegriff (Thema) in die Mitte des Blattes schreiben und einkreisen
- dazu passende Ideen und Begriffe darum herum aufschreiben

1 Du hast noch keine genaue Schreibidee? Ein Cluster kann dir beim Ideenfinden helfen.

a) Entscheide dich für ein Thema.
Übertrage den Cluster in dein Heft und notiere in Stichwörtern alle Ideen, die dir dazu einfallen.

b) Wähle dann eine deiner Ideen als Thema für deine Erzählung aus.

Den Textaufbau planen

Dein Text soll deinen Lesern Freude machen und von ihnen gut verstanden werden. Ein Schreibplan hilft dir, den Aufbau deiner Erzählung zu planen.

einen Schreibplan anlegen

2 Übertrage den folgenden Schreibplan in dein Heft und fülle ihn mit deinen eigenen Ideen in Stichwörtern aus. Notiere nur die wichtigsten Informationen zu Einleitung, Hauptteil und Schluss.

Meine Schreibidee

Thema:	*Fifi und das Sahnetörtchen*
1) Einleitung	
Wer?	*ich, Nachbarin, Hund Fifi*
Wann?	*Sommerferien, mein Geburtstag*
Wo?	*unsere Wohnung*
2) Hauptteil	
Was passiert?	*Fifi frisst Törtchen*
Höhepunkt:	*Nachbarin fällt in Ohnmacht*
3) Schluss	...

die Erzählschritte des Hauptteils planen

3 Plane nun den Hauptteil deiner Erzählung genauer.

a) Überlege dir, welche Erzählschritte im Hauptteil deines Textes vorkommen sollen.

b) Schreibe die wichtigsten Erzählschritte für den Hauptteil deiner Geschichte in Stichwörtern auf und verbinde sie mit Pfeilen.
Sieh dir als Beispiel die Erzählschritte des Hauptteils der Erzählung „Die Schwäne auf dem Wasser“ an:

– *Junge ruht am Pfahl aus*
↓
– *sieht die Schwäne*
↓
– *denkt an Warnung des Vaters*
↓
– *Angst, Kälte, kann nicht um Hilfe rufen (= Höhepunkt)*
↓
– *nimmt seinen ganzen Mut zusammen*

Der erste Satz

den Anfang einer Erzählung schreiben

4 Es gibt viele Möglichkeiten, eine Erzählung zu beginnen.

a) Lies die folgenden Beispiele für Anfänge von Erzählungen:

A Tick tack, tick tack lauschte ich der Wohnzimmeruhr. Die Spannung war kaum noch zu ertragen. Wie lange sollte ich noch warten?

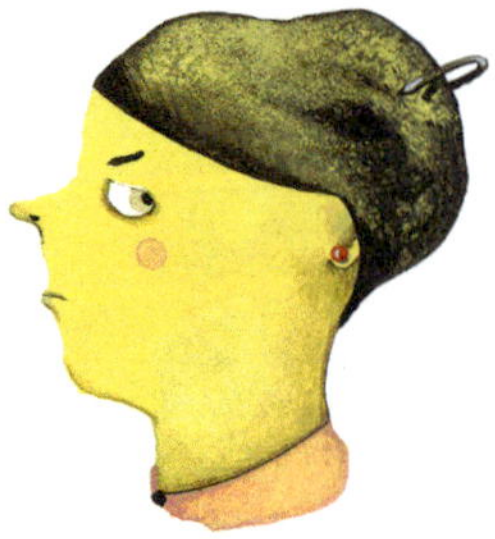

B Schuld an dieser Geschichte war ein überraschender Besuch. Frau Mai war früher als gewöhnlich nach Hause gekommen …

C Eines Tages, mitten im Winter, saß ich …

D „Hum, hum, potzkrötenschreck-schneckundtaubendreckweg-vomfleck", murmelte der seltsame kleine Herr ärgerlich.

E Es regnete. Viktor schaute genervt aus dem Fenster.

b) Welcher Geschichtenanfang macht dich neugierig? Warum?

c) Worum könnte es in den Erzählungen gehen? Tauscht euch aus.

Erzählformen unterscheiden
- Ich-Erzähler
- Er/Sie-Erzähler

d) Bestimme die Erzählform der Geschichtenanfänge (Ich- oder Er/Sie-Erzähler).

e) Welche W-Fragen werden in den Geschichtenanfängen beantwortet?

5 Schreibe nun die Einleitung deiner eigenen Erzählung. Entscheide dich für eine Erzählform und berücksichtige die W-Fragen.

6 **a)** Stellt eure Geschichtenanfänge einander vor. Entscheidet, welche Stellen besonders gut gelungen sind und was noch verbessert werden könnte.

b) Benennt jeweils die Erzählform der Texte.

Die Zeitform des Erzählens: das Präteritum

7 **a)** Lies noch einmal den folgenden Ausschnitt aus der Erzählung von Benno Pludra.

Zwischen den Seerosenfeldern, auf einer blanken Wassergasse, schwamm der kleine Junge vom Ufer weg und hin zu einem Pfahl. Dort hielt er sich fest, das Kinn knapp über dem Wasser, und verschnaufte. Die Wiese am Ufer erschien ihm fern, die Büsche und Bäume ruhten reglos wie im Schlaf. Der kleine Junge war glücklich und stolz.

b) Suche alle Verbformen aus dem Text heraus, z. B.: *schwamm, war …*

c) In welcher Zeitform stehen die Verben?

! Erzählen: die richtige Zeitform verwenden

In einer schriftlichen Erzählung wird meistens die Zeitform **Präteritum** (Vergangenheit) verwendet.

Eine Geschichte wirkungsvoll erzählen

wirkungsvoll erzählen

8 Mit Hilfe bestimmter Wörter und Wendungen lassen sich Gedanken und Gefühle genau ausdrücken.

a) Übertrage die folgende Tabelle in dein Heft und schreibe in jede Spalte passende Beispiele aus dem Kasten.

Überraschung, unerwartete Wendung	Angst oder andere Gefühle
Kaum zu glauben! *plötzlich* …	*Mir stockte der Atem.* …

Was war das? Nein! Es war nicht zu fassen! Oh je – …!
auf einmal Verdammt – irgendetwas stimmte hier nicht!
plötzlich gelähmt vor Angst in diesem Moment
mit klopfendem Herzen Wer hätte das gedacht?
Ich konnte meinen Augen kaum trauen. Sekunden später
Das kann doch nicht wahr sein! Kaum zu glauben!

b) Ergänze weitere Beispiele in der Tabelle.

c) Schreibe mit den Beispielen aus deiner Tabelle drei Sätze, die im Hauptteil deiner Erzählung vorkommen könnten.

Den Schluss schreiben

9 **a)** Lies die folgenden Schlüsse verschiedener Erzählungen und stelle Vermutungen über die Handlung der Texte an.

„Was? Das Haus rechts?", keuchte Chris. „Ja", bestätigte Tim. „Das mit dem windschiefen Schornstein. Alle wissen, dass es darin Geister gibt." „Niemand überlebt dieses Haus", fügte er nach einer Pause hinzu.

„Miau", hörte ich plötzlich von draußen. „Eine Katze!", riefen wir wie aus einem Munde. Mir fiel ein zentnerschwerer Stein vom Herzen.

„Rache, Raaaaaaache!", brüllte er aus vollem Hals. „Wartet nur – mit euch bin ich noch lange nicht fertig."

b) Welchen Schluss findest du besonders gelungen? Begründe.

offenes und geschlossenes Ende unterscheiden

c) Eine Erzählung kann zu einem eindeutigen Schluss kommen oder ein offenes Ende haben.
Um was für ein Ende handelt es sich bei den drei Schlüssen jeweils? Beschreibe, welche Wirkung dadurch entsteht.

10 Schreibe den Schluss deiner eigenen Erzählung.

Die Erzählung schreiben

die Erzählung schreiben

1 **a)** Schreibe nun deine eigene Erzählung als Ganzes. Nutze dabei deinen Schreibplan. Überarbeite deine ersten Entwürfe für den Anfang und den Schluss so, dass alles gut zusammenpasst.

b) Ist deine Erzählung für andere verständlich? Tausche deinen Text mit dem einer Lernpartnerin / eines Lernpartners und gebt einander Tipps.

eine Überschrift formulieren

2 Deine Erzählung ist fertig geschrieben, aber etwas fehlt noch: die Überschrift. Lies dazu den folgenden Merkkasten:

! Eine Überschrift finden

Die **Überschrift** soll zum Inhalt der Erzählung passen und den Leser neugierig machen, aber nicht zu viel verraten. Manchmal ist es nützlich, die Überschrift erst nach dem Schreiben der Erzählung zu formulieren.

a) Warum kann es nützlich sein, die Überschrift erst nach dem Schreiben des Textes zu formulieren? Tauscht euch aus.

b) Was ist an den folgenden Überschriften für Erzählungen nicht gelungen? Mache Verbesserungsvorschläge.

– *Als mein Bruder mich einmal im Vampirkostüm erschreckte*
– *Die lange Suche nach der entlaufenen Katze*

c) Überlege dir zwei mögliche Überschriften für deinen Text. Tausche dich mit deiner Lernpartnerin / deinem Lernpartner darüber aus und entscheide dich für eine der beiden Überschriften. Begründe deine Wahl.

Das habe ich gelernt

- Das Ziel einer Erzählung ist ...
- Eine Erzählung hat normalerweise folgenden Aufbau: ...
- So sollte man beim Verfassen einer Erzählung vorgehen: ...
- Bei der Sprache muss man darauf achten, dass ...
- Das ist mir beim Überarbeiten meiner Texte aufgefallen: ...
- So könnte ich meine Erzählung verbessern: ...

Sprich mit einer Lernpartnerin / einem Lernpartner oder schreibe in dein Portfolio.

Anwenden und vertiefen

Zu einem vorgegebenen Thema schreiben

So eine Überraschung! | *Pech gehabt!* | *Das war knapp!*

Entscheide dich für Aufgabe 1, 2 oder 3.

eine Erzählung schreiben
1. Erstelle einen Schreibplan.
2. Schreibe eine Einleitung, die alle wichtigen Informationen (*Wer? Wann? Wo?*) enthält.
3. Schreibe den Hauptteil mit spannender Handlung (und Höhepunkt).
4. Schreibe den Schluss deiner Erzählung.
5. Überarbeite deine Erzählung.

1 Wähle ein Thema aus und schreibe eine Erzählung dazu. Gehe so vor, wie du es in diesem Kapitel gelernt hast.

2 **a)** Arbeitet zu zweit. Wählt eines der drei Themen aus und erstellt gemeinsam einen Schreibplan für eine Erzählung. Im folgenden Kasten findet ihr Ideen, die ihr übernehmen könnt:

Diebstahl Note 1! Handy verloren Geburtstag vergessen riesiges Paket ein Tag mit Großvater platter Reifen Begegnung mit dem Direktor Hund im Karton ein Streich

b) Plant die Schritte des Hauptteils und macht euch Notizen.
c) Arbeitet nun allein weiter. Jeder schreibt eine Erzählung.

3 **a)** Lies die folgenden Stichwörter für eine Erzählung:
letzter sonniger Sommerabend → Balkon → Liegestuhl → ich → Zeitschrift lesen → merkwürdiges Geräusch → unbehaglich/ängstlich → Einbrecher? → Herzklopfen → nachsehen → Katze
b) Schreibe mit Hilfe der Stichwörter in a) und dem Wortmaterial aus der Tabelle eine spannende Erzählung. So kannst du beginnen:
Es war der letzte sonnige Sommerabend. Ich saß auf unserem Balkon auf einem Liegestuhl und ...

Sätze einleiten	Gefühle und Gedanken ausdrücken
nachdem / weil / denn / während / aber / obwohl / außerdem / doch / plötzlich / aber	*Ich dachte / Ich fragte mich / Mir schoss durch den Kopf / Ich flüsterte / Ich schrie / Was sollte ich jetzt bloß tun?*

TIPP
Ihr könnt einander Rückmeldungen geben
- zum Inhalt,
- zur Rechtschreibung,
- zur Sprache.

4 Bildet Gruppen für eine Schreibkonferenz.
a) Lest noch einmal die Merkkästen und erarbeitet gemeinsam eine Checkliste mit Kriterien für eine gelungene Erzählung.
b) Tauscht eure Erzählungen untereinander aus und gebt euch Rückmeldungen.
c) Überarbeitet eure Erzählungen.

In jedem Bild steckt eine Geschichte

Zu Bildern schreiben

Was weißt du schon?

- Welche Fotos oder Bilder magst du besonders? Warum?
- Hast du schon einmal eine Geschichte zu Bildern erzählt? Welche Erfahrungen hast du dabei gemacht?
- Wie kann man eine selbst ausgedachte Geschichte erzählen? Nenne Tipps, die du schon kennst.
- Betrachte die Fotos auf dieser Seite.
  – Was siehst du darauf? Beschreibe.
  – Welches Foto interessiert dich besonders? Warum?

Zu einem Foto erzählen

sich in eine Situation hineinversetzen, Wahrnehmungen beschreiben

1 Wähle eines der Bilder von Seite 33 aus, zu dem du eine Geschichte erzählen möchtest.
Stell dir vor, du bist an dem Ort, der auf dem Foto dargestellt ist. Notiere deine Gedanken zu den folgenden Fragen:

Was siehst du? *Was riechst du?* *Was fühlst du?* *Was hörst du?* *Was sagst du?* *Was denkst du?* *Was wünschst du dir?*

HILFEN
Verben: z. B. *rauschen, zwitschern ...*
Adjektive: z. B. *bunt, laut, windig ...*

2 a) Vergleicht eure Ergebnisse aus Aufgabe 1.

b) Erstellt eine Liste mit Verben und Adjektiven oder Wortgruppen, die besonders gut zu dem gewählten Foto passen.

W-Fragen stellen und beantworten

3 a) Sammle Ideen für deine Erzählung. Schreibe dazu Fragen auf, die sich dir beim Betrachten des Bildes stellen.
Du kannst mit den folgenden Fragewörtern beginnen:
Was ...? *Wo ...?* *Wer ...?* *Wem ...?*
Warum ...? *Wann ...?* *Wie ...?*

b) Denke dir mögliche Antworten aus und schreibe sie in Stichwörtern auf einzelne Kärtchen.

einen roten Faden festlegen

TIPP
Lege fest, ob das Bild eine Situation am Anfang, in der Mitte oder am Ende deiner Geschichte zeigen soll. Die anderen Teile musst du dir selbst ausdenken.

4 Ordne deine Ideen aus Aufgabe 3 b) so, dass deine Geschichte einem roten Faden folgt. Notiere Stichwörter für die Einleitung, für den Hauptteil und für den Schluss in einem Schreibplan.

TIPP
Achte darauf, die Zeitform Präteritum einzuhalten!

5 Schreibe nun eine Erzählung zu dem Bild.
Nutze dazu die Wortliste aus Aufgabe 2 b) und deinen Schreibplan aus Aufgabe 4.

6 Suche eine passende Überschrift für deine Erzählung.

Erzählwerkstatt

Wörtliche Rede verwenden

Texte wirken lebendiger, wenn abwechslungsreiche Sprache verwendet wird. Auf den folgenden drei Seiten findest du Übungen dazu.

1 a) In dem folgenden Textausschnitt wird viel gesprochen, allerdings fehlen einige wichtige Wörter in den Begleitsätzen der wörtlichen Rede. Lies den Text und ergänze in Gedanken passende Verben.

abwechslungsreiche Begleitsätze für wörtliche Rede verwenden

Das Sams ist zum ersten Mal in der Schule und lernt seinen neuen Lehrer, Studienrat Groll, kennen.

Studienrat Groll stellte sich vor dem Neuen auf.
„Wie heißt du?“, ... er.
„Robinson“, ... der neue Schüler und lachte.
Es war das Sams.
„Du sollst nicht lachen!“, ... Herr Studienrat Groll und runzelte die Stirn.
„Warum denn nicht?“, ... das Sams.
„Weil man hier nicht lacht“, ... Herr Groll.
„Doch, man lacht hier“, ... das Sams. „Schau her!“
Und es lachte, dass sein Mund von einem Ohr zum anderen zu reichen schien. Die Kinder lachten mit, so ansteckend wirkte das.
„Ruhe!“, ... Herr Groll wütend. „Außerdem sagt man nicht du zu mir. Das solltest du in dem Alter längst wissen!“

Paul Maar: *Das Sams in der Schule*

b) Beratet euch, welche Verben am besten in die Lücken passen. Wenn ihr unterschiedlicher Meinung seid, begründet eure Wahl.

c) Erstellt eine Liste mit Verben, die ihr an Stelle von *fragen* und *sagen* verwenden könnt.

mit Wortfeldern arbeiten

HILFEN
- **sagen:** *antworten, brüllen, flüstern, stammeln* ...
- **fragen:** *sich erkundigen, nachhaken, wissen wollen, sich wundern* ...

2 Lest den Text mit verteilten Rollen. Achtet darauf, welche Verben ihr verwendet und wie das Sams und Herr Groll dann sprechen müssen.

Satzzeichen bei wörtlicher Rede setzen

TIPP
Wörtliche Rede wird oft durch **Begleitsätze** eingeleitet, z. B.:
Sie sagte: ...
..., fragte er.
→ S. 175

Erzählen

3 Im folgenden Merkkasten sind die Satzzeichen der wörtlichen Rede farbig markiert. Sieh sie dir genau an und vergleiche jeweils die beiden Sätze.

a) Wann setzt man einen Doppelpunkt, wann ein Komma?

b) Wo steht das Komma?

! Satzzeichen bei wörtlicher Rede setzen

- Sie sagte: „Ich kenne die Regeln."
  „Ich kenne die Regeln", sagte sie.
- Er rief: „Super!"
  „Super!", rief er.
- Er fragte: „Erklärst du sie mir?"
  „Erklärst du sie mir?", fragte er.
- „Wenn du's genau wissen willst", riet sie, „lies auf Seite 175 nach."

Gedanken und Gefühle wiedergeben

4 Auch die Gedanken und Gefühle der Figuren sind wichtig.

a) Lies die folgenden Textstellen aus Erzählungen.

b) In welcher Situation könnten sich die Figuren befinden? Was denken sie und wie fühlen sie sich? Tauscht euch aus.

Er kletterte über den Zaun. Die Verfolger waren ihm schon dicht auf den Fersen.

Es war totenstill in der Klasse. Alle fingen an zu schreiben. Er starrte auf sein leeres Klassenarbeitsheft.

Sie öffnete die Tür und da lag ein Paket.

c) Schreibe die Textstellen um.
Schreibe auf, was die Figuren denken könnten, z. B.:
„Was für eine Überraschung!", dachte er.
Hier findest du Formulierungshilfen:

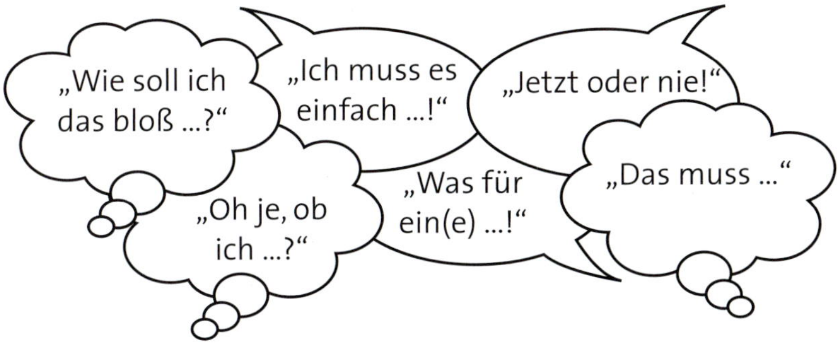

HILFEN
Begleitsätze formulieren
- *dachte*
- *fragte sich*
- *schoss ihr/ihm durch den Kopf*
- *hatte nur noch einen Gedanken*

Abwechslungsreiche Satzanfänge formulieren

5 *„Und dann, und dann, und dann ..."* – fang doch den Satz mal anders an! Die folgende Wortsammlung hilft dir, abwechslungsreichere Satzanfänge zu schreiben:

Danach ...	Nach einer Weile ...	Zu Beginn ...
Am Ende ...	Kurz darauf ...	Zum Schluss ...
In diesem Augenblick ...	Plötzlich ...	Anschließend ...
Auf einmal ...	Vorgestern ...	Inzwischen ...

a) Fertige dir eine Schreibhilfe an: Schreibe die Satzanfänge in einer für dich sinnvollen Reihenfolge untereinander auf einen Papierstreifen, z. B.:

- *Zu Beginn ...*
- *Nach einer Weile ...*
- *...*

Ergänze eigene Beispiele.

b) Überprüfe nun deine Geschichte zu dem Foto auf Seite 33. Markiere die Stellen, an denen du abwechslungsreichere Satzanfänge verwenden kannst.
Notiere Verbesserungsvorschläge am Rand, z. B.:

eine Geschichte überarbeiten

Er rannte die Straße entlang.	
Dann kam ein Wagen um die Ecke.	*Plötzlich*
Und seine Mütze fiel herunter,	*In diesem Augenblick fiel*
ohne dass ...	

Die Erzählung überarbeiten

1 Diese Erzählung wurde in einer Schreibkonferenz überarbeitet:

Im Urwald lebten einst viele Tiere. Die zankten sich. Eines Tages kam eine Biene des Weges geflogen. Sie war erst vor ein paar Stunden in den Urwald daher geflogen. Sie wunderte sich über den Lärm im Urwald. Also versteckte sie sich in den Palmen, um zu sehen, wie das Leben dort war. Ein Elefant stritt sich. Da kam die Biene und dachte: „Wenn ich das Nilpferd unter der Achsel kitzele, wird es mal lachen." Schwupp, die Biene flog unter die Achsel, aber das Nilpferd lachte gar nicht, sondern schaute nur verdutzt. Da flog die Biene vor seinen Mund. Ausgerechnet machte es jetzt den Mund auf und atmete ein. Die Biene wurde angezogen und verschwand im Mund. Nach ein paar Stunden musste das Nilpferd husten und die Biene kam herausgeflogen. Das war für sie eine Lehre

(Beena, 5. Kl.)

TIPP
Markiere Textstellen mit folgenden Zeichen:

- Hier fehlt etwas.
- [ ] umformulieren
- Gefühl ausdrücken
- Hier muss ich etwas umstellen.

a) Was soll die Verfasserin der Erzählung verändern?

b) Verbessere den Text an den markierten Stellen.

! Eine Schreibkonferenz durchführen

Setzt euch zu viert zusammen.

1. Du liest deinen Text vor, die anderen hören gut zu.
2. Die anderen geben dir eine Rückmeldung, was ihnen gefallen hat. Bei Unklarheiten fragen sie nach.
3. Besprecht den Text nun Satz für Satz. Markiert Stellen, die geändert werden sollen.
4. Korrigiert die Rechtschreibung.

2 a) Beurteilt eure eigenen Erzählungen in der Schreibkonferenz. Achtet dabei auf folgende Punkte:

- Was gefällt euch besonders an der Erzählung?
- Ist der Text gut aufgebaut (roter Faden)?
- Wird deutlich, wo und wann die Erzählung spielt und was die Figuren tun und fühlen?
- Werden alle Schritte der Handlung deutlich?
- Wurde eine passende Überschrift gewählt?
- Wurden spannende Stellen sprachlich gut gestaltet?
- Wurden die Sätze sinnvoll miteinander verknüpft?
- Stimmen Rechtschreibung und Zeichensetzung?

b) Überarbeite deine Erzählung und berücksichtige dabei die Ratschläge aus der Schreibkonferenz.

Überprüfen der Rechtschreibung
- bekannte Rechtschreibregeln oder -proben anwenden
- im Wörterbuch nachschlagen

Überprüfen der Zeichensetzung
- Komma zwischen Haupt- und Nebensätzen
- Komma bei Aufzählungen
- Anführungszeichen bei wörtlicher Rede

Das habe ich gelernt

- Erstelle eine Checkliste zum Thema *„Zu Bildern schreiben – so gehe ich vor“*. Bringe dazu die Punkte im Kasten in eine sinnvolle Reihenfolge, z. B.:

  1) Gedanken ...
  2) ...

W-Fragen beantworten	*Gedanken zum Bild notieren*
W-Fragen zum Bild formulieren	*Antworten sortieren*
Zeitform wählen	*roten Faden festlegen*

- Durch welche Wörter kannst du *sagen, denken* und *dann* ersetzen? Lege auf einem Blatt drei Cluster an und notiere passende Wörter, z. B.:

  Kontrolliere die Ergebnisse anschließend mit Hilfe deiner Wörterlisten. Ergänze fehlende Wörter in einer anderen Farbe.

- Sprich mit einer Lernpartnerin / einem Lernpartner über die folgenden Fragen oder schreibe in dein Portfolio:
  - Was kann ich beim Geschichtenschreiben schon gut?
  - Woran möchte ich noch weiter arbeiten?

einen Cluster anlegen
- Oberbegriff in die Mitte des Blattes schreiben und einkreisen
- dazu passende Ideen und Begriffe darum herum aufschreiben

Anwenden und vertiefen

HILFEN
W-Fragen formulieren
- *Wer ...?*
- *Wo befindet sich ...?*
- *Was macht ...?*
- *Warum sitzt ...?*
- *Was denkt ...?*

Betrachte die beiden Bilder. Entscheide dich für Aufgabe 1 oder 2.

1 Arbeite mit einer Lernpartnerin oder einem Lernpartner.

a) Wählt ein Bild aus. Stellt euch vor, ihr wärt an dem Ort auf dem Bild. Notiert eure ersten Gedanken in Stichwörtern.

b) Lest die Anfänge für W-Fragen links neben den Bildern. Formuliert daraus vollständige Fragesätze und schreibt Antworten auf.

c) Erzählt einander mit Hilfe eurer Notizen eine Geschichte zu dem Bild.

d) Wählt eine der Figuren (Mädchen, Drache, Fisch oder Katze). Schreibt auf, was die Figur in diesem Moment wohl denkt.

2 **a)** Wähle eines der Bilder aus und notiere deine Gedanken dazu in Stichwörtern.

b) Formuliere W-Fragen und beantworte sie in Stichwörtern.

c) Bringe deine Stichwörter in eine sinnvolle Reihenfolge. Achte auf den roten Faden (Einleitung, Hauptteil und Schluss).

d) Schreibe eine Geschichte. Entscheide dich vorher, ob du in der Ich- oder in der Er-Form schreiben möchtest.

3 Überarbeitet eure Texte in der Schreibkonferenz mit Hilfe der Checkliste auf Seite 39.

HILFEN
Geschichtenanfänge in der Ich-Form
- aus der Sicht des Mädchens: *Niemand wird mir je glauben, was mir gestern passiert ist ...*
- aus der Sicht des Katzenhalters: *Meine Nachbarin war in den Urlaub gefahren und hatte mir ihren Goldfisch zur Pflege überlassen ...*
- aus der Sicht der Katze: *Miau, mein Name ist Madame Miez ...*

Was ist passiert?

Berichten

Was weißt du schon?

- Was weißt du über Umfragen? Hast du selbst schon einmal an einer Umfrage teilgenommen oder eine durchgeführt? Berichte.
- Welche Fragen wurden in dieser Umfrage gestellt? Gab es einen Fragebogen? Wenn ja, wie sah dieser aus?
- Über welche Dinge kann man berichten? Welche Arten von Berichten kennst du? Liste sie auf, z. B.:
  Unfallbericht, Sportbericht, ...
- Worauf musst du beim Schreiben eines Berichts achten?

Der Aufbau eines Berichts

Die Klasse 5a der Anne-Frank-Gesamtschule hat eine Umfrage zum Thema „Taschengeld“ durchgeführt und anschließend in der Schülerzeitung einen Bericht darüber veröffentlicht.

1 **a)** Welche Ergebnisse der Umfrage erwartest du?

b) Lies den Bericht.

einen Bericht lesen

Umfrage zum Thema „Taschengeld“

Die Schülerinnen und Schüler der Klasse 5 a der Anne-Frank-Gesamtschule führten im Januar 2008 in allen 5. Klassen der Schule eine Umfrage zum Thema „Wie viel Taschengeld bekommst du in der Woche?“ durch.
Der Grund für diese Umfrage war eine Diskussion über das Thema „Taschengeld“ während einer Klassenratsstunde in der 5a. Dort fragte man sich, wie das Ergebnis in den anderen 5. Klassen wohl ausfallen würde, und es wurde beschlossen, die Umfrage durchzuführen.
Zuerst musste die Klassensprecherin Ayşe C. die Erlaubnis der Schulleitung einholen, dann entwarf die Klasse den Fragebogen.
Außerdem legte die Klasse vorher fest, die Ergebnisse der Umfrage in einem Säulendiagramm* darzustellen. Die 5 a verteilte die Fragebögen an alle Fünftklässlerinnen und Fünftklässler und sammelte sie am nächsten Tag wieder ein.

Befragt wurden insgesamt 100 Personen, davon 54 Jungen und 46 Mädchen. Gemeinsam wurden die Antworten gezählt und ausgewertet.
Die Auswertung ergab, dass 51 der Befragten 5–10 Euro pro Woche erhalten. 24 Personen antworteten, dass sie 11–15 Euro bekämen, 16 der Befragten kreuzten die Antwort „16–20 Euro“ an. Die wenigsten bekommen mehr als 20 Euro (9 von 100).
Die Klasse 5a hat sich vorgenommen, nächstes Schuljahr die gleiche Umfrage noch einmal durchzuführen, um festzustellen, ob es ein ähnliches Ergebnis gibt.

das Säulendiagramm:

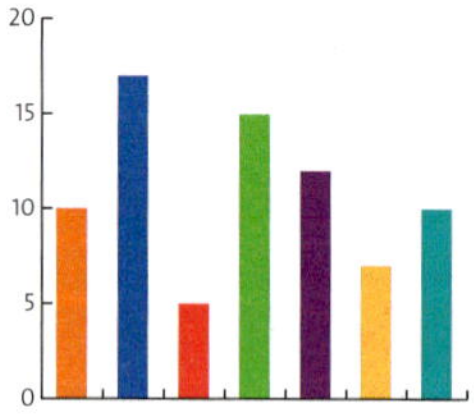

c) Welche Erfahrungen habt ihr selbst zum Thema „Taschengeld“ gemacht? Vergleicht mit dem Bericht der 5 a.

2 Teile den Bericht in Einleitung, Hauptteil und Schluss ein.
Einleitung: *Z. 1–* ...... ***Hauptteil:*** *Z.* ......*–* ...... ***Schluss:*** *Z.* ......*–34*

den Aufbau eines Berichts kennen

3 a) Lies die Einleitung noch einmal genau.

b) Auf welche W-Fragen findest du in der Einleitung Antworten? Schreibe die Fragen und die Antworten auf, z. B.:
Wer? – die Schülerinnen und Schüler der 5a
der Anne-Frank-Gesamtschule

die Einleitung untersuchen

INFO
W-Fragen:
Wer? Was? Wann? Wo? Wie? Warum? Welche Folgen?

4 a) Untersuche nun den Hauptteil des Berichts genauer. Gliedere ihn dazu in einzelne Abschnitte.

b) Welche W-Fragen werden in den Abschnitten beantwortet? Schreibe die Tabelle ab und ergänze sie in Stichwörtern.

den Hauptteil untersuchen
› den Text in Abschnitte gliedern
› W-Fragen beantworten

Hauptteil des Berichts

Abschnitt	Zeilen	W-Fragen
1	*Z. 5–...*	*Warum wurde die Umfrage durchgeführt? – Diskussion in Klassenratsstunde*
2	...	...
...	...	...

5 Welche der folgenden W-Fragen wird im Schluss des Berichts beantwortet?
– **Weshalb** wurde die Umfrage durchgeführt?
– **Welche** Folgen hat das Durchführen der Umfrage für die 5a?
– **Wie** wurde die Umfrage durchgeführt?

den Schluss untersuchen

! **Der Aufbau eines Berichts**

- Ein Bericht ist ein **Text,** der die Leserin oder den Leser über ein vergangenes Ereignis **informiert.**
- Er besteht aus **Einleitung, Hauptteil** und **Schluss.**
- Die **Einleitung** antwortet meist auf diese W-Fragen: *Wer? Was? Wann? Wo?*
- Der **Hauptteil** antwortet meist auf diese W-Fragen: *Wie? Warum?*
- Der **Schluss** antwortet meist auf diese W-Frage: *Welche Folgen?*

Berichten – nicht nur mit Worten

Die Klasse 5a hat beschlossen, die Ergebnisse ihrer Umfrage in einem Säulendiagramm darzustellen.
Steffi hat schon einmal angefangen, ein solches Diagramm zu zeichnen:

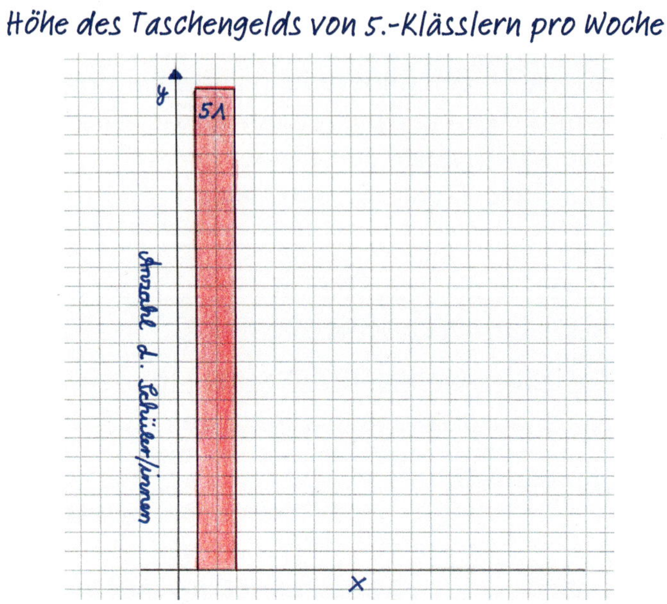

den Aufbau eines Diagramms verstehen

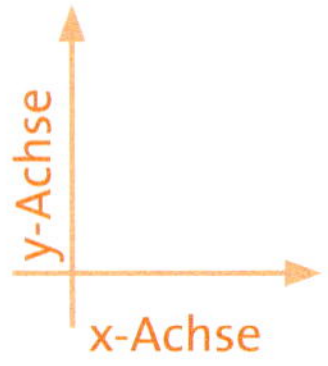

6 Untersuche Steffis Diagramm genauer.

a) Welchen Abschnitt des Berichts hat sie für die erste Säule verwendet?

b) Welche Angabe muss sie unter der x-Achse (von links nach rechts) noch ergänzen?

c) Für wie viele Schülerinnen und Schüler steht ein Kästchen auf der y-Achse (von unten nach oben)?

ein Diagramm zeichnen

7 Setze das Säulendiagramm in deinem Heft fort und zeichne auch für die anderen Umfrage-Ergebnisse Balken.

Vor- und Nachteile eines Diagramms verstehen

8 Was sind die Vor- und Nachteile eines Textes und eines Diagramms, wenn man über Ergebnisse berichten möchte? Schreibe die Tabelle ab und fülle sie aus.

	Vorteile	**Nachteile**
Text	...	*– nicht alles auf einen Blick* *– ...*
Diagramm	*– alles auf einen Blick* *– ...*	...

Einen Bericht schreiben

1 Schreibe einen Bericht über eine Umfrage zum Thema „Mein Lieblingshaustier".

einen Bericht schreiben

a) Führt dazu zunächst eine Umfrage in eurer Klasse durch.

b) Beantworte folgende W-Fragen schriftlich.

W-Fragen beantworten

- ***Was*** *ist passiert?* → *Eine Umfrage zum Thema „Mein Lieblingshaustier" wurde durchgeführt.*
- ***Wer*** *führte die Umfrage durch?* → ...
- ***Wo*** *wurde die Umfrage durchgeführt?* → ...
- ***Wann*** *wurde die Umfrage durchgeführt?* → ...
- ***Warum*** *wurde die Umfrage durchgeführt?* → ...
- ***Wie viele*** *Schüler nahmen an der Umfrage teil?* → ...
- ***Wie lief*** *die Durchführung der Umfrage ab?* → ...
- ***Wie lautet das Ergebnis*** *der Umfrage?* → ...
- ***Welche Folgen*** *haben Umfrage und Ergebnisse?* → ...

c) Vergleiche deine Antworten mit denen von deiner Lernpartnerin oder deinem Lernpartner.

d) Ergänzt fehlende Informationen und berichtigt Fehler.

den Bericht überarbeiten

Die richtige Zeitform verwenden

2 Ein Bericht wird im Präteritum geschrieben.

das Präteritum verwenden

a) Übertrage die Tabelle in dein Heft und fülle die Lücken aus.

Infinitiv	Präsens	Präteritum
durchführen	*ich führe durch*	*ich* ......
......	*du planst*	*du* ......
......	*er*	*er wertete aus*
befragen	*wir*	*wir* ......
......	*ihr antwortet*	*ihr* ......
......	*sie*	*sie berichteten*

INFO
Formen des Verbs:
- **Infinitiv** – Grundform
- **Präsens** – Gegenwartsform
- **Präteritum** – Vergangenheitsform

b) Setze auch diese Verben ins Präteritum. Bilde die Formen für alle Personen.

entwerfen schreiben auszählen ankreuzen angeben

Berichten

Berichten: die richtige Zeitform verwenden

- Ein Bericht über ein vergangenes Ereignis oder Geschehen wird im **Präteritum** geschrieben, z. B.:
  Am letzten Dienstag fand auf dem Schulhof der Astrid-Lindgren-Schule ein großes Fest statt. Alle Schülerinnen und Schüler versammelten sich ...
- Achte darauf, dass du diese Zeitform (dieses Tempus) im ganzen Bericht beibehältst.

Einen Bericht überarbeiten

den Bericht überarbeiten

3 Ein Schüler hat einen Bericht über die Umfrage zum Thema „Mein Lieblingshaustier“ geschrieben.
Der Text ist ihm noch nicht so gut gelungen.

Umfrage zum Thema „Mein Lieblingshaustier“
Die Klasse 5a führte vor einer Woche eine Umfrage zum Thema „Mein Lieblingshaustier“ durch. Auf den ersten Platz kam der Hund. Auf den zweiten Platz kam der Hamster. Auf den dritten Platz kam die Katze. Auf den vierten Platz kam die Maus. Auf den letzten Platz kam das Zwergkaninchen.

W-Fragen beantworten

TIPP
Lies noch einmal auf Seite 45 unter Aufgabe 1 b) nach.

a) Welche W-Fragen werden beantwortet?
Schreibe die W-Fragen und die Antworten darauf auf, z. B.:
Wer hat die Umfrage durchgeführt? – die Klasse 5a

b) Welche W-Fragen werden nicht beantwortet?
Schreibe sie in dein Heft.

c) Überlege dir passende Antworten auf die W-Fragen, die in diesem Bericht nicht beantwortet werden.

den Bericht überarbeiten
› abwechslungsreich formulieren

d) Die Sätze müssen auch sprachlich überarbeitet werden, denn die Satzanfänge und die Verben wiederholen sich oft.
Verbessere sie mit Hilfe der folgenden Ausdrücke:
- *Die Auswertung ergab, dass ...*
- *Auf Platz zwei kam ...*
- *... dicht gefolgt von...*
- *Platz vier ...*
- *Das Schlusslicht bildeten ...*
- *... erreichte ...*
- *... belegte ...*

4 Überarbeite den Bericht über die Umfrage mit Hilfe deiner Arbeitsergebnisse aus Aufgabe 3.

Das Berichten trainieren

A *Henri, Marek und Vivian aus der 5d*

B *Umfrage zum Thema „Lieblingstag in der Woche"*

C *Fragebögen zum Ankreuzen entwickelt und verteilt*

D *mit dem Computer ein Balkendiagramm erstellt*

E *mit 10 freiwilligen Helferinnen und Helfern ausgezählt*

F *Vermutung, dass man an seinem Lieblingstag besser gelaunt ist als sonst*

G *in allen 5. und 6. Klassen (200 Schüler/innen insgesamt)*

H *herausfinden, welche Wochentage beliebt sind und welche nicht*

I *Freitag: 70 Befragte*
Samstag: 45 Befragte
Sonntag: 40 Befragte
Donnerstag: 15 Befragte
Montag: 14 Befragte
Dienstag: 8 Befragte
Mittwoch: 8 Befragte

J *Brief an die Schulleiterin, damit dienstags und mittwochs in den Pausen Gute-Laune-Musik gespielt wird*

TIPP
Schreibung der Wochentage:
› *der **Montag**, der **Dienstag*** usw.
› *am **Montag**, am **Dienstag*** usw.
› **aber:** ***m**ontags, **d**ienstags* usw.

5 **a)** Bringe die Notizen für einen Bericht in eine sinnvolle Reihenfolge. Schreibe die Buchstaben untereinander auf.

b) Schreibe hinter jeden Buchstaben die W-Frage, die auf dem Zettel mit diesem Buchstaben beantwortet wird.

c) Welche W-Fragen werden nicht beantwortet?

die richtige Reihenfolge einhalten

W-Fragen beantworten

6 **a)** Schreibe einen vollständigen Bericht über die Umfrage.

b) Überarbeitet eure Berichte in Schreibkonferenzen.

den Bericht schreiben

den Bericht in der Schreibkonferenz überarbeiten
→ S. 38, 219

7 Erstelle ein Säulendiagramm zu den Ergebnissen der Umfrage.

Das habe ich gelernt

- Schreibe eine Checkliste für einen gelungenen Bericht.

Checkliste für einen Bericht
– besteht aus Einleitung, Hauptteil, Schluss
– Einleitung antwortet auf die W-Fragen ...
– ...

- Vergleicht eure Checklisten zu zweit und notiert Ergänzungen.
- Markiere in deiner Checkliste, bei welchen Punkten du unsicher bist und noch üben möchtest.

Anwenden und vertiefen

die richtige Reihenfolge einhalten

1 Was ist hier passiert?

a) Ordne die Bilder und schreibe die Buchstaben in der richtigen Reihenfolge auf.

b) Um was für ein Ereignis handelt es sich?

c) Schreibe die Einleitung für einen Bericht über dieses Ereignis. Der Notizzettel hilft dir dabei.

- Samstagabend
- Radfahrer, Auto
- Straßenecke
- Vorfahrt nicht beachtet
- Zeugin
- leicht verletzt

2 **a)** Welche W-Fragen kann man zu dem abgebildeten Ereignis stellen? Schreibe sie auf.

b) Beantworte sie mit Hilfe der Bilder und des Notizzettels.

den Bericht schreiben

den Bericht überarbeiten

3 **a)** Schreibe einen Bericht über das Ereignis.

b) Formuliere eine passende Überschrift

c) Überarbeitet eure Berichte in Schreibkonferenzen.

Berichte untersuchen

4 **a)** Sucht zu zweit Berichte aus Zeitungen und Zeitschriften oder aus dem Internet (z. B. auf Online-Seiten von Zeitungen).

b) Wählt einen Bericht aus und untersucht, welche W-Fragen darin beantwortet werden.

c) Woran erkennt ihr, dass es ein Bericht und keine Erzählung ist? Nennt Merkmale.

TIPP
Eure Checkliste (S. 47) kann euch helfen.

Uuuuuuups gesucht!

Gegenstände beschreiben

Was weißt du schon?

- Hast du schon einmal etwas verloren, z. B. dein Handy, Schmuck, einen Regenschirm oder deinen Schlüsselbund? Berichte.
- Wie würdest du vorgehen, um einen verlorenen Gegenstand wiederzubekommen?
- Welche Einzelheiten von Gegenständen musst du genau beschreiben, damit andere Menschen dir bei der Suche helfen können?
- Wo spielen Beschreibungen von Gegenständen in deinem Alltag sonst noch eine Rolle?

Die Merkmale eines Gegenstands beschreiben

Im Fundbüro

„Guten Tag, ich habe meinen Uuuuuuups verloren! Er ist wunderschön. Ich habe ihn letztes Jahr von Tante Luise zum Geburtstag bekommen. Sicher war er sehr teuer. Er besteht aus wasserdichtem Stoff. Er ist ziemlich groß, unten eckig und oben abgerundet. Vorn ist eine kleine, viereckige Extratasche mit einem hellgelben Reißverschluss aufgenäht. Darüber befindet sich das Markenzeichen „Carrier", oval wie ein Ei. Die Rückseite ist blau.
An der Stelle, wo die Träger angenäht sind, sind grüne Nähte erkennbar. Die langen, schmalen Träger haben eine Polsterung, damit das Gewicht nicht so auf die Schultern drückt. Sie sind weiß und man kann ihre Länge verstellen. Oben befindet sich ein stabiler Reißverschluss; da kann man ihn öffnen und Sachen reinstecken. Ich stecke immer meine Sportsachen rein. Der Reißverschluss ist rot und an seinem Ende hängt eine kleine Kette mit glitzernden Sternchen. Ist mein Uuuuuuups vielleicht hier abgegeben worden?"

1 **a)** Welcher Gegenstand wird hier gesucht?

b) Kannst du dir den beschriebenen Gegenstand gut vorstellen? Überprüfe das, indem du ihn zeichnest.

Merkmale einer Beschreibung kennen

2 **a)** Untersuche die Beschreibung genauer. Lege dazu eine Tabelle in deinem Heft an und trage die folgenden Merkmale in die linke Spalte ein.

Name/Art Marke Größe Gewicht Form Material Farbe(n) Alter Wert/Preis Besitzer(in) Einzelheiten besondere Kennzeichen

Merkmal	Angaben zur Beschreibung
Name/Art	...
Marke	*Carrier*
Größe	...

b) Ergänze in der rechten Spalte der Tabelle alle Angaben aus der Beschreibung.

c) Zu welchem Merkmal wird in der Beschreibung keine Angabe gemacht?

3 In welcher Zeitform wird eine Gegenstandsbeschreibung verfasst?

die richtige Zeitform wählen

4 Eine sinnvolle Reihenfolge der Informationen erleichtert es dem Zuhörer oder Leser, sich den gesuchten Gegenstand vorzustellen.

die richtige Reihenfolge einhalten

a) Welche Merkmale sollten gleich zu Beginn der Beschreibung genannt werden, welche später? Tauscht euch aus.

b) In der folgenden Gegenstandsbeschreibung ist die Reihenfolge nicht sinnvoll.
Lies den Text und ordne die Teile so, dass man die Beschreibung gut verstehen kann.

A Auf dem weißen Zifferblatt sind schwarze römische Zahlen aufgemalt.
B In der Mitte des Zifferblatts sind die beiden verschnörkelten Zeiger aus Metall angebracht. Am Ende sind sie so dünn wie Nadeln.
C Ganz unten, wo normalerweise die 6 steht, ist noch ein winziges Zifferblatt mit Zeigern zu sehen.
D Das Gehäuse ist silberfarben und an der Oberseite befindet sich eine Schraube, an der eine ovale Öse für eine Uhrenkette befestigt ist.
E Die Taschenuhr ist ungefähr so groß wie eine Steckdose.

c) Schreibe die Gegenstandsbeschreibung in der richtigen Reihenfolge ab.

! Die Merkmale eines Gegenstands beschreiben

Eine Gegenstandsbeschreibung muss **sachlich** und **genau** sein. Du solltest darin auf folgende **Merkmale des Gegenstands** eingehen:

- Name/Art/Marke
- Größe/Gewicht
- Form/Gestalt
- Material
- Farbe(n)
- Einzelheiten
- besondere Kennzeichen

Manchmal auch:

- Funktion
- Verwendungszweck

Die Beschreibung der Merkmale muss in einer **sinnvollen Reihenfolge** geschehen. Lege sie im **Schreibplan** fest:

- vom Ganzen zu den Einzelheiten
- von wichtigen Merkmalen zu weniger wichtigen

Genau beschreiben

Gegenstandsbeschreibungen beurteilen

1 **a)** Welche der beiden Gegenstandsbeschreibungen passt nur zu genau einem der abgebildeten Gegenstände? Begründe.

A Die Federtasche ist aus Leder und nicht sehr groß. Sie hat einen Reißverschluss und ist beschriftet. Am Reißverschluss hängt ein Anhänger, ein Flugzeug. Auf der Unterseite ist ein Fleck.

B Die Federtasche besteht aus hellem, weichem Leder und hat eine Form wie eine Röhre: Sie ist länglich und rund und ungefähr 20 Zentimeter lang. Auf der oberen Seite hat sie einen hellbraunen Reißverschluss. Rundherum ist sie mit verschiedenfarbigen Unterschriften und kurzen Sprüchen beschriftet, die so ähnlich aussehen wie Graffiti. Ein kleiner Anhänger aus Metall hängt am Reißverschluss. Er sieht aus wie ein gefaltetes Papierflugzeug aus Gold. Auf der Unterseite der Federtasche befindet sich ein großer, dunkelblauer Tintenfleck.

---

b) Zu welchen der abgebildeten Gegenstände passt die andere Beschreibung?

c) Erkläre, warum diese Beschreibung zu mehr als einem der Gegenstände passt.

Sprachliche Mittel für genaues Beschreiben

2 Adjektive helfen dir, einen Gegenstand genau zu beschreiben.

a) Welche Merkmale können mit diesen Adjektiven beschrieben werden?
eckig rau dick riesig kurz glatt

b) Zu welchen Merkmalen gehören die Adjektive in der Beschreibung B auf Seite 52? Ordne zu, z.B.:
weich –> Material (Leder)

c) Lege in deinem Heft eine Adjektivsammlung für folgende Merkmale eines Gegenstands an:
- *Größe: klein, groß, winzig, …*
- *Form: länglich, kugelrund, …*
- *Farbe: dunkelrot, hellgelb, blau, …*

Adjektive verwenden

3 So viele Farben!

a) Welche unterschiedlichen Arten von Gelb kennst du?
Schreibe sie auf, z.B.:
sonnengelb, maisgelb, …

b) Wähle eine andere Farbe aus und gestalte auch für diese Farbe einen Farbfächer* aus Wörtern.

der Farbfächer: Sammlung von verschiedenen Tönen einer Farbe

4 Farben, Größen und Formen kann man nicht nur mit Adjektiven beschreiben, sondern auch mit Hilfe von Vergleichen, z.B.:
Die Federtasche hat eine Form wie eine Röhre.

Vergleiche verwenden

a) Schreibe alle Vergleiche aus der Beschreibung B heraus.

b) Wandle die Vergleiche, die du im Text gefunden hast, in zusammengesetzte Adjektive um, z.B.:
wie eine Röhre –> röhrenartig, röhrenförmig

zusammengesetzte Adjektive bilden

TIPP
So können Adjektive z.B. enden:
-förmig, -leicht, -schwer, -ähnlich, -haft, -artig.
Denke daran: Adjektive schreibt man klein!

c) Arbeitet zu zweit. Überlegt euch zwei Gegenstände und sucht Vergleiche, mit denen man ihre Merkmale beschreiben kann.

! Genaues Beschreiben mit Adjektiven und Vergleichen

Mit **Adjektiven** und **Vergleichen** kann man Gegenstände **anschaulich** und **genau beschreiben.** So kann sich auch jemand den Gegenstand gut vorstellen, der ihn noch nie gesehen hat.

5 Lies noch einmal die Gegenstandsbeschreibung B auf Seite 52.

a) Untersuche die Verben genauer. In welcher Zeitform stehen sie?

b) Warum ist diese Zeitform passend für eine Gegenstandsbeschreibung? Begründe.

! Beschreiben: die richtige Zeitform verwenden

Eine Gegenstandsbeschreibung wird im **Präsens** geschrieben, z. B.:
Mein neuer Pullover besteht aus grauem Baumwollstoff.
Er hat eine Kapuze. Auf der Rückseite befindet sich ein bunter Aufdruck.
Achte darauf, dass du diese Zeitform (dieses Tempus) in der gesamten Beschreibung beibehältst.

6 a) Betrachte das abgebildete Fahrrad genau und bereite eine Gegenstandsbeschreibung vor.

einen Schreibplan erstellen
› die Reihenfolge beachten

b) Lege einen Schreibplan an, in dem du die Merkmale zur Beschreibung ordnest, z. B.:

Gegenstand: Fahrrad

Art — Material — ... — ...

Merkmale genau beschreiben

HILFEN
Material:
das Aluminium
das Gummi
das Hartplastik
der Kunststoff
das Metall

c) Schreibe unter die einzelnen Kästen die Angaben, die die Merkmale des Fahrrads genauer beschreiben, z. B.:

Art	Material	...	...
Mountainbike			

d) Beschreibe nun das Fahrrad schriftlich. Halte dich dabei an die Reihenfolge, die du in deinem Schreibplan festgelegt hast.

7 Immer *sind* und *ist* – das ist doch langweilig!
Überlege dir abwechslungsreichere Wörter und schreibe die Sätze verbessert in dein Heft.

- *Der Ring ist aus silberfarbenem Metall.*
- *Es sind fünf Schlüssel dran.*
- *Einer davon ist in einer schwarzen Schutzhülle aus Plastik.*
- *Da ist ein kleiner Anhänger dran, es ist ein winziger Teddy.*
- *Außerdem ist an dem Ring noch ein blaues Band.*

HILFEN
sich befinden
bestehen aus
stecken
befestigt sein
hängen

8 Wie kann man noch schreiben?
Ersetze die folgenden drei Verben durch passende Wörter oder Wortgruppen. Du kannst dazu noch einmal in den Beschreibungen auf Seite 50, 51 und 52 nachlesen.

- *sein: sich befinden, ...*
- *aussehen wie: gleichen, ...*
- *haben: verfügen über, ...*

den Wortschatz erweitern
> passende Verben suchen

9 Überarbeite deine Beschreibung des Fahrrads (Seite 54, Aufgabe 6) mit Hilfe deiner Ergebnisse aus Aufgabe 7 und 8.

die Gegenstandsbeschreibung überarbeiten

Das habe ich gelernt

- Sprecht zu zweit über die folgenden Fragen:
  - In welchen Situationen kann es nützlich sein, einen Gegenstand genau zu beschreiben?
  - Was ist der Sinn eines Schreibplans und wie legt man ihn an?
  - Was ist beim Schreiben einer Gegenstandsbeschreibung zu beachten?
- Gestalte eine Mindmap. Trage alle wichtigen Merkmale einer Gegenstandsbeschreibung in Blau ein. Ergänze dann in Rot Wörter, mit denen du die Merkmale genau beschreiben kannst.

Anwenden und vertiefen

Beschreibung meines Roboters

die Delle: die Vertiefung, die Beule

Meinen Roboter habe ich in den Ferien zusammengebaut. Er gefällt mir und meinen Freunden gut. Sein Körper ist aus Wellblech und hat einige Dellen*. Wir konnten kein unverbeultes Wellblech kriegen. Der Kopf ist eine große, messingfarbene Dose. Die Augen sind auf dunkelgrauen Drahtspiralen und stehen mindestens drei Zentimeter vor. Die Augen selbst sind zwei blaue Glasperlen, das sieht echt witzig aus, wie zwei Murmeln. Ich spiele ja gerne mit Murmeln. Die Ohren sind zwei kreisrunde Dosendeckel. Beinahe hätte ich mich beim Basteln daran geschnitten. Seine Beine sind rostige Metallrohre und seine Füße sind kleine Plastikrollen. Diese Rollen sind von Papas altem Schreibtischstuhl, den wir auf den Sperrmüll geworfen haben.

eine Gegenstandsbeschreibung überarbeiten

1 Welche Sätze gehören in eine Beschreibung, welche nicht? Schreibe nur die Sätze in dein Heft, die zu einer Beschreibung gehören.

2 Überarbeite und ergänze die Beschreibung des Roboters. Achte dabei darauf,
- dass sie genau ist, damit sich die Leserin bzw. der Leser den Roboter gut vorstellen kann, und
- dass du die Sätze abwechslungsreich baust.

einen Gegenstand beschreiben

HILFEN
würfelförmig
zylinderförmig
kugelförmig
rechteckig
quadratisch
rund, kreisförmig
in Form eines ...

3 Wähle einen der abgebildeten Gegenstände aus und beschreibe ihn genau. Denke daran,
- alle Merkmale des Gegenstands zu beschreiben,
- eine sinnvolle Reihenfolge einzuhalten,
- passende Adjektive und Vergleiche zu verwenden.

Von A nach B

Wege beschreiben

Was weißt du schon?

- Wann hast du schon einmal eine Wegbeschreibung gebraucht oder selbst einen Weg beschrieben?
- Wann und wo brauchen Menschen Wegbeschreibungen?
- Worauf kommt es beim Beschreiben eines Weges an?
- Worüber könnten die beiden Personen auf dem Foto oben miteinander sprechen? Spielt ihr Gespräch im Rollenspiel.
- An welchen Stellen einer Wegbeschreibung kann es Schwierigkeiten geben?

Richtungsangaben und Erkennungspunkte

1 Am Eingang des Labyrinths (Ausgangspunkt X) liegt ein magisches Buch. Dieses Buch muss der Zauberlehrling sicher zum Zauberer unter dem Regenbogen bringen. Hilf ihm dabei.

sich einen Überblick verschaffen

a) Sieh dir die Karte genau an und „gehe“ mit dem Finger den Weg vom Ausgangspunkt (X) zum Ziel ab.

b) VORSICHT! An einigen Stellen versperren dem Zauberlehrling Hindernisse den Weg. Welche sind das? Schreibe sie auf, z. B.:
das Gespenst, ...

TIPP
Achte darauf, rechts und links richtig zu benennen.

2 Beschreibe einer Lernpartnerin / einem Lernpartner den richtigen Weg vom Ausgangspunkt (X) zum Ziel möglichst genau.

3 Bereite eine schriftliche Wegbeschreibung vor.

Erkennungspunkte nennen und Richtungen angeben

a) Lege in deinem Heft einen Schreibplan in Tabellenform an und notiere in der linken Spalte auffällige Erkennungspunkte, an denen der Zauberlehrling unterwegs vorbeikommt, z. B.:
- *Ausgangspunkt (X)*
- *Tür aus Holz*
- ...

b) Schreibe in die rechte Spalte alle Richtungsangaben, z. B.:

Erkennungspunkte	Richtungsangaben
Ausgangspunkt X	*ein Stück geradeaus gehen*
Tür aus Holz	*links abbiegen*
Baum	*rechts abbiegen*
...	...

Folgende Verben können dir dabei helfen:

abbiegen — überqueren — entlanggehen — vorbeigehen — einbiegen

c) Tausche deine Tabelle mit einer Lernpartnerin / einem Lernpartner und überprüfe ihren bzw. seinen Schreibplan mit Hilfe der Karte des Labyrinths.

d) Beschreibe nun den Weg vom Ausgangspunkt (X) zum Zauberer unter dem Regenbogen schriftlich in vollständigen Sätzen.

einen Schreibplan erstellen

den Schreibplan überprüfen:
- Ist der Plan vollständig?
- Stimmt die Reihenfolge?

4 Für Wegbeschreibungen sind genaue Richtungsangaben notwendig.

a) Sieh dir die Zeichnungen an und übertrage sie in dein Heft.

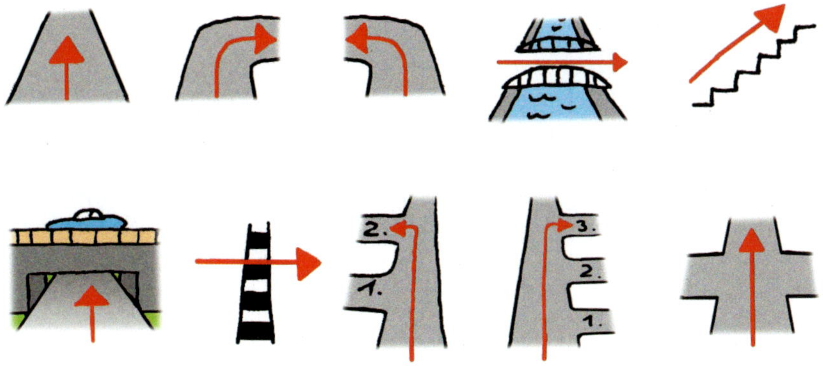

b) Schreibe neben die Zeichnungen passende Formulierungen, die du in einer Wegbeschreibung verwenden kannst, z. B.:

geradeaus

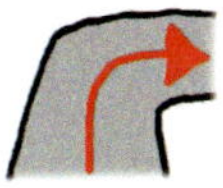
rechts um die Kurve

Richtungsangaben machen

Präpositionen verwenden

INFO
Präpositionen sind Wörter, mit denen du den Ort angeben kannst, z. B.: *vor, hinter, neben, bei, unter, über, gegenüber*

5 a) Welche Erkennungspunkte kannst du auf dem folgenden Stadtplan erkennen? Schreibe sie auf, z. B.:
der große Baum, die Statue / das Denkmal, ...

b) Beschreibe die Lage der Erkennungspunkte in diesem Ort genau. Notiere Sätze und achte dabei auf die Verwendung passender Präpositionen, z. B.:
Der große Baum steht vor der Schule.

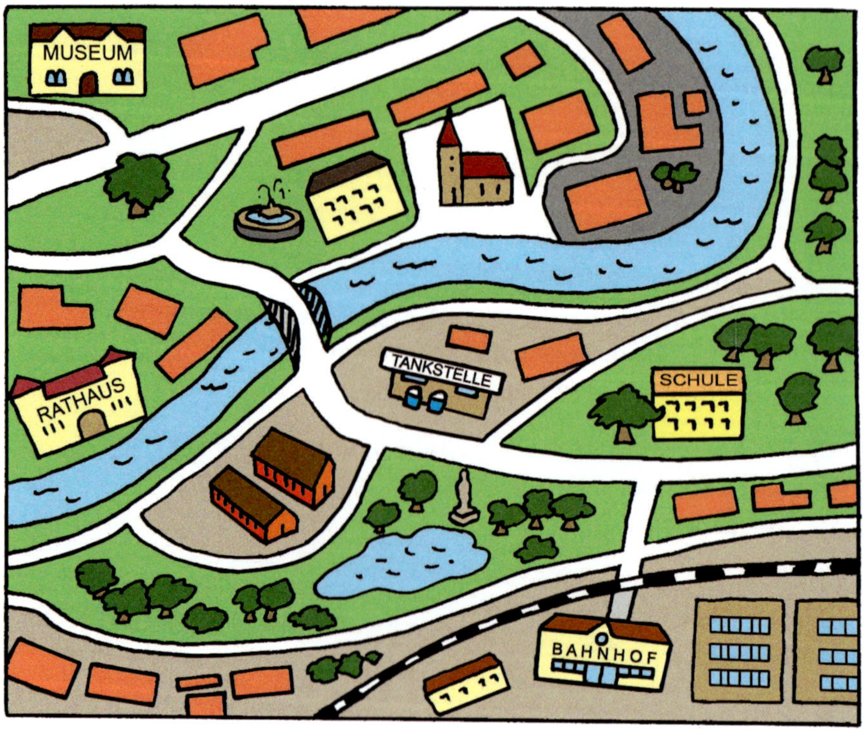

genaue Angaben machen

TIPP
Achtet darauf, genaue Erkennungspunkte zu nennen, z. B.: *„Du biegst gegenüber der großen Statue links ab."*

6 a) Arbeitet zu zweit. Stellt euch gegenseitig Fragen zum Stadtplan, z. B.:
„Entschuldigung, wie komme ich vom Bahnhof zum Museum?"
„Kannst du mir sagen, wie ich von ... zu ... komme?"

Der/Die andere beantwortet die Frage, z. B.:
„Gehe die Straße geradeaus bis zur Schule und biege links ab. Dann musst du ..."

b) Schreibe drei Fragen und Antworten für eine Wegbeschreibung auf. Unterstreiche die Erkennungspunkte.

! **Checkliste Wegbeschreibung**

- Habe ich zuerst den Ausgangspunkt des Weges genannt?
- Habe ich den Weg in Teilstücken beschrieben?
- Habe ich dabei die richtige Reihenfolge eingehalten?
- Habe ich genaue Angaben zu Richtungen, Richtungsänderungen und Erkennungspunkten gemacht?

Wegbeschreibungen gut formulieren

1 **a)** Für wen beschreibst du hier jeweils den Weg? Ordne zu.

Du gehst zuerst links.

Sie gehen zuerst links.

Ihr geht am besten zuerst links.

für meine Lehrerin / meinen Lehrer

für die Gruppe im Schwimmverein

für die beste Freundin / den besten Freund

b) Übertrage die Sätze in dein Heft und unterstreiche die Endungen der Verben, z. B.:
Du gehst ....

c) Bilde ebenfalls drei solche Sätze mit den Verben *überqueren* und *kreuzen*, z. B.:
Du überquerst die Straße an der Ampel. Sie ...

Verbformen bilden

2 **a)** Bilde je einen Satz mit *du, Sie* und *ihr* mit den Verben *abbiegen* und *ankommen.*

b) Was fällt dir bei den Verbformen auf? Erkläre.

INFO
trennbare Verben:
weggehen → ich gehe weg

! Die richtige Anredeform wählen

Je nachdem, für wen du einen Weg beschreibst, musst du eine andere Formulierung wählen:
- für eine gute Freundin / einen guten Freund oder ein Kind in deinem Alter: Formulierung mit ***du,*** z. B.: *du gehst ...*
- für erwachsene Personen, die du nicht duzt: Formulierung mit ***Sie*** + Verb im Plural, z. B.: *Sie gehen ...*
- für eine Gruppe von Kindern oder Jugendlichen: Formulierung mit ***ihr*** + Verb im Plural, z. B.: *ihr geht ...*

3 Eine Wegbeschreibung steht meist im Präsens. Trainiere das Präsens. Bilde alle Präsensformen (1.–3. Person Singular und Plural) von den Verben im Kasten, z. B.:
ich nähere mich, du näherst dich, er/sie/es nähert sich, ...

sich nähern	weiterlaufen
sich nach links wenden	rechts abbiegen

INFO
Personalpronomen:

Singular	Plural
ich	*wir*
du	*ihr*
er, sie, es	*sie*

Formulierungen im Imperativ verwenden

INFO
der Imperativ:
die Befehlsform, z. B.:
Gehe! Geht!

4 **a)** Vergleiche die folgenden Sätze aus Wegbeschreibungen:
- ***Gehen Sie*** *dann links an der Schule vorbei!*
- ***Gehe*** *dann links an der Schule vorbei!*
- ***Geht*** *dann links an der Schule vorbei!*

Welche Unterschiede fallen dir auf?

b) Bilde weitere Beispielsätze mit dem Imperativ*, z. B.:
Biege hinter dem Spielplatz links ab!

abwechslungsreich und genau formulieren

5 Dann, dann, dann ...? – Viele Wörter geben die Reihenfolge an!

Gehe ...... ungefähr 50 Meter geradeaus. ...... biegst du links ab. ...... läufst du ein Stück weiter und ...... siehst du die dicke Eiche. Dort nimmst du den zweiten Weg links. ...... biegst du in den Kastanienweg ein. ...... gehst du rechts am Kiosk vorbei. ...... bist du nach 20 Metern am Ziel.

a) Mit welchen Wörtern und Wendungen kannst du diese Sätze ergänzen? Lege eine Wörtersammlung an, z. B.:
zuerst, zunächst, ...

b) Schreibe den Text in dein Heft und fülle die Lücken dabei mit passenden Wörtern aus deiner Sammlung.

HILFEN
Wörter, die die Reihenfolge angeben:
zuerst
dann
jetzt
schließlich
nun
danach
zuletzt

Wegbeschreibungen formulieren
- Verbinde Sätze sinnvoll und **vermeide Wiederholungen.**
- Verwende Verbformen im **Präsens**, z. B.:
  du gehst / Sie gehen / ihr geht ...
  Oder aber du verwendest den **Imperativ,** z. B.:
  Gehe / Geht / Gehen Sie ...

eine Wegbeschreibung überarbeiten

6 Hier muss überarbeitet werden.

Der Weg vom Bahnhof zum Kino: Gehe los. Dann biegst du nach einiger Zeit rechts ab. Danach wieder abbiegen, aber links. Gleich wieder rechts hinein. Nun siehst du es schon rechts.

a) Welche Fehler stecken in dieser Wegbeschreibung?

b) Arbeitet zu zweit und formuliert Verbesserungsvorschläge.

c) Überarbeite die Wegbeschreibung mit Hilfe der Verbesserungsvorschläge. Schreibe sie in dein Heft.

Das habe ich gelernt

- Was hast du in diesem Kapitel Neues über das Beschreiben von Wegen gelernt?
- Worauf musst du bei einer Wegbeschreibung achten? Schreibe die Mindmap* ab und ergänze sie.

- Was fällt dir bei einer Wegbeschreibung noch schwer? Was musst du also noch trainieren?

die Mindmap: Gedankenlandkarte, in der man Ideen und Gedanken ordnen kann → S. 219

Anwenden und vertiefen

mit Wortfeldern arbeiten
> Wortfeld „gehen“

1 **a)** Schreibe passende Verben für eine Wegbeschreibung aus dem Kasten heraus.

eilen schleichen abbiegen weitergehen trippeln
schreiten wandern marschieren spazieren bummeln
laufen rennen gehen stürmen klettern stürzen
springen den Weg fortsetzen ansteuern flitzen
überqueren stampfen tappen sich auf den Weg machen
fortgehen Strecken zurücklegen sich fortbewegen

Präpositionen verwenden

b) Welche Wörter fehlen? Ergänze die Wegbeschreibung.

...... der nächsten Ecke biegen Sie ...... die Hauptstraße ein. Gehen Sie vor ...... zur Ampel. Sie sehen rechts ...... der Tankstelle ein Schild ...... dem Bild der Kirche. Folgen Sie diesem Schild; etwa 100 Meter weiter liegt ...... der linken Seite ...... Park ein Spielplatz. Ein schmaler Weg führt ...... Spielplatz vorbei. Wenn Sie dort links abbiegen und dann geradeaus ...... die Brücke gehen, stehen Sie direkt vor …

Wege beschreiben
> Ausgangspunkt nennen
> Reihenfolge einhalten
> genau und abwechslungsreich formulieren (Erkennungspunkte, Richtungsangaben)
> Präsens oder Imperativ verwenden

2 Wähle entweder die E-Mail oder den Flyer und beschreibe den Weg mit Hilfe des Stadtplans.

```
Hallo Tim,
sehr gerne würde ich mich
mit dir im Kino treffen.
Kannst du mir bitte
erklären, wie ich von der
Schule dorthin komme?
Danke und bis bald!
Fatma
```

Jugendtreff Action-Point
So findet ihr uns am besten:
Ihr geht vom Bahnhof aus zuerst …

3 Arbeitet zu zweit und beschreibt euch gegenseitig Wege auf dem Stadtplan oben oder auf einem Stadtplan eures Wohnortes.

Teste dich selbst!

Wege und Gegenstände beschreiben

1 **a)** Schreibe mindestens fünf Verben im Infinitiv (Grundform) auf, die du in einer Wegbeschreibung verwenden kannst, z. B.:
entlanggehen, (links) abbiegen, …

b) Schreibe die Tabelle ab und trage zu den Verben im Infinitiv (Grundform) die Personalformen im Präsens ein.

	du	*ihr*	*Sie*	*man*
gehen	*gehst*	…	…	…
laufen	…	…	*laufen*	…
überqueren	…	*überquert*	…	…
abbiegen	…	…	…	*biegt ab*

c) Bilde zu jedem Verb die Imperative (Befehlsformen) Singular und Plural, z. B.:
gehen – Geh! Geht!

Verräterische Spuren

Als Kommissar Siebenschläfer sein Büro betritt, steht seine Assistentin Kristin Hurtig vor der Pinnwand und heftet eine Zeichnung an. „Gibt's was Neues?", fragt Siebenschläfer und greift nach den Unterlagen auf seinem Schreibtisch. – „Ja, einen Einbruch, Waldweg 2." – „Wie sind die Diebe ins Haus gekommen?" – „*Der* Dieb, Chef, es war nur *einer!*" – „Ist das sicher?" – „Ja, die Spuren sind eindeutig, weil der Boden vom tagelangen Regen noch sehr weich ist." Hurtig zeigt sie auf die Zeichnung und beschreibt den Weg des Einbrechers.

2 Beschreibe mit Hilfe der Zeichnung den Weg des Einbrechers. Beginne so:
Der Einbrecher kam von …, dann ging er …

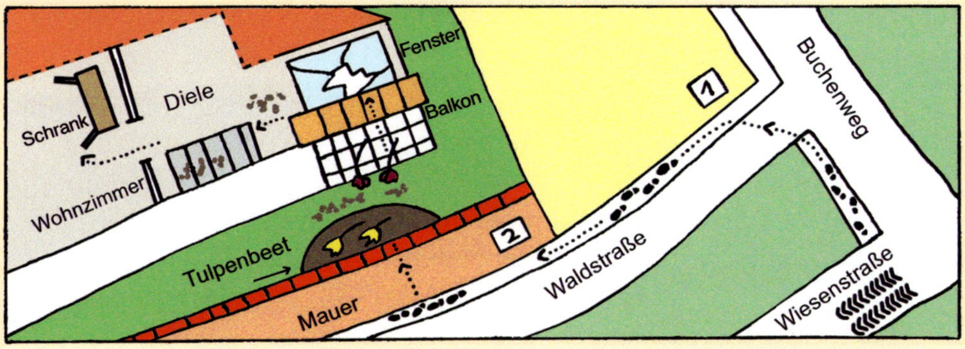

Gegenstände beschreiben

Verräterische Spuren (Fortsetzung)

„Sind Sie sicher, dass die Reifenspuren zum Auto des Diebes gehören?“ – „Auf jeden Fall, die Spuren aus der Waldstraße führen auch wieder zu dem Fahrzeug zurück.“ – „Gut gemacht, Hurtig. Wie ich Sie kenne, haben Sie bereits eine Liste der gestohlenen Gegenstände vorbereitet.“

Kristin nickt und reicht ihrem Chef eine Liste und ein paar Fotos. „Etwas Bargeld, Schmuck und einige seltsame Gartenzwerge!“

In diesem Augenblick klingelt das Telefon. Kommissar Siebenschläfer nimmt ab: „Hallo, Herr Kollege, was haben Sie? Ein verlassenes Auto mit einem seltsamen Gartenzwerg auf dem Rücksitz? Beschreiben Sie bitte den Gartenzwerg, vielleicht gehört er zu der Beute unseres Einbrechers.“

Siebenschläfer hört aufmerksam zu. „Interessant, heute scheint ein Glückstag für die Polizei zu sein. So wie Sie den Gartenzwerg beschrieben haben, ist er tatsächlich unser Zwerg Nummer 1. Vielen Dank, Herr Kollege, Sie haben uns sehr geholfen. Jetzt ist es nicht mehr schwer, den Dieb zu überführen.“

1

2

3

1 Bereite eine Gegenstandsbeschreibung des Gartenzwergs Nummer 1 vor.

a) Welche Merkmale sind für die Beschreibung wichtig? Schreibe sie untereinander in dein Heft.

b) Ordne alle wichtigen Merkmale in einem Schreibplan und ergänze anhand des Fotos genaue Angaben.

2 Beschreibe Gartenzwerg Nummer 1 so genau, wie ihn der Polizist am Telefon wahrscheinlich beschrieben hat.

Probier's mal mit Gemütlichkeit

Sachtexte, Tabellen und Diagramme erschließen

Was weißt du schon?

- Welche Themen interessieren dich?
- Woher bekommst du Informationen zu diesen Themen?
- Wie gehst du vor, wenn du dich über ein ganz bestimmtes Thema, zum Beispiel über Faultiere, informieren möchtest?
- Kinderzeitschriften, Sachbücher oder Nachschlagewerke enthalten Texte zu ganz unterschiedlichen Themen.
  Was erleichtert dir das Lesen dieser Texte?
- Welche Kinderzeitschriften, Nachschlagewerke, Sachbücher oder Internetlexika kennt ihr? Tauscht euch aus.

Erstes Lesen: das Thema erschließen

Vermutungen über den Inhalt anstellen

1 **a)** Was verrät dir die Überschrift des folgenden Textes aus einer Zeitschrift? Worum könnte es in dem Text gehen? Notiere deine Vermutungen.

b) Was erfährst du darüber hinaus aus dem Bild? Schreibe deine Beobachtungen ebenfalls auf.

sich einen Überblick verschaffen

2 Verschaffe dir beim ersten Lesen einen Überblick über das Thema des Textes. Diese zwei Fragen helfen dir dabei:
- Worum geht es in diesem Text?
- Warum heißen Faultiere Faultiere?

Probier's mal mit Gemütlichkeit!

Wie faul sind Faultiere eigentlich? In ihrer Heimat, den Regenwäldern Mittel- und Südamerikas, hangeln sie sich in Zeitlupe durch die Baumkronen – viele schaffen nicht mal 40 Meter täglich. Die Einzelgänger schlafen im Schnitt 15 Stunden am Tag, sie atmen langsam, ihr Herz schlägt gemächlich und sogar ihre Verdauung lässt sich Zeit: Faultiere „müssen" nur etwa einmal pro Woche. Dann lassen sie dicht über dem Boden riesige Haufen fallen, bevor sie wieder hoch in die Bäume klettern. Gaaaanz langsam natürlich.

Aber wozu sollten sich die Faultiere auch beeilen? Ihre Langsamkeit ist schließlich ihr Überlebenstrick! Gerade weil die Schnarchnasen stundenlang reglos im Geäst baumeln, werden sie von vielen Feinden, etwa Greifvögeln oder Raubkatzen, einfach übersehen. Außerdem sparen die Faultiere beim Rumhängen viel Energie: Das ist auch nötig, denn die Blätter, die sie fressen, enthalten nur wenige Nährstoffe. Selbst zur Fellpflege sind Faultiere zu faul – und sogar das hat einen großen Vorteil: In den Haaren können winzige Algen wuchern, die dem Pelz einen grünlichen Schimmer verleihen. Dadurch sind die Tiere im Grün der Blätter fast unsichtbar.

Die meisten Faultierarten leben in den Regenwäldern im Südosten Brasiliens, z.B. Kragenfaultiere. Diese werden etwa einen halben Meter groß und wiegen fast vier Kilogramm. Alle Faultiere haben ein besonderes Fell: Es ist vom Bauch bis zur Brust gescheitelt, die Haare wachsen dort zu den Seiten – also umgekehrt wie bei anderen Tieren. So läuft Regenwasser besser ab!

Faultiere verbringen beinahe ihr gesamtes Leben im Hängen, mit dem Rücken nach unten. Ihr Körper ist perfekt daran angepasst: Die langen Arme und Beine sind mit sichelartigen Krallen ausgerüstet, die so stark sind, dass die Tiere selbst im Schlaf nicht vom Ast plumpsen. Ja, sie fühlen sich so sicher, dass sie nicht einmal zur Geburt ihrer Jungen ein Nest bauen oder vom Baum steigen. Wenn die Wehen beginnen*, lässt sich das Weibchen an den Armen von einem Ast herunterbaumeln, bis das Kleine auf der Welt ist. Das junge Faultier hat selbst schon so starke Krallen, dass es sich gleich an Mutters haarigen Bauch klammert. Dort bleibt es die nächsten neun Monate, bis es auf eigenen Füßen steht. Oder, besser gesagt, an eigenen Krallen hängt.

Und was geschieht, wenn ein Faultier doch mal runter auf den Boden klettern muss – etwa, weil der nächste Futterbaum zu weit weg steht, um ihn über die Baumkronen zu erreichen? Dann sieht der Hänger aus wie ein Häufchen Elend. Denn ein Faultier kann auf seinen langen Gliedmaßen und krummen Krallen nicht laufen. Unbeholfen liegt es auf dem Bauch und zieht sich mühsam mit den Armen vorwärts. Erst wenn es bei dem neuen Baum angekommen ist, wirkt es wieder zufrieden. Gaaanz langsam kraxelt es hinauf. Und muss dann vor Erschöpfung erst einmal stundenlang schlafen.

wenn die Wehen beginnen: kurz vor der Geburt

3 **a)** Lies dir noch einmal deine Vermutungen durch (Aufgabe 1).

b) Welche deiner Vermutungen haben sich bestätigt?

Vermutungen überprüfen

! **Sachtexte erschließen: erster Lesedurchgang**

- Lies die **Überschrift** des Textes und betrachte die **Bilder.**
- Stelle **Vermutungen** darüber an, worum es in dem Text gehen könnte.
- Lies den Text und überprüfe, welche deiner Vermutungen zutreffen.
- Benenne das **Thema** des Textes.

Zweites Lesen: den Text gliedern

unbekannte Wörter klären

TIPP
Viele Wörter lassen sich aus dem Zusammenhang klären.

1 Manchmal enthalten Texte Wörter, die schwierig zu verstehen oder dir unbekannt sind.

a) Welche Möglichkeiten hast du, wenn du unbekannte Wörter nicht ohne fremde Hilfe klären kannst? Sammelt Tipps.

b) Was bedeuten die folgenden Wörter im Text? Arbeitet zu zweit und schreibt Erklärungen auf.

INFO
Z. steht für „Zeile".

Regenwälder (Z. 2)	gemächlich (Z. 6)	Überlebenstrick (Z. 12)
perfekt (Z. 38)	sichelartig (Z. 39)	kraxeln (Z. 58)

c) Helft euch gegenseitig beim Klären weiterer unbekannter Wörter.

den Text in Abschnitte gliedern

2 Du verstehst einen längeren Text leichter, wenn du ihn in mehrere Teile zerlegst und ihn dann stückweise liest.

a) Gliedere den Text über Faultiere in Abschnitte, z. B.:
Abschnitt 1: Z. 1–10
Abschnitt 2: ...

Fragen an den Text stellen

b) Formuliere W-Fragen an den Text. Diese Fragewörter und die Verben helfen dir dabei:

Fragewörter (W-Fragen)	
Wer?	*Was?*
Wo?	*Wie lange?*
Warum?	*Wie?*

Verben	
sich bewegen	*leben*
fressen	*aussehen*

c) Beantworte die W-Fragen mit Hilfe des Textes.

! Sachtexte erschließen: zweiter Lesedurchgang

- **Kläre unbekannte** oder **schwierige Wörter** durch
  - Nachdenken (aus dem Zusammenhang),
  - Nachfragen (z. B. Lernpartner/in, Lehrer/in) oder
  - Nachschlagen (z. B. in einem **Wörterbuch** oder **Lexikon**).
- **Gliedere** den Text in **Abschnitte.** Ein neuer Abschnitt beginnt immer da, wo ein neues **Unterthema** beginnt.
- Stelle **W-Fragen** an die einzelnen Abschnitte.
- **Beantworte** die W-Fragen mit Hilfe des Textes.

Drittes Lesen: Informationen entnehmen

Probier's mal mit Gemütlichkeit!

Wie faul sind Faultiere eigentlich? In ihrer Heimat, den Regenwäldern Mittel- und Südamerikas, hangeln sie sich in Zeitlupe durch die Baumkronen – viele schaffen nicht mal 40 Meter täglich. Die Einzelgänger schlafen im Schnitt 15 Stunden am Tag, sie atmen langsam, ihr Herz schlägt gemächlich, und sogar ihre Verdauung lässt sich Zeit: Faultiere „müssen" nur etwa einmal pro Woche. Dann lassen sie dicht über dem Boden riesige Haufen fallen, bevor sie wieder hoch in die Bäume klettern. Gaaaanz langsam natürlich.

Aber wozu sollten sich die Faultiere auch beeilen? Ihre Langsamkeit ist schließlich ihr Überlebenstrick! Gerade weil die Schnarchnasen stundenlang reglos im Geäst baumeln, werden sie von vielen Feinden, etwa Greifvögeln oder Raubkatzen, einfach übersehen. Außerdem sparen die Faultiere beim Rumhängen viel Energie: Das ist auch nötig, denn die Blätter, die sie fressen, enthalten nur wenige Nährstoffe. Selbst zur Fellpflege sind Faultiere zu faul – und sogar das hat einen großen Vorteil: In den Haaren können winzige Algen wuchern, die dem Pelz einen grünlichen Schimmer verleihen. Dadurch sind die Tiere im Grün der Blätter fast unsichtbar.

1 Markierungen helfen dir, dem Text wichtige Informationen zum Thema zu entnehmen.

a) Sind die Markierungen im ersten Abschnitt sinnvoll? Begründe.

b) Im zweiten Abschnitt sind einzelne Wörter markiert. Welche Markierungen sind deiner Meinung nach überflüssig, welche könnten ergänzt werden?

c) Notiere nun aus den übrigen Abschnitten des Textes die Schlüsselwörter. Vergleicht eure Ergebnisse.

Schlüsselwörter markieren

INFO
Schlüsselwörter sind Wörter, die zum Verstehen eines Textes besonders wichtig sind.

2 Worum geht es in den einzelnen Abschnitten?

den Abschnitten Überschriften geben

a) Welche der folgenden Überschriften passt am besten zu Abschnitt 1 (Z. 1–17)? Begründe deine Wahl.
Lebensweise – Herkunft des Namens – Langsame Tiere

b) Gib auch den anderen Abschnitten passende Überschriften.

! Sachtexte erschließen: dritter Lesedurchgang

- Markiere oder notiere **Schlüsselwörter** aus den einzelnen Abschnitten. Das sind wichtige Wörter, mit denen du die W-Fragen beantworten kannst.
- Gib jedem Abschnitt eine passende **Überschrift**. Die Schlüsselwörter helfen dir dabei.

3 Zu welchem Abschnitt des Textes passt das folgende Bild deiner Meinung nach am besten? Begründe deine Auswahl.

über den Text nachdenken

4 Welche Informationen aus dem Text findest du besonders interessant? Tausche dich mit einer Lernpartnerin / einem Lernpartner aus.

weiterführende Fragen stellen

5 Hast du noch weitere Fragen zum Thema „Faultiere“? Notiere sie und suche weitere Informationen, z. B. in der Bücherei oder im Internet.

Tabellen und Diagramme entschlüsseln

Tier	Gewicht
Kleine Taschenmaus	7 g
Katze	3,3 – 4,5 kg
Faultier	5 – 8 kg
Schimpanse	35 – 70 kg
Kuh	750 kg
Giraffe	bis zu 900 kg

1 Betrachte die Tabelle genau und untersuche ihren Aufbau.

a) Welche Informationen findest du in den Spalten?

b) Welche Informationen findest du in den Zeilen?

Spalten und Zeilen untersuchen

	Spalte ↓
Zeile →	

Der Aufbau von Tabellen

Tabellen bestehen aus **Spalten** und aus **Zeilen.**
- Eine Spalte verläuft von oben nach unten,
- eine Zeile verläuft von links nach rechts.

2 Was ist das Thema der Tabelle oben? Suche eine passende Überschrift.

das Thema der Tabelle erkennen

3 Richtig oder falsch? Entscheide mit Hilfe der Tabelle.
- Katzen werden schwerer als Faultiere.
- Kein Tier wird schwerer als die Kuh.
- Es gibt Faultiere, die so schwer sind wie Schimpansen.
- Das leichteste Tier ist die Kleine Taschenmaus.

der Tabelle gezielt Informationen entnehmen

TIPP
Erfindet zu zweit weitere Richtig/Falsch-Sätze zur Tabelle. Tauscht sie in der Klasse aus.

4 Was erfährst du in der Tabelle über das Faultier im Vergleich zu den anderen Tieren? Formuliere Sätze, z. B.:
Es ist nicht viel schwerer als ..., aber es ist viel leichter als ...

Tabellen entschlüsseln

- Stelle fest, worüber die Tabelle informiert. Hierbei hilft dir die **Überschrift,** wenn es eine gibt.
- Verschaffe dir einen **Überblick** darüber, welche Informationen die **Spalten** und **Zeilen** enthalten.
- **Vergleiche** die Angaben der einzelnen **Zellen*** miteinander.
- Notiere deine Beobachtungen: Was fällt dir besonders auf?

die Zelle: einzelnes Feld in einer Tabelle

Arten von Diagrammen kennen
- Säulendiagramm
- Balkendiagramm
- Kurvendiagramm
- Kreisdiagramm

5 Es gibt verschiedene Arten von Diagrammen. Ordne die Namen der Diagrammarten den Abbildungen zu:
Säulendiagramm, Balkendiagramm, Kreisdiagramm, Kurvendiagramm

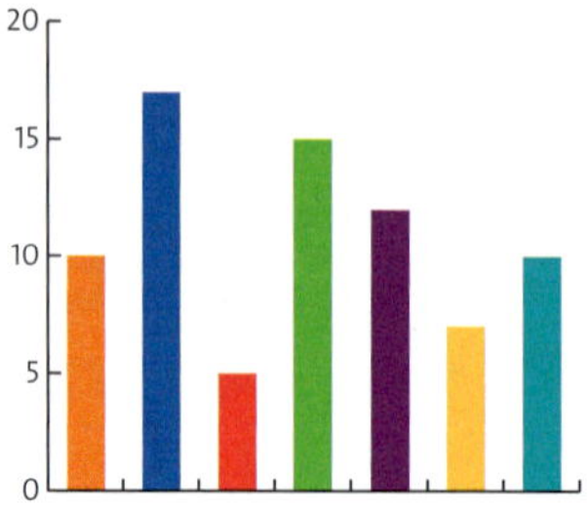

A

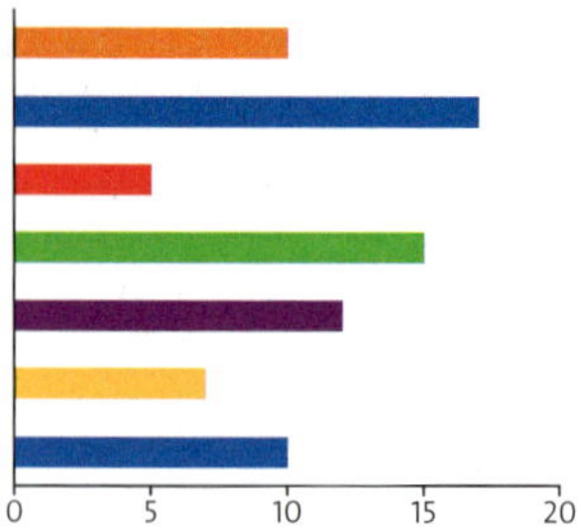

B

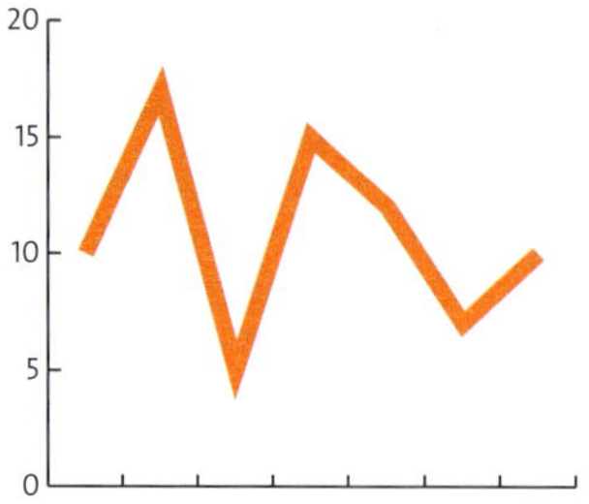

C

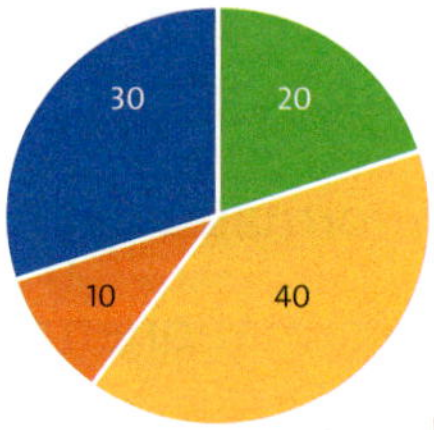

D

die Überschrift verstehen

6 **a)** Lies die Überschrift des folgenden Diagramms. Worüber informiert dieses Diagramm? Gib dasThema mit eigenen Worten wieder.

Schlafbedarf von Tieren

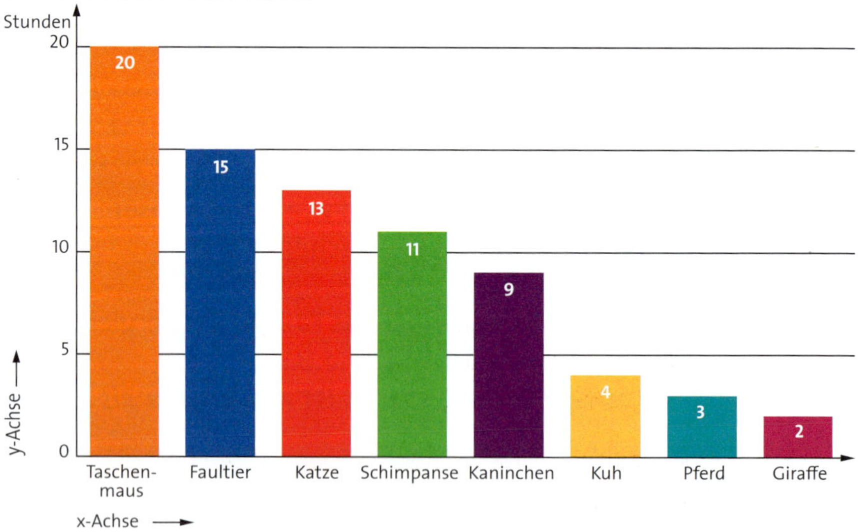

den Aufbau eines Diagramms untersuchen

HILFEN
Diese Wörter helfen dir, Diagramme zu beschreiben:
darstellen, zeigen, präsentieren, angeben, betragen, liegen bei, steigen, fallen, gleich bleiben

b) Bestimme die Art des Diagramms.

c) Beschreibe das Diagramm mit Hilfe der folgenden Wörter:
x-Achse   y-Achse   Tierarten   in Stunden   durchschnittlich   die Säulen   der höchste Wert   der niedrigste Wert   pro Tag

7 Stellt euch Fragen zum Diagramm und beantwortet sie, z. B.:
Welches Tier schläft durchschnittlich drei Stunden? → das Pferd

einem Diagramm gezielt Informationen entnehmen

8 Richtig oder falsch? Schreibe die Großbuchstaben ab und notiere „richtig“ oder „falsch“ dahinter.

A Die Taschenmaus braucht fast doppelt so viel Schlaf wie der Schimpanse.
B Das Kaninchen schläft durchschnittlich so lange wie Kuh, Pferd und Giraffe zusammen.
C Die Katze ist pro Tag durchschnittlich 13 Stunden wach.
D Die Taschenmaus ist am Tag genau so viele Stunden wach wie die Kuh „verschläft“.
E Das kleinste Tier braucht am meisten Schlaf.

9 Welche Zahlen im Diagramm überraschen dich? Begründe.

über das Diagramm nachdenken

! Diagramme entschlüsseln

- Stelle fest, um welche **Art von Diagramm** es sich handelt, z. B. Säulendiagramm, Balkendiagramm, Kurvendiagramm oder Kreisdiagramm.
- Benenne das **Thema.** Hierbei hilft dir die **Überschrift.**
- Verschaffe dir einen Überblick über den **Aufbau** des Diagramms und über die Informationen, die es enthält.
- Untersuche, welche **Angaben** im Diagramm gemacht werden, z. B.:
  g = Gramm → Angaben über Gewicht; h = Stunde → Angaben über Zeit; € = Euro → Angaben über Geld
- Vergleiche die Angaben und halte fest, was dir auffällt.

INFO
Manchmal werden Farben, Abkürzungen oder Symbole in einer kleinen Liste neben dem Diagramm erklärt. Diese Liste nennt man **Legende**.

Das habe ich gelernt

- Schreibe eine Anleitung, wie man einen Sachtext richtig liest. So kannst du beginnen:
  – *Lies die Überschrift und stelle Vermutungen zum Thema an.*
  – *Betrachte die Bilder und suche nach weiteren Hinweisen zum Thema.*
  – *Erster Lesedurchgang: ...*
- Welche Schritte haben dir besonders geholfen, den Sachtext im Kapitel besser zu verstehen? Markiere sie.
- Was musst du beim Lesen einer Tabelle oder eines Diagramms beachten? Verfasse auch dazu eine Anleitung.

Anwenden und vertiefen

Vermutungen über den Inhalt anstellen

1 Lies die Überschrift. Worum könnte es in dem Text gehen?

Volle Kraft voraus!

„Hou, hou, hou! Juup!“ Die Anfeuerungsrufe der Männer übertönen das Kreischen der Motorsägen. „Juuup!“, schreien sie und klatschen. Sarasu und Chandi schieben ihre Rüsselspitzen unter den tonnenschweren, glatten Baumstamm. [...] Seit Jahrhunderten arbeiten Menschen und Elefanten eng zusammen – hier auf den Andamanen, einer Inselgruppe, 1200 Kilometer östlich vom indischen Festland. [...] Die Menschen auf den Andamanen leben von der Holzwirtschaft und Elefanten sind ihre wichtigsten Helfer. Die Tiere stehen ihnen beim Fällen der Bäume zur Seite, schleppen Stämme aus den Wäldern. Selbst in Gebieten, wo Bulldozer* sofort umkippen oder sich festfahren würden. Abgesehen davon: Solch schweres Gerät könnten sich die Menschen hier ohnehin nicht leisten. [...] Die Männer sitzen hinter den Köpfen der Dickhäuter und lenken sie hinaus aus dem Dickicht* an den Strand, wo die Tiere im Ozean ein Bad nehmen sollen. [...] Sarasu reagiert auf jedes Signal seines Mahouts*: Eine sanfte Fußbewegung, und der Elefant vollführt etwa eine Drehung* nach links. 20 Jahre hat es gedauert, bis das Tier die 30 wichtigsten Kommandos verstand. Bis es wusste, wann es die Baumstämme stapeln, rollen oder anheben muss. In den Elefantenschulen lernen die Kolosse* sogar, mit ihren Rüsseln die Samen der gefällten Bäume zu verteilen, damit der Urwald nachwachsen kann. „Doch am besten hören die Elefanten auf das Kommando: ‚Pause‘. Und: ‚Baden gehen‘“, sagt ein Mahout.

der Bulldozer: großes Fahrzeug mit einer Schaufel

das Dickicht: (*hier*) der Dschungel

der Mahout: Elefantenführer

vollführt etwa eine Drehung: kann sich z. B. drehen

der Koloss: (*hier*) großes und schweres Tier

einen Sachtext erarbeiten
- unbekannte Wörter klären
- den Text in Abschnitte gliedern
- W-Fragen stellen und beantworten
- Schlüsselwörter notieren
- Überschriften formulieren

2
a) Haben sich deine Vermutungen bestätigt? Begründe.
b) Gliedere den Text in Abschnitte und stelle W-Fragen.
c) Notiere Schlüsselwörter und beantworte die W-Fragen.
d) Gib jedem Abschnitt eine passende Überschrift.

3
a) Formuliere richtige und falsche Aussagen zum Text.
b) Tauscht die Aussagen aus und berichtigt die falschen, z. B.:
Die zwei Elefanten heißen Sarasu und ~~Mahout~~. –> Chandi.

die Population: (*hier*) die Anzahl

Diagramme lesen

4 Arbeitet zu zweit und erklärt einander das Diagramm.

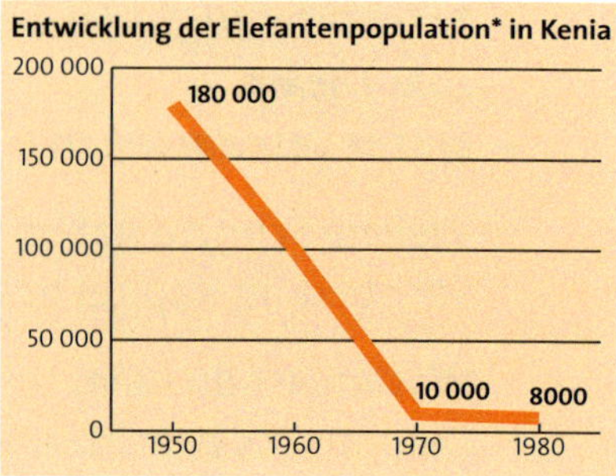

Wie gefährlich sind Schlangen wirklich?

Einen Kurzvortrag vorbereiten und halten

Was weißt du schon?

- Zu welchen Themen hast du schon einmal einen Kurzvortrag gehalten oder etwas präsentiert?
- Woher hattest du deine Informationen?
- Was musstest du beim Vortragen besonders beachten?
- Du sollst einen Vortrag über Schlangen halten. Welche Bereiche (z. B. Lebensraum, Nahrung, Feinde) sind für dich und die Zuhörenden interessant? Notiere Stichwörter.

Informationen beschaffen und auswerten

unterschiedliche Informationsquellen kennen

1 **a)** Wo könnt ihr euch über Schlangen informieren? Sammelt Vorschläge.

b) Übertrage den Cluster in dein Heft und vervollständige ihn mit euren Vorschlägen und Ideen.

Vorteile und Nachteile von Informationsquellen kennen

TIPP
Du kannst auch deine Fachlehrkräfte befragen, z. B. Biologielehrerin/ -lehrer.

2 **a)** Welche Vorteile und welche Nachteile haben die einzelnen Informationsquellen? Fülle die Tabelle in deinem Heft aus.

Informationsquelle	Vorteile +	Nachteile –
Internet	*schnell, viele Informationen,* ……	*nicht immer zuverlässig, zum Teil zu viele Informationen,* ……
Bücherei/Bibliothek	……	……
Zoo (Experten)	……	……
Lexikon	……	……
……	……	……

b) Welche Informationsquellen sind gut geeignet, wenn du dich über Schlangen informieren willst? Begründe.

geeignete Informationsquellen auswählen

! Informationsquellen nutzen

- **Bibliotheken** und das **Internet** bieten viele verschiedene Informationsquellen, z. B. **Bücher, Filme** oder **Websites**.
- Versuche immer, möglichst **zuverlässige Quellen** zu verwenden. Gut geeignet sind **Fachbücher** zum Thema. Du kannst auch **Experten** befragen.
- Am besten nutzt du **mehr als eine Informationsquelle,** z. B. eine Homepage und einen Lexikoneintrag.

3 Zu den meisten Themen findet man sehr viele Informationen. Nicht alle kannst du in einem Kurzvortrag vorstellen. Überlege dir deshalb vorher, zu welchem Bereich innerhalb des Themas „Schlangen" du einen Vortrag vorbereiten willst, z. B.:
- *Nahrung von Schlangen* oder
- *Wie gefährlich sind Schlangen wirklich?*

das Thema eingrenzen

Informationsquellen nutzen

4 Die folgenden Texte enthalten Informationen über Schlangen.

a) Überfliege die Texte und entscheide, welche davon für deinen Kurzvortrag interessant sind.

b) Lies die gewählten Texte und erschließe sie so, wie du es gelernt hast (siehe Kapitel „Probier's mal mit Gemütlichkeit").

c) Kläre unbekannte Wörter.

d) Notiere beim genaueren Lesen erste Stichwörter zu dem Bereich, über den du einen Kurzvortrag vorbereiten willst.

sich einen Überblick verschaffen
→ S. 68 ff.

Stichwörter notieren

Wie gefährlich sind Schlangen wirklich?

Das Beutespektrum* der Schlangen ist sehr groß. Die einzelnen Arten verspeisen alles von Insekten, Schnecken, Regenwürmern und Amphibien* über Eier, Vögel und Säugetiere bis hin zu anderen Reptilien und Schlangen. […] Würgeschlangen, wie Pythons und andere Riesenschlangen, töten ihre Beute durch Erdrosseln. Sobald sie eine Beute mit den Zähnen gepackt haben, legen sie einige Körperwindungen um diese herum. Jedes Mal, wenn das Opfer ausatmet, ziehen sie ihre Schlingen fester und verhindern, dass ein weiteres Mal eingeatmet werden kann. Giftschlangen beißen und injizieren* dabei ihrer Beute das Gift. […] Wie gefährlich Schlangen für Menschen sind, hängt davon ab, wie häufig sie dem Menschen begegnen. Außerdem sind einige Arten, wie zum Beispiel die Schwarze Mamba (*Dendroaspis polylepis*), aggressiver* als andere Giftschlangen. Und nicht zuletzt spielt die medizinische Versorgung im Fall eines Schlangenbisses eine entscheidende Rolle. […] In Afrika und Asien fordern Schlangenbisse jedes Jahr einen hohen Tribut* an Menschenleben. Dagegen sterben in Australien, wo es die meisten giftigen Schlangen und die mit dem wirksamsten Gift überhaupt gibt, jährlich weniger als fünf Menschen. Die Ursachen für diese niedrige Todesrate

das Spektrum (Plural: die Spektren): Bereich
die Amphibien: Tiere, die im Wasser und auf dem Land leben, z. B. Frösche

injizieren: hineinspritzen

aggressiv: angriffslustig

einen hohen Tribut fordern: viele Tode verursachen

geringe Besiedlungsdichte: niedrige Zahl von Einwohnern

INFO
In wissenschaftlichen Texten werden oft die lateinischen Namen für Tiere oder Pflanzen angegeben, z. B. *Dendroaspis polylepis* für die Schwarze Mamba. Diese Bezeichnungen werden von Wissenschaftlern auf der ganzen Welt verstanden.

liegen in der geringen Besiedlungsdichte*, einer angemessenen Fußbekleidung und einer hervorragenden medizinischen Versorgung.

Schwarze Mamba (*Dendroaspis polylepis*)

In Deutschland besteht keine Gefahr

die Gliedmaßen: Arme und Beine

das Terrarium: ein Behälter, in dem Schlangen als Haustiere aufbewahrt werden

Wer fürchtet sich nicht beim Anblick einer Schlange, die mit einer Drohgebärde laut fauchend ihre Giftzähne zeigt? Der Giftapparat der Schlange ist jedoch kein brutales Mordwerkzeug, sondern es ist ein lebensnotwendiger und wirksamer Schutz für ein Tier, welches keine Gliedmaßen* zum Verfolgen von Beute oder zur Verteidigung gegen Angreifer besitzt.
In Deutschland ist die Gefahr aber sehr gering, dass du von einer gefährlichen Schlange gebissen wirst. Es gibt hier keine Schlangen, deren Gift für den Menschen lebensbedrohlich ist. Schlimme Bisse kann es eigentlich nur in einem Terrarium* geben, in welchem Schlangenbesitzer die Giftschlangen in Gefangenschaft halten.

Die Ringelnatter

harmlos: ungefährlich

Die Ringelnatter bringt keine lebendigen Jungen zur Welt. Sie legt Eier in Laub- oder Komposthaufen. In deren Wärme werden die 20 Eier ausgebrütet. Die Ringelnatter ist eine ganz harmlose* Schlange. Sie hat zwei gelbe Halbmonde am Hinterkopf. Der Rücken ist grau, die Unterseite schwarz-weiß gewürfelt. Die Ringelnatter mag das Wasser und lebt an den Ufern von Gewässern. Sie liegt dort gerne in der Sonne. Kommt jemand vorbei, dann verschwindet sie blitzschnell im Wasser. Diese Schlange kann sehr gut schwimmen und ernährt sich von Fröschen und kleinen Fischen. Kann die Ringelnatter bei Gefahr nicht fliehen, dann zischt sie und scheidet eine stinkende Flüssigkeit aus.

Schlangenarten

	Größe	Nahrung	giftig*	Vorkommen
Kreuzotter	60–90 cm	Mäuse, Frösche, andere kleine Tiere	ja, etwas	Europa, Asien
Ringelnatter	ca. 1 m	Frösche, Fische, Eidechsen, Mäuse	nein	Europa, Asien, Nordafrika
Klapperschlange	bis über 2 m	Mäuse, Streifenhörnchen, Ratten, Kaninchen	ja	Nord- und Südamerika
Schwarze Mamba	ca. 2,5 m	Mäuse, Ratten, Hörnchen, Vögel	ja	Afrika
Königskobra	bis zu 5,5 m	kleine Tiere, andere Schlangen	ja, stark	Thailand, Indien, China, Indonesien

* Gefahr für Menschen/Haustiere

Die Königskobra

Bei Sonnenuntergang jagen Königskobras nach Vögeln, Ratten, Eidechsen und anderen Schlangen. Sie beißen ihre Beute mit den zwei Giftzähnen. Das Gift gelangt sofort in die Blutbahn des Opfers und lähmt oder tötet es. Die Königskobra verschlingt ihre Opfer immer im Ganzen. Um das Maul für so eine gewaltige Mahlzeit weit genug zu öffnen, hängt sie ihre Kiefer kurzzeitig aus den Gelenken aus. Die Königskobra kann die erstaunliche Länge von 5,5 Metern erreichen. Ihr Gift ist so stark, dass sie damit einen Elefanten töten könnte. Wird die Kobra gereizt, richtet sie sich zischend auf und spreizt ihre obersten Rippenknochen zu einer Haube hinter dem Kopf, die sie bedrohlicher aussehen lässt.

Königskobra (*Ophiophagus hannah*)

das Züngeln: schnelle Bewegung der Zunge vor und zurück
der Mungo: ein kleines Raubtier

Beim Züngeln* prüft sie die Luft nach Gerüchen, um zu erfahren, was in ihrer Umgebung vorgeht.
Der Mungo* ist ein geschickter Kobrajäger und deren ärgster natürlicher Feind. Blitzschnell springt er die Kobra an, packt Kopf und Nacken der Schlange mit seinen scharfen Zähnen und beißt zu. Auch bei heftiger Gegenwehr lässt der Mungo nicht locker, bis sein Gegner tot ist.

5 Untersuche die Tabelle auf Seite 81. Vergleiche die Textinhalte der von dir gewählten Texte mit den Informationen aus der Tabelle.

6 Welche Informationen aus den Texten und der Tabelle sind für deinen Kurzvortrag geeignet? Begründe.

wichtige und unwichtige Informationen unterscheiden

! Informationsquellen nutzen

Nicht alle Informationen, die du in Texten, Grafiken usw. findest, eignen sich auch für deinen Kurzvortag. Du musst auswählen:
- **Passen** die Informationen wirklich **zu deinem Thema?**
- Sind die Informationen wirklich **wichtig** oder kann man sie auch weglassen?
- Gibt es doppelte Informationen oder Informationen, die nichts Neues beitragen?

Stichwörter in eine sinnvolle Reihenfolge bringen

TIPP
Du kannst deine Informationen in Stichwörtern auf Karteikarten sammeln.

7 Diese Informationssammlung muss noch verbessert werden.

Informationen für meinen Kurzvortrag
Wie gefährlich sind Schlangen?
- Kreuzotter: nicht so gefährlich
- manche fressen Vögel
- Königskobra: sehr giftig
- Würgeschlangen und Giftschlangen
- nicht alle sind giftig
- vor Schlangen habe ich Angst
- ...

a) Sortiere diese Stichwörter in einer sinnvollen Reihenfolge.

b) Begründe, warum du die Stichwörter gerade in dieser Reihenfolge angeordnet hast.

TIPP
Oft ist es sinnvoll, die Informationen vom **Allgemeinen zum Besonderen** zu ordnen.

8 Gehe deine eigene Stichwortsammlung noch einmal durch:
– Gibt es unwichtige Informationen? Streiche sie.
– Gibt es doppelte Informationen? Fasse sie zusammen.

9 **a)** Erkläre: Wie muss eine Einleitung sein, um deine Zuhörerinnen und Zuhörer für dein Thema zu interessieren?

b) Lies die folgenden drei Einleitungen für einen Kurzvortrag über Schlangen und wähle eine geeignete aus. Begründe.

Schlangen leben zum Beispiel in Indien und Südostasien.

Ich halte jetzt einen Vortrag. Er handelt von Schlangen.

„Ein einziger Biss tötet einen Menschen innerhalb von 20 Minuten.“ – Welches Tier stelle ich euch heute vor?

c) Formuliere eine passende Einleitung für deinen Vortrag.

eine Einleitung verfassen

10 **a)** Erkläre: Welche Aufgabe hat der Schluss eines Vortrags?

b) Wie kannst du das Publikum am Ende deines Vortrags einbeziehen? Nenne Beispiele, z. B.: eine Frage stellen, das Publikum zu etwas auffordern, ...

c) Formuliere einen passenden Schluss für deinen Vortrag, z. B.: *Wie ihr schon am Anfang richtig vermutet habt, sind also Schlangen nicht immer gefährlich für den Menschen. Wisst ihr noch, welche Gründe ich dafür in meinem Vortrag genannt habe?*

den Schluss formulieren

Aufbau eines Kurzvortrags

- Die **Einleitung** muss das Interesse des Publikums wecken.
- Im **Hauptteil** werden die Informationen zum Thema in einer sinnvollen Reihenfolge angeordnet und vorgetragen.
- Der **Schluss** fasst die wichtigsten Informationen zusammen. Hier kann man auch eine Frage stellen.

Checkliste für einen Vortrag:
☑ Habe ich das Thema eingegrenzt?
☐ Weiß ich, wo ich nach Informationen suchen kann?
☐ ...

Das habe ich gelernt

Lege eine Checkliste für die Vorbereitung eines Vortrags an:

- Was muss ich in welcher Reihenfolge tun?
- Was muss ich dabei jeweils beachten?
- Wo bin ich noch unsicher und möchte besonders üben?

TIPP
So gelingt dein Vortrag besser:
- Sprich möglichst frei. Die Stichwörter dienen nur zur Unterstützung.
- Sprich langsam und deutlich.
- Sieh dein Publikum beim Sprechen an.
- Übe deinen Vortrag vor dem Spiegel oder vor deinen Eltern, Freunden oder Geschwistern.
- Besorge dir für deinen Vortrag passendes Anschauungsmaterial (Bilder), z. B. im Internet oder in der Bibliothek.

Anwenden und vertiefen

Der Blauring-Krake

Der schöne Blauring-Krake mag harmlos aussehen, sein Gift macht ihn jedoch zu einem der gefährlichsten Geschöpfe* dieser Erde. Er erreicht ausgestreckt einen Durchmesser von nur etwa 15 Zentimetern, also etwa so groß wie eine Tauchermaske. [...] Die etwa zehn Arten dieses winzigen Weichtiers* aus den Küstengewässern Australiens beißen ihre Opfer und spritzen Gift in die Wunde. Auch für den Menschen kann das Gift dieser Tiere tödlich sein.
Der Blauring-Krake hat einen kleinen kugeligen Körper und acht lange Fangarme rund um sein scharfes, schnabelartiges Maul. Jeder Arm trägt zwei Reihen Saugnäpfe, mit denen der Krake seine Beute festhält. Auf der Bauchseite hat das Tier einen wassergefüllten, muskulösen Beutel, den man Mantelhöhle nennt. Indem der Krake das Wasser aus der Mantelhöhle presst, kann er sich schnell aus Gefahrenzonen entfernen.
[...] Mitunter* spritzt er eine Wolke tintenähnlicher Flüssigkeit ins Wasser. Dieser „Sichtschutz" hält die Gegner auf, während der Krake blitzschnell die Flucht antritt.
Der Blauring-Krake lebt in seichten* Gewässern, wo er über den Grund gleitet und sich mit seinen Saugpolstern an Steinen festhält. Fühlt er sich in Gefahr, leuchten seine Ringe in intensivem Blau, um damit Feinde abzuschrecken. Verliert er auf der Flucht gar einen seiner Arme, wächst unter Umständen* ein neuer nach.
Der Blauring-Krake setzt seinen papageienartigen Schnabel wie einen Dosenöffner ein, um Beutetiere wie Muscheln, Krebse und andere Schalentiere zu knacken.

das Geschöpf: Lebewesen

das Weichtier: Tiere ohne Skelett, z. B. Schnecken, Muscheln

mitunter: manchmal

seicht: flach, niedrig

unter Umständen: vielleicht

Stichwörter notieren

1 a) Welche Informationen aus dem Text sind geeignet für einen Kurzvortrag über den Blauring-Kraken? Notiere Stichwörter.
b) Ordne die Stichwörter den folgenden Merkmalen zu: *Lebensraum, Aussehen, Nahrung, Verhalten bei Gefahr*

2 a) Gestaltet eine Plakat-Ausstellung zum Thema „Gefährliche Tiere". Arbeitet dazu in Gruppen:
- Wählt ein gefährliches Tier für euer Plakat aus.
- Sucht Informationen und Bildmaterial.
- Überlegt euch, wie ihr die Informationen anschaulich auf dem Plakat präsentieren könnt.

Märchen machen Appetit

Märchen lesen und verstehen

Was weißt du schon?

- Welche Märchen erkennst du auf dem Bild?
  Welche anderen Märchen kennst du?
- Welches Märchen gefällt dir besonders gut, welches weniger? Begründe.
- Woher kennst du Märchen?
- Woran erkennt man ein Märchen? Nenne Merkmale.

Ein Märchen erarbeiten

Vermutungen über den Inhalt anstellen

1 **a)** Lies die Überschrift und den ersten Abschnitt des Märchens (Z. 1–5). Stelle Vermutungen an, wie das Märchen weitergeht.

b) Lies nun das ganze Märchen.

Prinzessin Mäusehaut

Ein König hatte drei Töchter; da wollte er wissen, welche ihn am liebsten hätte, ließ sie vor sich kommen und fragte sie. Die älteste sprach, sie habe ihn lieber als das ganze Königreich; die zweite, als alle Edelsteine und Perlen auf der Welt; die dritte aber sagte, sie habe ihn lieber als das Salz.

Der König ward* aufgebracht*, dass sie ihre Liebe zu ihm mit einer so geringen* Sache vergleiche, übergab sie einem Diener und befahl, er solle sie in den Wald führen und töten. Wie sie in den Wald gekommen waren, bat die Prinzessin den Diener um ihr Leben; dieser war ihr treu und würde sie doch nicht getötet haben, er sagte auch, er wolle mit ihr gehen und ganz nach ihren Befehlen tun. Die Prinzessin verlangte aber nichts als ein Kleid von Mäusehaut, und als er ihr das geholt*, wickelte sie sich hinein und ging fort. Sie ging geradezu an den Hof eines benachbarten Königs, gab sich für einen Mann aus und bat den König, dass er sie in seine Dienste nehme*. Der König sagte es zu*, und sie solle bei ihm die Aufwartung haben*. Abends musste sie ihm die Stiefel ausziehen, die

ward: (*altes Deutsch*) wurde
aufgebracht: wütend
gering: klein, unwichtig

als er ihr das geholt: (*altes Deutsch*) als er ihr das geholt hatte
in seine Dienste nehmen: bei sich arbeiten lassen
sagte es zu: war einverstanden
die Aufwartung haben: als Putzfrau oder Dienstmädchen arbeiten

TIPP
Vermutungen anstellen
Stelle vor dem Lesen Vermutungen darüber an, wovon der Text handeln könnte.
Dies hilft dir beim Verstehen des Textes. Es geht dabei nicht darum, dass deine Vermutungen richtig sind, sondern dass du dir Gedanken über den Text machst.

warf er ihr allemal* an den Kopf. Einmal fragte er, woher sie sei. „Aus dem Lande, wo man den Leuten die Stiefel nicht um den Kopf wirft." Der König ward da aufmerksam. Endlich brachten ihm die andern Diener einen Ring und sagten, Mäusehaut habe ihn verloren, der sei zu kostbar, den müsse er gestohlen haben. Der König ließ Mäusehaut vor sich kommen und fragte, woher der Ring sei. Da konnte sich Mäusehaut nicht länger verbergen. Sie wickelte sich von der Mäusehaut los, ihre goldgelben Haare quollen hervor, und sie trat heraus, so schön, aber auch so schön, dass der König gleich die Krone von seinem Kopf abnahm und ihr aufsetzte und sie für seine Gemahlin erklärte*.

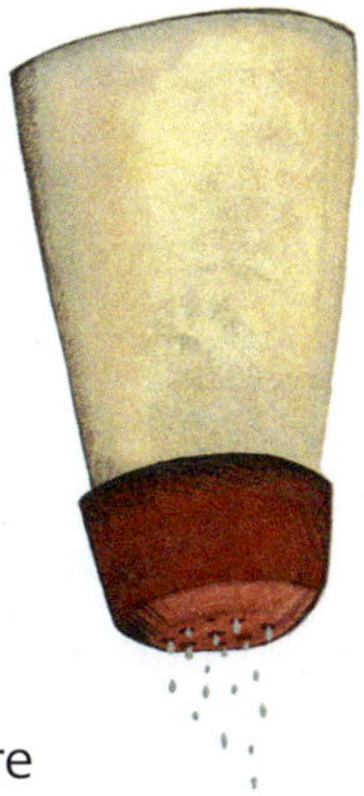

Zu der Hochzeit wurde auch der Vater der Mäusehaut eingeladen, der glaubte, seine Tochter sei schon längst tot, und er erkannte sie nicht wieder. Auf der Tafel* aber waren alle Speisen, die ihm vorgesetzt wurden, ungesalzen*, da ward er ärgerlich und sagte: „Ich will lieber nicht leben als solche Speise essen!" Wie er das Wort ausgesagt*, sprach die Königin zu ihm: „Jetzt wollt Ihr* nicht leben ohne Salz, und doch habt Ihr mich einmal wollen töten lassen, weil ich sagte, ich hätte Euch* lieber als Salz!" Da erkannte er seine Tochter und küsste sie und bat sie um Verzeihung, und es war ihm lieber als sein Königreich und alle Edelsteine der Welt, dass er sie wiedergefunden hatte.

allemal: jedes Mal

sie für seine Gemahlin erklärte: sie zu seiner Ehefrau machte
die Tafel: langer Tisch
ungesalzen: ohne Salz zubereitet

ausgesagt: ausgesprochen hatte
Ihr/Euch: *alte höfliche Anrede*

2 Tauscht euch darüber aus, welche eurer Vermutungen zutreffen und womit ihr nicht gerechnet habt.

Vermutungen überprüfen

3 Lies den Text noch einmal genau. Klärt gemeinsam die Bedeutung unbekannter Wörter und Ausdrücke durch Nachdenken, Nachfragen oder Nachschlagen.

unbekannte Wörter klären

4 Zu welchen Figuren und Situationen passen die folgenden Adjektive? Begründe.
wütend, treu, selbstbewusst, misstrauisch, froh

5 Sprecht über die folgenden Fragen.

a) Welche Bedeutung hat das Salz im Märchen?

b) Wie beurteilt ihr das Verhalten des Vaters, der Prinzessin Mäusehaut und ihrer Schwestern?

6 Gibt es Ähnliches im wirklichen Leben? Begründe deine Meinung.

das Textverstehen sichern
- die Figuren beurteilen
- über den Inhalt nachdenken

Märchenmerkmale erkennen

Märchenmerkmale kennen

1 Woran kannst du erkennen, dass der Text „Prinzessin Mäusehaut“ auf Seite 86 f. ein Märchen ist? Nenne Merkmale.

2 **a)** Wie beginnen Märchen normalerweise, wie enden sie?

b) Nennt weitere Merkmale, die man immer wieder in Märchen findet.

c) Arbeitet zu zweit. Übertragt die Tabelle in euer Heft und ergänzt sie. Im Kasten darunter findet ihr Hilfen.

Märchenmerkmale

Merkmale	Schneewittchen	Hänsel und Gretel	?
Orte	*hinter den sieben Bergen, Schloss*	...	...
Figuren und Eigenschaften	...	*Holzhacker – arm* *Hexe – böse*	...
wichtige Zahl	...	...	...
wichtige Gegenstände	*Spieglein an der Wand, Apfel*	...	...
Ende	...	...	...
?	...	...	...

böse	König/Königin	Schloss	Hütte	reich
Hexe	einfache Leute	Zwerge	Stiefmutter	arm
gut	Prinz/Prinzessin	Wald	geht gut aus	

TIPP
Bringt ein Märchenbuch von zu Hause mit oder besorgt euch eines aus der Bibliothek.

d) Einigt euch auf ein weiteres Märchen, das ihr gut kennt, und füllt die dritte Spalte der Tabelle dazu aus.

e) Tragt eure Ergebnisse in der Klasse zusammen und vergleicht sie. Welche Merkmale kommen besonders häufig vor?

3 Die Hauptfigur muss oft Proben oder Prüfungen bestehen, für die sie am Ende belohnt wird.
Nennt Beispiele aus Märchen, die ihr kennt, z. B.:
Marie muss im Märchen „Frau Holle“ die Äpfel vom Baum schütteln, Brot aus dem Backofen holen und die Kissen schütteln.

4 Lest die folgenden Verse aus Märchen:

Knusper, knusper, knäuschen,
wer knuspert an meinem Häuschen? –
Der Wind, der Wind,
das himmlische Kind.

Rucke di guh, rucke di guh,
Blut ist im Schuh:
Der Schuh ist zu klein,
die rechte Braut sitzt noch
daheim.

Was rumpelt und pumpelt
in meinem Bauch herum?
Ich meinte, es wären sechs
Geißlein, so sind's lauter
Wackersteine.

a) Wie heißen die Märchen, aus denen die Verse stammen?

b) Von wem und in welcher Situation werden die Sprüche aufgesagt?

! **Merkmale von Märchen**

- Märchen sind frei erfundene Geschichten, die über viele Jahre mündlich weitererzählt wurden.
- Sie haben oft einen festgelegten Anfang (*Es war einmal …*) und Schluss (*Und wenn sie nicht gestorben sind, …*).
- Ort und Zeit der Märchenhandlung sind nicht genau bestimmt, z. B.: *hinter den sieben Bergen, vor vielen Jahren*
- Die Figuren sind oft auf wenige Eigenschaften festgelegt, z. B.: *die gute Fee, die böse Hexe*
  In der Märchenwelt leben z. B. Holzfäller, Schneider oder Königinnen zusammen mit Fantasiefiguren wie Hexen oder Zwergen.
- Im Märchen passieren fantastische Dinge. Tiere und Gegenstände können sprechen und es gibt Zauberei.
- Die Hauptfigur muss oft (drei) Mutproben oder Prüfungen bestehen, für die sie belohnt wird.
- Zahlen (3, 7, 12) haben oft eine besondere Bedeutung.
- Im Märchen gibt es oft Reime und Zaubersprüche.
- Märchen gehen meistens gut aus: Das Gute wird belohnt, das Böse bestraft.

Ein Märchen in Bildern darstellen

Vermutungen zum Textinhalt anstellen

1 a) Lies die Überschrift und den ersten Absatz des folgenden Märchens.

b) Schreibe auf, worum es in dem Text gehen könnte.

den Text überfliegen

2 a) Überfliege den Text mit den Augen und versuche herauszufinden, was man im Text über die drei Wünsche erfährt. Lies dazu die folgenden Informationen:

INFO **Schlüsselwörter** sind Wörter im Text, die zum Verstehen besonders wichtig sind, z. B. Namen, Orte oder Gegenstände.

! Überfliegendes Lesen

Durch **überfliegendes Lesen** kannst du dir einen ersten Überblick verschaffen, worum es in einem Text geht. Suche den Text mit deinen Augen ab und versuche, möglichst schnell wichtige Wörter (**Schlüsselwörter**) zu erfassen.

b) Tauscht euch anschließend darüber aus, welche eurer Vermutungen zutreffen.

Die drei Wünsche

Es war einmal ein Holzfäller, der lebte zusammen mit seiner Frau glücklich und zufrieden in einem kleinen Holzhäuschen mitten in einem großen Wald. Als er einmal gerade eine große Tanne fällen wollte, sah er plötzlich aus einem der Astlöcher das ängstliche Gesicht eines Kobolds* hervorlugen: „Was höre ich da? Du willst doch wohl nicht diesen Baum fällen? Das ist mein Haus, hier lebe ich! […] Wir wollen es so machen: Du fällst den Baum nicht, und ich erfülle dir dafür drei Wünsche! Bist du einverstanden?" Der Mann kratzte sich am Kopf: „Drei Wünsche, sagst du? In Ordnung!" Und der Holzfäller begann, einen anderen Baum zu bearbeiten.

Am Abend erzählte er seiner Frau von der Begegnung im Wald. Sie begannen, sich ihren Wohlstand* und ihr Glück auszumalen, und ließen es sich mit einer Flasche Wein gut gehen. „Köstlich!", rief die Frau aus und schnalzte mit der Zunge. „Dazu hätte ich jetzt gerne ein paar Würste …!" Sie unterbrach sich sofort und biss sich auf die Zunge, aber zu spät! Der Holzfäller, der zu seiner Verblüffung* die Würste vor sich auf dem Tisch liegen sah, konnte vor Wut nur stammeln: „Was hast du getan! Du hast einen Wunsch vergeudet!* O Frau, wie dumm du bist!"

der Kobold: eine kleine Figur im Märchen, die den Menschen oft Streiche spielt

der Wohlstand: Reichtum

die Verblüffung: Überraschung

vergeuden: verschwenden

Und mit wachsendem Zorn fuhr er fort: „Diese verdammten Würste! Ich wollte*, du hättest sie an der Nase hängen!" Das hätte er nicht sagen dürfen: Bei diesen Worten kam Leben in die Würste, die der Frau an die Nase sprangen und dort hängen blieben. Die Frau war außer sich vor Zorn: „Was hast du nur getan! Du hast einen weiteren Wunsch vergeudet! Du bist ein unglaublicher Dummkopf! Was hätten wir uns alles wünschen können."

ich wollte: *(altes Deutsch)* ich wünschte

Da brach der arme Mann in ein schallendes Gelächter aus: „Wenn du wüsstest, wie lächerlich du aussiehst mit den Würsten, die an deiner Nase hängen!" Mit beiden Händen versuchte nun die Frau, sich die Würste von der Nase zu reißen, aber vergebens*. Die Würste blieben, wo sie waren. […]

vergebens: ohne Erfolg, es klappte nicht

Schließlich fand der Mann den Mut für den dritten Wunsch: „Ich will, dass sich die Würste von der Nase meiner Frau lösen!" Sogleich wurde sein Wunsch erfüllt, und Mann und Frau umarmten sich weinend. „Wir werden zwar arm bleiben, aber wieder so glücklich sein wie vorher!" Weil von der wundersamen Begegnung mit dem Kobold nur die Wurstkette* übrig geblieben war, fiel ihnen nichts Besseres ein, als sie zu braten und zu essen.

die Wurstkette: mehrere Würste, die aneinanderhängen

3 Lies den Text noch einmal genau. Kläre unbekannte Wörter und Ausdrücke.

unbekannte Wörter klären

4 **a)** Das Märchen ist in fünf Abschnitte gegliedert (Z. 1–11, 12–21, 22–29, 30–34, 35–42). Gib jedem Abschnitt eine passende Überschrift.

b) Vergleicht eure Ergebnisse.

Textabschnitten Überschriften geben

5 Sprecht in kleinen Gruppen über die folgenden Fragen.

a) Welche Rolle spielt der „Appetit" in diesem Märchen?

b) Wie beurteilst du das Verhalten des Ehepaars?

c) Geht das Märchen gut aus? Begründe deine Meinung.

über den Text nachdenken

! Eine Märchenhandlung erfassen

- Achte besonders auf Schlüsselwörter (Ort, Figuren, Gegenstände).
- Lies den Text abschnittweise und suche passende Überschriften für die Abschnitte.
- Beschreibe die einzelnen Situationen in Stichwörtern.

ein Storyboard anlegen

INFO
Ein **Storyboard** zeigt die Szenen eines Films in Form kleiner Zeichnungen wie in einem Comic.

TIPP
Nutze deine Überschriften aus Aufgabe 4 a) auf Seite 91.

6 Stelle dir vor, das Märchen „Die drei Wünsche" auf Seite 90 f. soll verfilmt werden. Lege zu den fünf Abschnitten auf Karten ein Storyboard mit fünf Bildern an, die zeigen, was gefilmt werden soll.

a) Notiere auf deinen Karten jeweils den Ort, die Figuren und die Gegenstände der Handlung für den Textabschnitt.

b) Ergänze auf jeder Karte eine Zeichnung.

c) Schreibe in eigenen Worten dazu, was die Figuren sagen könnten.

den Inhalt des Märchens wiedergeben

d) Erzähle einer Lernpartnerin oder einem Lernpartner den Inhalt des Märchens. Nutze dazu dein Storyboard.

7 Spielt das Märchen zu dritt nach. Achtet besonders darauf, dass die Gefühle der Figuren deutlich werden, z. B. Überraschung oder Wut. Probiert dazu verschiedene Gesichtsausdrücke und Bewegungen aus.

eine Mindmap erstellen
- Oberbegriff (Thema) in die Mitte des Blattes schreiben
- dazu passende Begriffe darum gruppieren
- zu jedem Begriff Stichpunkte notieren

Das habe ich gelernt

- Welche Märchenmerkmale kennst du? Notiere sie in einer Mindmap. Vergleiche mit einer Lernpartnerin / einem Lernpartner oder mit dem Buch.

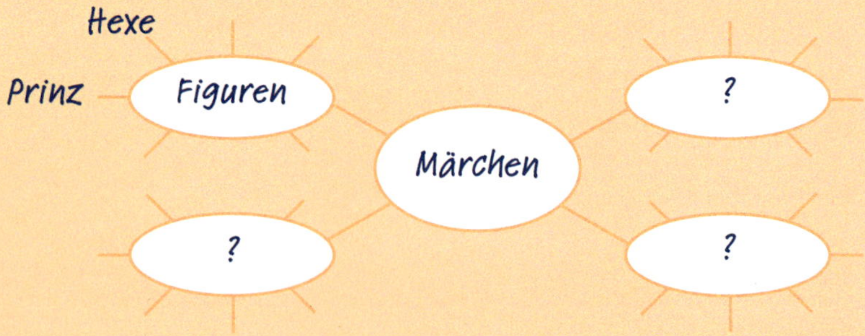

- Ordne jedem Merkmal zwei Beispiele aus Märchen zu, die du kennst.
- Welche Möglichkeiten hast du kennen gelernt, um einen Märchentext besser zu verstehen?

Anwenden und vertiefen

1 Elisabeth Kröll hat ein altes Märchen neu erzählt. Erarbeite den Textinhalt so, wie du es in diesem Kapitel gelernt hast. Tausche dich dann mit einer Lernpartnerin oder einem Lernpartner über den Inhalt aus.

Vermutungen anstellen und überprüfen
- Text überfliegen
- Vermutungen überprüfen

Elisabeth Kröll
Die knubbeldicke Kartoffelkönigin

Im Keller des Gasthauses „Zur dicken Knolle*“ stand eine Kiste mit den besten Kartoffeln. Eine von ihnen war besonders schön, riesengroß und knubbeldick. Eines Tages wollte der Koch für ein feines Kartoffelgericht selbst die besten Zutaten aussuchen und stieg in den Keller. Er entdeckte die Riesenknolle und staunte: „Was bist du für ein Prachtstück!* Aus dir mache ich eine leckere Kartoffelpastete, und die werde ich dann dem Herrn Bürgermeister vorsetzen.“ Doch ehe er sich's versah*, sprang sie ihm schwuppdiwupp! aus den Händen und rief:

„Ich bin die knubbeldicke Kartoffelkönigin.
Wer mich essen darf, bestimme ICH!“

Sprach's und rannte fort über Wiesen und Felder, durch Täler und Wälder.
Unterwegs begegneten ihr der Hase Mümmelmann, der Bär Brummel und das wilde Borstenschwein. Sie wollten die dicke Kartoffel gleich roh* auffressen. Aber sie rief immer:

„Ich bin die knubbeldicke Kartoffelkönigin.
Wer mich essen darf, bestimme ICH!“

Und rannte weiter bis ins nächste Dorf. Dort kamen gerade die Kinder aus der Schule, und als sie die tolle Knolle sahen, liefen sie hinter ihr her und wollten sie fangen. Anna hätte gern Püree aus ihr gemacht, Jan Pommes frites, Marie Reibekuchen und Peter Pellkartoffeln. Aber schwuppdiwupp! entwischte sie allen Kindern und rief jedes Mal:

„Ich bin die knubbeldicke Kartoffelkönigin.
Wer mich essen darf, bestimme ICH!“

die Knolle: runder dicker Teil einer Pflanze, z. B. Kartoffel

das Prachtstück: *hier:* besonders schöne Kartoffel

ehe er sich's versah: bevor er sich umsehen konnte; ganz plötzlich

roh: noch nicht gekocht

Und rannte weiter, immer weiter – bis zu einem Häuschen am Waldrand. Dort wohnte ein armer Holzfäller mit sieben Kindern. Als sie die Riesenknolle sahen, schrien sie: „Halt, komm zu uns, wir haben den ganzen Tag noch nichts gegessen und du wärst gerade recht für uns alle!"
Da kullerte die Kartoffelkönigin in die Küche und sprang schwuppdiwupp! direkt in den leeren Korb neben dem Herd. Die Mutter holte die Pfanne hervor, machte knusprige Bratkartoffeln, und wirklich – alle wurden satt.

den Inhalt erarbeiten

2 **a)** Teile das Märchen in Abschnitte ein.
b) Formuliere Überschriften für die Abschnitte.
c) Erstelle ein Storyboard.
d) Erzähle das Märchen mit Hilfe der Bilder.

Märchenmerkmale erkennen

3 **a)** Welche Märchenmerkmale enthält der Text?
b) Beurteile das Verhalten der Figuren und das Märchenende.

einen Paralleltext schreiben

4 **a)** Erzähle das Märchen neu. Ersetze die knubbeldicke Kartoffelkönigin durch etwas anderes, z. B. einen rotbackigen Apfel, eine verrückte Frikadelle ...

Diese Fragen helfen dir bei der Planung deines Textes:
- Wo beginnt die „Reise" deiner Figur?
- Wem begegnet deine Figur?
- Was sagen die Figuren?
- Wie endet dein Märchen?

Texte in der Schreibkonferenz überarbeiten
S. 38, 219

b) Überarbeitet eure Märchen in der Schreibkonferenz. Gebt einander Rückmeldungen zu folgenden Fragen:
– Was hat euch an dem Märchen gefallen?
– Welche Märchenmerkmale sind darin enthalten?
– Welche Verbesserungsvorschläge habt ihr?

ein Märchen nachspielen

c) Wählt eine der Geschichten aus und spielt sie vor der Klasse nach. Probt vorher, welche Gesichtsausdrücke und Bewegungen am besten zu den Figuren passen.

Made, Mops und Co.

Erzählungen lesen

Was weißt du schon?

- Welche Arten von Erzählungen kennst du?
- Welche Erzählungen liest du am liebsten?
- Warum werden Geschichten erzählt?
- Welche Tipps kennst du, die dir helfen, eine Erzählung besser zu verstehen?

Eine Erzählung erarbeiten

Vermutungen anstellen und überprüfen

TIPP
Wenn du vor dem Lesen **Vermutungen** darüber anstellst, wovon ein Text handeln könnte, hilft dir das beim Verstehen des Textes. Es geht dabei nicht darum, dass deine Vermutungen richtig sind, sondern dass du dir **Gedanken über den Text machst.**

1 Lies die Überschrift und die Einleitung (Z. 1–5) und schau dir das Bild an. Worum könnte es in dieser Erzählung gehen?

2 Lies nun die Erzählung und vergleiche deine Vermutungen mit dem Text.

Franz Hohler

Made in Hongkong

Made in Hongkong – das habt ihr sicher schon auf einem eurer Spielzeuge gelesen. Aber wisst ihr auch, was es heißt? Also, ich will es euch erklären.
Was Maden sind, wisst ihr, so nennt man die Käfer, wenn sie noch so klein sind, dass sie wie winzige Würmer aussehen.

In einem Garten lebte einmal eine ganze Schar* solcher Maden. Eine davon war besonders klein und wurde von den anderen ständig ausgelacht. „Du bringst es nie zu etwas!“, sagten sie immer wieder, bis die kleine Made so wütend wurde, dass sie sagte: „Ich bringe es weiter* als ihr alle. Ich komme bis nach Hongkong!“, und schnell davonkroch. „Viele Grüße!“, riefen ihr die anderen nach, „und lass es uns wissen, wenn du in Hongkong angekommen bist!“

Die Made kroch zum Flughafen und konnte sich dort im Spalt einer großen Kiste verstecken. Der Zufall wollte es, dass diese Kiste nach Hongkong geflogen wurde, aber das war noch nicht alles. Die Kiste war nämlich voll Gold, und deshalb wurde sie in Hongkong auf dem Flughafen von Räubern gestohlen, die damit davonfuhren und sie in einem verlassenen Keller versteckten. Nachher wollten sie eine zweite solche Kiste rauben, wurden aber dabei von der Polizei erschossen.

die Schar: große Gruppe

es weit bringen: Erfolg haben

Jetzt wusste niemand mehr, wo die Kiste mit dem Gold war, außer unserer Made. Die überlegte sich, wie sie ihren Maden zu Hause mitteilen konnte, dass sie in Hongkong angekommen war. Dabei kam ihr in den Sinn, dass im Garten, wo sie lebten, ein großer Sandhaufen war, in dem viele Kinder spielten. Deshalb kaufte sie mit ihrem Gold alle Spielzeugfabriken in ganz Hongkong und befahl sofort, dass man auf jedes Spielzeug, das nach Europa verkauft wurde, die Nachricht draufdrucken musste: Made in Hongkong.

Ich kann euch sagen, die Maden machten große Augen*, als sich die Kinder im Sandhaufen laut vorlasen, was auf ihren neuen Spielzeugen stand. „Habt ihr das gehört?", flüsterten die Maden einander zu, „die ist tatsächlich angekommen." Viele von ihnen versuchten daraufhin auch, die Reise zu machen, aber keiner gelang es, die eine flog mit einer Pendeluhr* nach Amsterdam, die andere versteckte sich in einem Sandwich und wurde unterwegs aufgegessen, und die meisten kamen nicht einmal bis zum Flughafen, weil sie ihn entweder nicht fanden oder vorher von einem Vogel aufgepickt wurden.

Klein sein allein genügt eben nicht, es gehört auch noch etwas Glück dazu.

große Augen machen: sich sehr wundern

die Pendeluhr: große Uhr aus Holz mit einem Gewicht, das hin- und herschwingt

3 Klärt zu zweit die Bedeutung unbekannter oder schwer verständlicher Wörter. Im Kasten findest du Tipps.

! Unbekannte oder schwer verständliche Wörter klären:

- *Nachdenken:* Suche nach Hinweisen im Text. Lies noch einmal den Satz vor und den Satz nach der schwierigen Stelle. Kläre das Wort aus dem Zusammenhang.
- *Nachschlagen:* Benutze ein Wörterbuch oder Lexikon.
- *Nachfragen:* Frage eine andere Person, z. B. Freundin/Freund, Lehrerin/Lehrer oder Eltern.

4 Worin besteht der „Witz" der Erzählung?
Entscheide dich für eine der Antworten und begründe.

Der Witz der Erzählung besteht darin, dass ...
- die Made am Ende tatsächlich nach Hongkong kommt,
- mit den Worten „Made" und „made" (engl. = *gemacht*) gespielt wird,
- sie frei erfunden ist.

über eine Geschichte nachdenken

TIPP
„Made in Hongkong" steht auf vielen Dingen, die in der chinesischen Stadt Hongkong hergestellt wurden.

Einen Text gliedern

die Handlung zusammenfassen

1 Eine Erzählung hat eine Handlung.

a) Der Hauptteil der Erzählung „Made in Hongkong“ besteht aus vier Abschnitten. Schreibe zu jedem Abschnitt einen Satz auf ein Kärtchen und befestige die Kärtchen in der richtigen Reihenfolge an einem roten Faden.

b) Gib den Inhalt des Textes mündlich wieder.
Nutze dazu die Kärtchen am roten Faden.

TIPP
Du kannst die Sätze auch auf Klebezettel schreiben und neben den Text kleben.

Schritte zum Verstehen einer Erzählung

1. Lies die Überschrift und schau dir die Bilder an. Stelle Vermutungen an. Worum könnte es in dem Text gehen?
2. Lies den Text und vergleiche deine Vermutungen mit dem Text.
3. Kläre unbekannte Wörter durch Nachdenken, Nachschlagen oder Nachfragen.
4. Gliedere den Text in Abschnitte. Fasse die wichtigsten Handlungsschritte jedes Abschnitts in einem Satz zusammen.

Die Figuren untersuchen

1 a) Was erfährst du über die Figuren in der Erzählung „Made in Hongkong“? Erstelle eine Figurenskizze. Lies dazu zuerst folgende Informationen:

die Figuren untersuchen

! Eine Figurenskizze erstellen

In jeder Erzählung spielen **Figuren** eine wichtige Rolle. Diese können Menschen, Fabelwesen oder Tiere sein.

In einer **Figurenskizze** kannst du auf einen Blick zeigen, was du über die Figuren einer Erzählung erfährst und welche Beziehung sie zueinander haben.

So erstellst du eine Figurenskizze:
- Entscheide, welche Figuren eine wichtige Rolle im Text spielen.
- Suche Informationen über die Figuren im Text.
- Zeichne für jede wichtige Figur einen Kasten. Notiere darin ihren Namen und ihre Eigenschaften.
- Verbinde die Kästen durch Pfeile und notiere daneben, welche Beziehung die Figuren zueinander haben, z. B. was sie übereinander denken.

b) Übertrage die folgende Figurenskizze in dein Heft und ergänze das Beispiel.

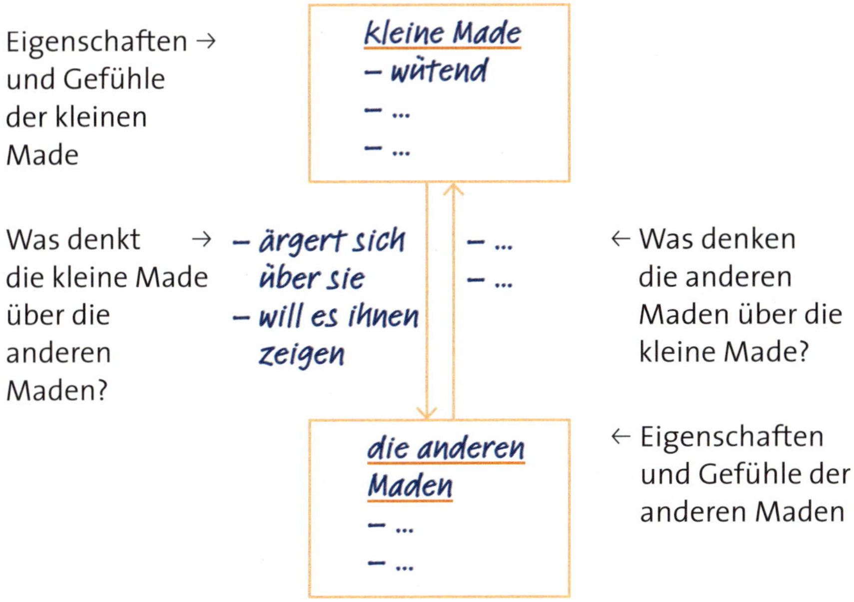

eine Figurenskizze erstellen
- für jede wichtige Figur einen Kasten zeichnen
- Name und Eigenschaften aufschreiben
- die Kästen durch Pfeile verbinden
- daneben notieren, welche Beziehung die Figuren zueinander haben

Eine Lesekonferenz durchführen

Lesekonferenz
- sich zu dritt oder zu viert zusammensetzen
- gemeinsam über den Inhalt des Textes sprechen

Texte in der Lesekonferenz erarbeiten

In einer Lesekonferenz sprichst du gemeinsam mit anderen über einen Text. Ihr könnt Ideen und Gedanken austauschen und so mehr über den Textinhalt herausbekommen.
- Lies den Text zuerst allein.
- Setzt euch dann in einer kleinen Gruppe zusammen und sprecht gemeinsam über den Textinhalt.

Vermutungen zum Textinhalt anstellen

1 Lies die Überschrift und schau dir das Bild auf Seite 101 an. Schreibe Vermutungen auf, worum es in dem folgenden Auszug aus einer Erzählung gehen könnte.

2 Lies nun den Text.

Manfred Große
Tante Almas Geburtstag

Tante Alma ist meine Urgroßtante. Diesmal war ihr Geburtstag nicht ganz so langweilig. Alle Gäste mussten ständig niesen. Einer nach dem anderen. Häschi, häschi, häschi. Und wenn der Letzte fertig war, fing der Erste wieder an. Häschi. Aber leider musste ich auch immer wieder niesen.
Die Tante hatte viele schöne Geschenke bekommen: Strohblumen, eine Kristallschale, eine silberne Suppenkelle, eine Wanduhr mit Spielwerk, eine Kuckucksuhr, eine gehäkelte Tischdecke, ein gesticktes Bild für die Wand, ein Fotoalbum mit Familienfotos ihrer Neffen und Nichten, eine Gießkanne mit Goldrand für ihr Blumenfenster und einen Papagei aus Wolle.
Ich hatte ihr einen kleinen Mops aus Porzellan geschenkt, klein wie eine Streichholzschachtel, mit großen, blauen Glasaugen.
Ich hatte ihn auf dem Dachboden in einer alten Truhe gefunden. Trotz der schönen Geschenke wurde der Geburtstag ein Schnief-, Schnupf- und Niesgeburtstag.
An den folgenden Tagen ging es allen Gästen wieder gut. Nur die arme Tante musste weiter niesen. Sie war ganz krank und lag im Bett.
Ich hatte für sie eingekauft und saß noch ein Weilchen niesend mit ihr zusammen. „Ach, Jungchen“, sagte sie, „ich hatte doch gestern Pech. Dein hübscher kleiner Mops ist mir runtergefallen und hat ein Auge verloren.“

„Macht doch nichts“, sagte ich, suchte das Glasauge unter der großen Anrichte* und steckte den Mops in die Hosentasche. „Ich nehme ihn mit und klebe das Auge wieder an.“ Von da an war die Tante gesund.
Aber als ich dem Mops das Auge anklebte, fing ich an zu niesen. War da ein Zusammenhang?
Ich steckte den Mops in die Hosentasche – das Niesen hörte auf.
Aha, dachte ich, das ist merkwürdig, ich werde ihn morgen in der Schule testen.
Als die Stunde begann, stellte ich den Mops auf meinen Schultisch. Er schaute mich mit seinen Glasaugen an, und ich musste niesen. Ich drehte ihn ein wenig nach rechts, mein rechter Nachbar musste niesen. Ich drehte ihn noch ein Stück weiter. Alle, die rechts von mir saßen, fingen an zu niesen. „Hat da wieder einer Niespulver gestreut?“, fragte die Lehrerin.
Ich drehte den Mops in ihre Richtung. „Häschi“, sagte sie, „ich habe euch – häschi – doch schon hundertmal – häschi – gesagt, ihr sollt den dummen – häschi – Witz mit dem Niespulver lassen – häschi, häschi, häschi!“
Auf dem Heimweg ließ ich mir viel Zeit …

die Anrichte: ein Schrank, in dem man Geschirr aufbewahrt

3 Besprecht und bearbeitet die folgenden Aufgaben gemeinsam in eurer Lesekonferenz.

Vermutungen überprüfen

a) Welche eurer Vermutungen passen zum Text, welche nicht?

b) Wie gefällt euch die Erzählung? Begründet.

c) Was ist die Besonderheit des Porzellanmopses und wie findet der Erzähler sie heraus?

d) Schreibt in einem Satz auf, worum es in der Erzählung geht.

die Erzählform bestimmen

4 Bearbeitet die folgenden beiden Aufgaben in der Lesekonferenz.

a) Der Autor oder die Autorin entscheidet sich bei jeder Erzählung für eine bestimmte Erzählform.
Lest dazu die folgenden Informationen:

INFO
Erzähler und Autor sind nicht dasselbe. Zum Beispiel kann ein 50-jähriger Autor eine Geschichte schreiben, die von einer 10-jährigen Ich-Erzählerin erzählt wird.

Die Erzählform: Ich-Erzähler oder Er/Sie-Erzähler

- Ein **Ich-Erzähler (oder eine Ich-Erzählerin)** erzählt eine Geschichte, in der er/sie als handelnde Figur „mitspielt" oder als Nebenfigur ein Geschehen beobachtet, z. B.:
  *An diesem Tag ereignete sich etwas, das **ich** nie für möglich gehalten hätte. **Mein** Bruder hatte mir ...*
- Ein **Er/Sie-Erzähler** erzählt die Geschichte, ohne dass er selbst als Figur darin vorkommt. Er steht außerhalb der Handlung, z. B.:
  *An diesem Tag ereignete sich etwas, was **Max** nie für möglich gehalten hätte. **Sein** Bruder hatte ihm ...*

b) Prüft, ob die Erzählung „Tante Almas Geburtstag" von einem Ich- oder einem Er-Erzähler erzählt wird. Begründet eure Entscheidung am Text.

5 **a)** Tauscht euch in der Klasse über die Ergebnisse eurer Lesekonferenz aus.

b) Wie könnte die Erzählung weitergehen? Sammelt Ideen.

die Erzählung weiterschreiben

6 Schreibe die Erzählung weiter.

Das habe ich gelernt

- Welche Aufgaben aus diesem Kapitel haben dir bei der Erarbeitung der Erzählung geholfen, welche weniger? Tauscht euch zu zweit aus.
- Erstelle eine Merkliste mit deinen persönlichen Lieblingstipps, wie man beim Lesen eines Textes vorgehen kann:

  Eine Erzählung erarbeiten
  1. Überschrift lesen und ...
  2. ...

- Suche dir eine Person, die nicht in deiner Klasse ist (z. B. Eltern, Geschwister, Freundin/Freund). Erkläre ihr, was der Sinn einer Lesekonferenz ist und wie sie abläuft.
- Was möchtest du noch weiter üben? Überlegt zu zweit, wo ihr geeignete Lesetexte dafür finden könnt.

TIPP
Wenn du jemandem etwas erklärst, merkst du am besten, ob du es selbst richtig verstanden hast.

Anwenden und vertiefen

Erarbeite die folgende Erzählung so, wie du es in diesem Kapitel gelernt hast.

Achim Bröger
Der Ausreden-Erfinder

Eines Morgens kam Bruno wieder zu spät. Herr Pracke stand an der Tür und sah streng aus. Seine Stimme klang so, dass sie wehtat. „Herr Bruno, Sie sind bisher 23-mal zu spät gekommen. Insgesamt waren das 38 Minuten. […] Und falls Sie noch einmal zu spät kommen sollten, möchte ich eine Entschuldigung hören.“ […]

Bruno bemühte sich. Er stellte seinen Wecker zehn Minuten vor und rannte fast zur Straßenbahn. Ich darf mich nicht verspäten, dachte er ständig. Auf keinen Fall. Zwei Wochen klappte das prima.
Aber dann verspätete sich Bruno wieder. Herr Pracke stand in der Tür und hielt seine Stoppuhr in der Hand. „Sie sind zwei Minuten zu spät gekommen, Herr Bruno“, sagt er. „Was denken Sie eigentlich?“ Bruno ließ die Schultern hängen. Aber plötzlich hatte er einen Einfall. „Herr Pracke, es tut mir ja leid, dass ich mich verspäte. Aber der Wind hat mir meinen Hut vom Kopf gerissen und ich musste ihm nachlaufen. Deswegen konnte ich die Straßenbahn nicht

erwischen.“ „Ihr Hut soll davongeflogen sein, Herr Bruno? Ach was, das ist nur eine Ausrede. […] Sehen Sie sich doch Ihren Hut an. Nicht die geringste Dreckspur. Und der soll auf der Straße gelegen haben? Überlegen Sie sich das nächste Mal eine bessere Ausrede.“ […]

Am nächsten Morgen kam Bruno 1¼ Stunden zu spät. Jetzt lohnt es sich wenigstens, wenn Herr Pracke sich aufregt, dachte er. Herr Pracke tobte fürchterlich. „75 Minuten sind Sie zu spät gekommen!“, schrie er und zerbrach fast seine Brille vor Wut. […] „Was tragen Sie zu Ihrer Entschuldigung vor, Herr Bruno?“ „Sie sind doch Kassierer im Tierschutz-Verein“, sagte Bruno. „Als Tierfreund wissen Sie, dass bei Regen die Regenwürmer aus der Erde kommen. Und viele dieser kleinen Tierchen kriechen auf die Straße. Und alle wären heute Morgen elend zu Grunde gegangen*, wenn nicht ich, Bruno, sie vor den grausamen Reifen der Autos gerettet hätte. […] Als Beweis schenke ich Ihnen vier von mir eigenhändig gerettete Regenwürmer.“

Bruno machte das Zuspätkommen jetzt sehr viel Spaß. […] Er stellte einen Zuspätkomm-Rekord nach dem andern auf und die Ausreden wurden immer besser. […]

zu Grunde gehen: sterben

die Handlung zusammenfassen

die Erzählform bestimmen

1 a) Teile die Erzählung in Abschnitte ein und fasse den Inhalt jedes Absatzes in einem Satz zusammen.

b) Bestimme, ob es sich um einen Ich- oder einen Er/Sie-Erzähler handelt.

eine Figurenskizze erstellen S. 99

2 Erstelle eine Figurenskizze, die verdeutlicht, was man im Text über die Eigenschaften und das Verhältnis von Bruno und seinem Chef Herrn Pracke erfährt.

die Erzählung weiterschreiben

3 Schreibe die Erzählung weiter. Lass dir neue Ausreden für Bruno einfallen und überlege, wie Herr Pracke darauf reagieren wird.

einen Paralleltext schreiben

4 Schreibe selbst eine ähnliche Erzählung zum Thema „Zu spät kommen“ in der Ich-Form. So könntest du beginnen:
Eines Morgens kam ich wieder zu spät. Meine Lehrerin …

Frischer Wind

Windgedichte lesen und vergleichen

Walther Petri
Gedichte sind Briefe

Gedichte sind Briefe
verschlossen
an dich
doch wenn du sie liest
öffnen sie sich

Was weißt du schon?

- An welche Gedichte und Reime kannst du dich erinnern?
- Welches Gedicht kannst du auswendig vortragen?
- Warum kann es nützlich sein, ein Gedicht auswendig zu lernen?
- Woran erkennt man ein Gedicht?
- Walther Petri vergleicht Gedichte mit Briefen.
  Was meint er wohl damit?
- Gebt einander Tipps, wie man ein Gedicht auswendig lernen kann.

Gedichte untersuchen und vortragen

Vermutungen über den Textinhalt anstellen

1 **a)** Lies die Überschriften der beiden folgenden Gedichte. Worum könnte es jeweils gehen?

b) Lies nun die Gedichte. Überprüfe, ob deine Vermutungen zu den Gedichten passen.

Josef Guggenmos
Der Wind geht ums Haus

Der Wind sucht da und dort herum.
Er dreht einen leeren Zementsack* um.

Er zaust* die Amsel auf der Hecke.
Er jagt ein paar Blätter um die Ecke.

Aber jetzt hat er was Bessres entdeckt:
Ein Windrad vorm Haus, in den Garten gesteckt.

der Zement: feines graues Pulver, das man zum Bauen von Häusern braucht
zausen: an etwas ziehen und es so in Unordnung bringen

Georg Bydlinski
Wind und Gras

Ich sitze mit nackten Beinen
in einer Wiese.
Ein leichter Wind
streichelt die Gräser,
die Gräser streicheln mich.

Alles ist still.
Auf der Wiese ist niemand –
nur ich.
Nur ich und das Gras und der Wind.

Gedichte laut und leise lesen

2 Lies die Gedichte nochmals leise und auch laut.

a) Welche Textstellen gefallen dir am besten? Begründe.

die Stimmung beschreiben

b) Wie klingen die Gedichte? Nenne Adjektive zur Beschreibung der Stimmung, z. B.: *heiter, ernst, traurig*

Gedichte vergleichen

c) Vergleiche die beiden Gedichte. Welche Gemeinsamkeiten und welche Unterschiede findest du?

3 Zu welcher Jahreszeit passen die Gedichte jeweils? Nenne Textstellen als Begründung.

4 **a)** Das Gedicht „Wind und Gras“ besteht aus neun Versen und zwei Strophen. Sieh dir das Gedicht genau an und kläre, was mit den Begriffen *Vers* und *Strophe* gemeint ist.

den Aufbau eines Gedichts untersuchen

b) Beschreibe den Aufbau des Gedichts „Der Wind geht ums Haus“. Benutze die Begriffe *Vers* und *Strophe*.

5 Welches der beiden Gedichte enthält Reime? Welche Zeilen reimen sich jeweils? Schreibe die Reimwörter (Reimpaare) heraus.

die Form eines Gedichts untersuchen

! **Aufbau und Form eines Gedichts**

- In Gedichten wird eine Zeile **Vers** genannt, ein Abschnitt heißt **Strophe**.
- Oft reimen sich die Verse eines Gedichts.
- Wenn sich zwei Verse reimen, die direkt aufeinander folgen, nennt man diese Reimform **Paarreim**.

6 **a)** Bereite das Gedicht „Der Wind geht ums Haus“ für einen Gedichtvortrag vor.
Nutze dazu die folgende Anleitung:

einen Gedichtvortrag vorbereiten

- Lies das Gedicht mehrmals. Versetze dich in seine Stimmung.
- Kopiere das Gedicht oder schreibe es übersichtlich ab.
- Unterstreiche Wörter, die du besonders betonen möchtest, z. B.:
  Er dreht einen leeren Zementsack um.
- Markiere kurze Pausen mit /, längere Pausen mit //, z. B.:
  Er zaust die Amsel auf der Hecke. /
  Er jagt ein paar Blätter um die Ecke. //
- Wenn du an Stellen lauter werden möchtest, setze ⟵ (anschwellender Strich), z. B.:
  Er jagt ein paar Blätter um die Ecke.
- Wenn du an Stellen leiser werden möchtest, setze (abschwellender Strich), z. B.:
  Ein Windrad vorm Haus, in den Garten gesteckt.

b) Übe den Gedichtvortrag mehrmals vor einer Lernpartnerin / einem Lernpartner.
Probiert verschiedene Möglichkeiten aus, wie das Gedicht vorgelesen werden kann, und gebt einander Tipps zur Betonung und Aussprache.

ein Gedicht vortragen

Gedichte zum Sehen und Hören

Gedichte vergleichen

1 Betrachte und lies die folgenden Gedichte von Eugen Gomringer und Gerald Jatzek.

a) Wie gefallen dir die Gedichte?

b) Was ist ungewöhnlich an den beiden Gedichten?

c) Worin unterscheiden sie sich?

```
        w   w
      d   i
    n   n   n
  i   d   i   d
w             w
```

Eugen Gomringer

Ki-Ki-Kirschkerne spucken
pft!
pfft!
gegen den Wind,
das kann jedes Kind.

Ki-Ki-Kirschkerne spucken
pfft!
pffft!
gegen den Föhn,
ist leicht und schön.

Ki-Ki-Kirschkerne spucken
pffft!
pffffffft!
gegen den Sturm,
ist schon enurm.

Ki-Ki-Kirschkerne spucken
pffffffft!
pffffffffffffffft!
gegen den Orkan,
phhh!
kann keiner an.

Gerald Jatzek

2 Auf welche Weise wird der Wind in den beiden Gedichten dargestellt? Beschreibe.

ein Gedicht vortragen

3 **a)** Lies das Gedicht von Gerald Jatzek laut. Erprobe verschiedene Betonungen.

b) An welchen Stellen solltest du bei deinem Vortrag lauter werden? Begründe.

die Form eines Gedichts untersuchen

4 **a)** Welche Verse reimen sich in Gerald Jatzeks Gedicht?

b) Wie heißt diese Reimform?

Tamara

Patrick

5 Vergleiche die beiden Schülergedichte mit dem Gedicht von Eugen Gomringer auf Seite 108. Nenne Gemeinsamkeiten und Unterschiede.

6 Entwirf selbst ein Gedicht mit einem besonderen Schriftbild zum Thema „Wind“.

7 **a)** Man kann Gedichte auch nach einem „Bauplan“ verfassen. Lies die folgenden Schülergedichte. Wie gefallen sie dir?

frisch
der Wind
heute mein Freund
treibt mein Boot voran
ahoi

Moritz

Wütend wirbelt er
Immer wilder
Nichts ist stärker
Der Orkan

Nadine

Wind fegt durchs Fenster
weht alles durcheinander
dieser Einbrecher

Selina

b) Finde heraus, welcher Bauplan zu welchem Gedicht gehört.

Das **Haiku** ist eine alte Gedichtform aus Japan. 17 Silben werden auf drei Verse verteilt. Ein Haiku beschreibt oft einen Augenblick in der Natur. 1. Vers: fünf Silben 2. Vers: sieben Silben 3. Vers: fünf Silben	Beim **Akrostichon** schreibt man die Buchstaben eines Wortes senkrecht untereinander. Die Buchstaben des Wortes sind die ersten Buchstaben der einzelnen Verse.	Ein **Elfchen** besteht aus fünf Versen und elf Wörtern. 1. Vers: ein Wort 2. Vers: zwei Wörter 3. Vers: drei Wörter 4. Vers: vier Wörter 5. Vers: ein Wort

8 Schreibe nun selbst ein Haiku, ein Akrostichon oder ein Elfchen zum Thema „Wind“.

Parallelgedichte verfassen

TIPP
Du kannst auch ein anderes Wetterthema wählen, z. B.: *Regen, Schnee, Sonnenschein*

den Bauplan von Haiku, Akrostichon und Elfchen kennen lernen

INFO
die Silbe: eine Lautfolge, die man als Einheit spricht, z. B.:
die Wör-ter, die Kin-der

Ein Gedicht auswendig lernen

Strategien für das Auswendiglernen kennen

1 **a)** Lies das folgende Gedicht von Franz von Pocci mehrmals.

b) Was wird in dem Gedicht über den Wind gesagt?

c) Lerne das Gedicht auswendig. Im Kasten findest du Hilfen.

Tipps zum Auswendiglernen

- Schreibe das Gedicht ab und sprich halblaut dabei.
- Decke einige Wörter mit Zettelchen ab und sprich diese auswendig. Decke immer mehr Stellen ab, bis du das ganze Gedicht auswendig kannst.
- Lerne in Schritten: Lerne zuerst Vers 1 und 2 und sage den Text mehrmals auf. Lerne dann Vers 3 und 4 und sage alle vier Verse zusammen auf. Lerne dann Vers 5 und 6 usw.
- Übe zusammen mit einer Lernpartnerin oder einem Lernpartner. Tragt euch das Gedicht abwechselnd vor und helft euch, wenn ihr nicht weiterwisst. Wiederholt schwierige Stellen mehrmals.

Franz von Pocci
Der Wind

Ich bin der Wind
und komm geschwind;
Ich wehe durch den Wald,
dass weit es widerhallt*.
Bald säusle* ich gelind*
und bin ein sanftes Kind;
bald braus* ich wie ein Mann,
den niemand fesseln kann.
Schließt Tür und Fenster zu,
sonst habt ihr keine Ruh!
Ich bin der Wind
und komm geschwind.

weit widerhallen: überall laut zu hören sein
säuseln: mit zarter Stimme sprechen
gelind: leicht, milde
brausen: laut rauschen; rasen

2 Trage das Gedicht auswendig vor der Klasse oder in der Kleingruppe vor. Bestimme vorher eine Person, die den Text genau mitliest und dir helfen kann, wenn du nicht weiterweißt.

TIPP
Achtet auf eine passende Betonung.

Das habe ich gelernt

- Gedichte bestehen aus ...... und ....
- Was ist ein Paarreim? Nenne Beispiele.
- Wie schreibt man ein Haiku, ein Akrostichon, ein Elfchen?
- Was hat dir beim Vorbereiten des Gedichtvortrags geholfen? Woran möchtest du noch arbeiten?

Schreibe in dein Heft oder in dein Portfolio.

Anwenden und vertiefen

Josef Guggenmos
Gegen den Wind

Wer gegen den Wind
durch die Gegend geht,
dass der Sturm allen Ärger
aus ihm weht,

kehrt aus dem Gezerr*
und Gebrüll und Gebraus*
leichter und freier und froher
nach Haus.

das Gezerr (von *zerren*): mit großer Kraft ziehen
das Gebraus (von *brausen*): laut rauschen; sich schnell bewegen

Hans Baumann
Gegenwind

Gegenwind – eine gute Sache!,
meint mein Drache,
Lass mich nur steigen,
ich werd's ihm schon zeigen –
je mehr der Gegenwind gegen mich ist,
desto höher steig ich! Das ist meine List*:
Nur nicht nachgeben,
dann muss er mich heben!

die List: schlauer Trick

Gedichte untersuchen

1 Untersuche das Gedicht „Gegen den Wind“.
a) Beschreibe die Stimmung mit passenden Adjektiven.
b) Suche die beiden Reimpaare heraus.
c) Bestimme den Aufbau des Gedichts (Strophen, Verse).

2 Untersuche das Gedicht „Gegenwind“.
a) Beschreibe die Stimmung mit passenden Adjektiven.
b) Wer spricht in dem Gedicht? Wo müssten normalerweise Anführungszeichen für wörtliche Rede stehen?
c) Warum ist der Gegenwind im Gedicht „eine gute Sache“?

Gedichte vergleichen

3 Lies beide Gedichte genau und vergleiche sie.
a) Beschreibe die Stimmung in beiden Gedichten mit passenden Adjektiven und bestimme ihren Aufbau (Strophen, Verse).
b) Was wird in den Gedichten über den Gegenwind gesagt?

ein Gedicht vortragen

4 Wähle ein Gedicht aus und bereite einen Vortrag vor.

ein Parallelgedicht verfassen

5 **a)** Hast du schon einmal im Gegenwind gestanden? Notiere in Stichwörtern, was du gespürt und gefühlt hast.
b) Schreibe ein Gedicht zum Thema „Gegenwind“. Nutze dazu deine Stichwörtersammlung. Entscheide dich für einen „Bauplan“ (Haiku, Akrostichon oder Elfchen).

eine Lesekonferenz durchführen

6 Wähle dein Lieblingsgedicht aus diesem Kapitel aus.
a) Male ein Bild zu deinem Lieblingsgedicht.
b) Schreibe in fünf Sätzen auf, was dir an dem Gedicht gefällt.
c) Führt eine (Vor-)Lesekonferenz in Dreiergruppen durch. Tragt einander eure Lieblingsgedichte vor und begründet eure Auswahl.

Teste dich selbst!

Literarische Texte lesen und verstehen

Aus Afrika
Wer der Stärkste ist

A Eines Tages begegnete dem Elefanten eine Schildkröte. „Geh mir aus dem Weg“, trompetete der Elefant. „Sonst zerstampfe ich dich mit meinen Füßen. Du musst nämlich wissen: Ich bin der Stärkste in der ganzen Steppe!“ „Dass ich nicht lache!“ Die Schildkröte wackelte verächtlich mit dem Kopf. „Gib nicht so maßlos an. Du weißt ganz genau, dass ich stärker bin als du.“

B Der Elefant glaubte, seinen großen Ohren nicht zu trauen. Das hatte außer dem Nashorn noch nie jemand zu ihm gesagt. Und erst recht nicht eine Schildkröte. „Du kleines Ding“, trompetete der Elefant. „Das musst du mir erst beweisen.“ Die Schildkröte war einverstanden. Sie schlug vor, ein Tauziehen zu veranstalten. „Morgen bringe ich einen Strick mit. Dann wirst du schon sehen, wer der Stärkere von uns beiden ist.“

C Die Schildkröte verabschiedete sich und begab sich zum Nashorn. „Du brüstest dich ständig mit deiner Kraft“, sprach die Schildkröte es an. „Dabei bin ich viel stärker als du.“ „Du kleines Ding“, lachte das Nashorn. „Das musst du mir erst beweisen.“
„Nichts leichter als das“, entgegnete die Schildkröte. „Morgen werde ich einen Strick bringen. Mit ihm werden wir Tauziehen.“

D Tatsächlich erschien die Schildkröte am nächsten Tag wieder beim Elefanten und zog einen langen Strick hinter sich her. […] „Halte an diesem Ende fest“, sagte die Schildkröte. „Ich marschiere jetzt ans andere Ende. Wenn ich rufe, musst du ziehen. Wer den anderen zu sich herüberzieht, hat gewonnen.“
Der Elefant hielt das Ganze für einen Witz. […] Er musste einige Zeit warten, denn das Seil war so lang, dass er sein anderes Ende gar nicht sehen konnte. Während der Elefant sich so seine Gedanken machte, eilte die Schildkröte zum Nashorn und führte es zum anderen Ende des Strickes. Auch ihm sagte sie, dass es ziehen solle, sobald sie das Startzeichen geben würde.
Die Schildkröte entfernte sich, legte sich ins Gras und ließ sich die warme Sonne auf den Panzer scheinen. Dann rief sie: „Ziehen!“ Der Elefant und das Nashorn begannen so feste zu ziehen, wie sie nur konnten. Das Seil straffte sich. Aber so sehr die beiden sich auch anstrengten, keinem gelang es, den anderen zu sich herüberzuziehen.

E Als es Abend wurde und die Schildkröte sich lange genug ausgeruht hatte, rief sie: „Schluss!“ Dann lief sie leichtfüßig zum Elefanten. Seine mächtigen Füße zitterten, denn das Ziehen hatte ihn doch sehr angestrengt. „Du machst aber einen schlappen Eindruck“, spottete die Schildkröte. Dann lief sie zum Nashorn und sagte ihm dasselbe.

F Nachdenklich und erschöpft trottete der Elefant nach Hause. Da begegnete ihm das Nashorn. Es machte einen nicht weniger müden Eindruck. „Du siehst so nachdenklich aus“, sprach es ihn an. „Woran denkst du gerade?“ „Dass Schildkröten stärker sind, als ich bisher gedacht habe“, antwortete der Elefant. Das Nashorn nickte verständnisvoll.
Komisch, dass das Nashorn mir beipflichtet, dachte der Elefant. Das ist doch sonst nicht seine Art. Aber jetzt wunderte ihn überhaupt nichts mehr.

1 Welche Überschrift passt zu welchem Abschnitt? Schreibe den Buchstaben und die passende Überschrift nebeneinander auf.

- Die starken Tiere treffen sich
- Schildkröte und Nashorn
- Ein unerwarteter Vorschlag
- Das Ende des Tauziehens
- Schildkröte und Elefant
- Der Wettkampf

2 Richtig oder falsch? Schreibe die richtigen Aussagen ab.

- Das Nashorn behauptet, der Stärkste in der Steppe zu sein.
- Der Elefant hat die Idee, ein Tauziehen zu veranstalten.
- Die Schildkröte zieht nicht mit am Strick.
- Weder der Elefant noch das Nashorn gewinnt den Wettkampf.
- Schildkröten sind stärker als Elefanten.

3 **a)** Welche Bedeutung trifft im Text zu? Schreibe den Begriff und die richtige Bedeutung nebeneinander auf.
- **verächtlich** (Z. 6): in Form einer 8 / voller Verachtung / lustig
- **sich mit einer Sache brüsten** (Z. 16): mit etwas angeben / sich die Haare kämmen / lügen
- **jemandem beipflichten** (Z. 50): jemandem etwas versprechen / sich mit jemandem streiten / jemandem zustimmen

b) Erkläre mit eigenen Worten, was „verständnisvoll“ (Z. 49) bedeutet.

4 Es heißt im Text „Aber jetzt wunderte ihn überhaupt nichts mehr.“ (Z. 51 f.) Erkläre, was damit gemeint ist.

5 Die Tiere möchten herausfinden, „wer der Stärkste ist“. Wer hat deiner Meinung nach gewonnen? Begründe.

Wörter sind wichtig

Wortarten kennen

Walther Petri
Alle Wörter

alle Wörter auf Erden
mussten erfunden werden
später geschah es
dass einer sie schrieb
wie sie entstanden
geheimnisvoll blieb

wer sprach etwas vor
was sprach sich herum
wie einigten sich die Leute
niemand kann das erklären
bis heute

Was weißt du schon?

- Wofür brauchen wir Wörter? Begründe.
- Wodurch unterscheiden sich Wörter für Gegenstände (z. B. *die Sonne*) von Wörtern für Tätigkeiten (z. B. *scheinen*)?
- Was sagt das Gedicht von Walther Petri über Wörter?
- Die Menschen auf dem Bild sagen alle das Gleiche, nur in verschiedenen Sprachen.
  – Was haben die Wörter in den verschiedenen Sprachen gemeinsam?
  – Welche Unterschiede kannst du erkennen?

Nomen erkennen und ordnen

Letzte Woche ging ich einkaufen und sah vor dem Laden einen sitzen. Ich redete kurz mit ihm, kaufte eine ein und bezahlte. Die gab mir eine und wollte wissen, ob ich noch eine brauche. „Nein“, sagte ich. Draußen gab ich ihm eine, die er gierig fraß. Seitdem begrüßt er mich freudig, sobald er mich sieht.

1 **a)** Lies den Text und beschreibe, was dir auffällt.

b) Schreibe den Text ab und setze dabei passende Nomen ein.

c) Was hat dir bei der Auswahl der Nomen geholfen? Erkläre.

INFO
das Nomen:
Hauptwort, Namenwort, Gegenstandswort, z. B.:
der Hut, die Katze, das Gefühl

2 Was weißt du schon über Nomen? Tausche dich mit deiner Lernpartnerin oder deinem Lernpartner aus.

Nomen ordnen

3 Die Nomen im Kasten kann man in drei Gruppen ordnen.

die Angst	die Fantasie	der Wunsch	die Tasche
der Junge	das Glas	der Mut	die Nachbarin
der Bäcker	der Stein	die Liebe	das Krokodil
der Schal	die Fliege	der Computer	der Streit

a) Übertrage die folgende Tabelle in dein Heft und ergänze sie mit Wörtern aus dem Kasten.
Achtung: Du darfst jedes Wort nur einmal verwenden.

...	...	...
der Schal *der Stein* ...	*der Bäcker* *die Fliege* ...	*die Angst* *der Mut* ...

Oberbegriffe finden

INFO
der Oberbegriff:
Überschrift, mit der man eine Gruppe von Wörtern zusammenfassen kann, die etwas gemeinsam haben

b) Suche aus dem folgenden Kasten je einen passenden Oberbegriff als Überschrift für die drei Gruppen heraus.

Fahrzeuge	Berufe	Probleme
Gedanken und Gefühle	Tiere	Menschen
Gegenstände	Schulfächer	Lebewesen

c) Ergänze jede Gruppe um fünf weitere passende Nomen.

4 **a)** Übertrage die Tabelle in dein Heft.

Fortbewegungs-mittel	Reise-zubehör	Süßspeisen	Märchen-figuren
das Auto *das Flugzeug* ...	*der Koffer* *die Kamera* ...	*der Pudding* *der Lolli* ...	*der König* *die Hexe* ...

b) Suche zu jedem Oberbegriff mindestens acht passende Nomen und schreibe sie mit ihren Artikeln in die Tabelle.

c) Suche möglichst viele Nomen zu den Oberbegriffen „Möbel" und „Kleidung" und schreibe sie mit ihren Artikeln auf.

INFO
der Artikel:
Begleiter eines Nomens
bestimmte Artikel:
der, die, das
unbestimmte Artikel:
ein, eine

! **Das Nomen (Mehrzahl: die Nomen)**

- Nomen sind **Hauptwörter**.
- Sie bezeichnen **Lebewesen, Gegenstände, Gedanken** und **Gefühle**.

5 In diesem Kasten sind zehn Nomen versteckt.

HAUS LUSTIG OBWOHL WITZ PFERD KALT ABER
TIGER LACHT VIELLEICHT FINDET UND KOMISCH
GEHEIMNIS FLÜSTERT WIR FÄHRT FEIERT FENSTER
KARTE TASCHENMESSER SCHREIBT NACHBAR TELEFON

a) Suche sie heraus, indem du die Artikelprobe machst: Versuche, vor jedes Wort einen bestimmten Artikel (*der, die, das*) zu setzen.

b) Schreibe die zehn Nomen mit ihren Artikeln untereinander auf, z. B.:

– *das Haus*
– *der Witz*

c) Suche für jedes Wort den passenden unbestimmten Artikel (*eine, ein*), z. B.:

– *das Haus – ein Haus*
– *der Witz – ein Witz*

INFO
Mit der **Artikelprobe** kannst du feststellen, ob ein Wort ein Nomen ist oder nicht. Wenn du einen bestimmten Artikel vor das Wort setzen kannst, ist es ein Nomen.

Das Nomen: Geschlecht und Artikel

- **Nomen** sind männlich, weiblich oder sächlich, das nennt man das **Geschlecht (Genus)** des Nomens.
- Sie können einen **Begleiter** haben, z. B. einen **bestimmten Artikel** oder einen **unbestimmten Artikel.**

	bestimmter Artikel	unbestimmter Artikel
männlich	der Stift	ein Stift
weiblich	die Uhr	eine Uhr
sächlich	das Buch	ein Buch

- **Nomen** werden **groß**geschrieben.

INFO
Singular: Einzahl
Plural: Mehrzahl

Singular und Plural

die Pluralform eines Wortes bilden

6 **a)** Verändere die Nomen in der rechten Spalte so, dass sie in die Sätze auf der linken Seite passen.

In einer Stadt wohnen viele	Maus
Für einen Satz brauchst du einige	Ecke
Eine Katze fängt viele	Zahl
Ein Blatt Papier hat zwei	Seite
In der Mathematik rechnet man mit	Wort
Ein Quadrat hat vier	Mensch → Menschen

b) Schreibe die Sätze mit den passenden Wörtern in dein Heft.

c) Untersuche die eingesetzten Nomen genauer. Beschreibe, was sich bei den einzelnen Wörtern im Plural verändert.

INFO
Bei manchen Wörtern verändert sich der Vokal (Selbstlaut) im Wortstamm, z. B.:
die Maus → die Mäuse

Das Nomen: Singular und Plural

Nomen verwendet man
- im **Singular** (in der Einzahl), z. B.: *das Buch* oder
- im **Plural** (in der Mehrzahl), z. B.: *die Bücher*

7 Ein B**u**ch, viele B**ü**cher – im Plural wird aus einem Vokal oft ein Umlaut. Bilde die Pluralformen der folgenden Wörter und schreibe sie auf, z. B.:
das Glas – die Gläser

das Glas	der Vater	das Kalb	das Huhn	die Mutter
der Hut	der Raum	die Wurst	der Bruder	die Laus

8 Übt die Bildung der Pluralform (Mehrzahl).

a) Schreibt zwanzig Nomen im Singular (in der Einzahl) mit ihren Artikeln auf Karteikarten oder kleine Zettel.

b) Legt die Karten umkehrt hin, deckt sie abwechselnd auf und nennt die Pluralform zu jedem Wort.

das Haus

die Häuser

Zusammengesetzte Nomen

Baumhaus
Hauswand
Wandschrank
Schrank...

9 **a)** Setzt die Wörtertreppe in der Klasse fort.

b) Ergänzt anschließend die richtigen Artikel zu den Wörtern, die ihr gebildet habt, z. B.:
Baumhaus –> das Baumhaus

c) Wie ist es euch gelungen, die richtigen Artikel für die zusammengesetzten Nomen zu finden?

zusammengesetzte Nomen bilden
> *der Baum + das Haus → das Baumhaus*

10 **a)** Wie heißen diese Dinge? Benenne sie mit einem Nomen.

b) Setze aus je zwei dieser Wörter ein Nomen zusammen und schreibe den Artikel dazu, z. B.:
der Garten + die Blume –> die Gartenblume

INFO
Das **Grundwort** ist immer das letzte Wort in einem zusammengesetzten Nomen.

Zusammengesetzte Nomen

Ein **zusammengesetztes Nomen** besteht immer aus einem **Grundwort** und mindestens einem **Bestimmungswort**. Der Artikel richtet sich nach dem Artikel des Grundwortes.

Bestimmungswort	+ Grundwort	→ Zusammensetzung
das Schloss	*+ der Hund*	*–> der Schlosshund*
der Stuhl	*+ das Bein*	*–> das Stuhlbein*

TIPP
Bei zusammengesetzten Nomen wird oft
- ein ***n*** oder ***en*** hinzugefügt, z. B.: *der Lampenschirm*
- ein ***s*** hinzugefügt, z. B.: *das Heizungsrohr*
- die Pluralform verwendet, z. B.: *die Häuserreihe*

11 **a)** Lies die zusammengesetzten Nomen und nenne den Artikel, das Grundwort und das Bestimmungswort.

- Geburtstagskuchen, Frühstücksei, Mittagspause
- Bilderrahmen, Kindergarten, Häuserreihe
- Seitenstraße, Blumenstrauß, Katzenfutter

b) Finde heraus, welche Gemeinsamkeit die Wörter einer Reihe jeweils haben. Links findest du einen Tipp dazu.

c) Erkläre, wie du zu deiner Lösung gekommen bist.

12 **a)** Erfinde selbst Wörterreihen mit zusammengesetzten Nomen, die eine Gemeinsamkeit haben.

b) Lass eine Lernpartnerin / einen Lernpartner erklären, worin die Gemeinsamkeit jeweils besteht.

die Funktion von zusammengesetzten Nomen kennen

13 **a)** Bilde selbst zusammengesetzte Nomen. Nutze dazu die Wörter im Kasten als Grundwort und ergänze je drei passende Bestimmungswörter, z. B.:

das Schiff
- *das Papierschiff*
- *das Kreuzfahrtschiff*
- *das Spielzeugschiff*

das Fest   der Schuh   das Haus

b) Erkläre, wie sich die Bedeutung der Nomen verändert.

Was Pronomen können

Ein Bild hing schief im Wartezimmer eines Arztes. Das Bild war bunt, schön und sehr kostbar. Der Arzt hatte das Bild gekauft und für das Bild einen sonnigen Platz gesucht. Das Bild war zufrieden. Leider sah aber kein Mensch das Bild an und so kippte das Bild beleidigt auf die Seite, bis das Bild ganz schief hing.

INFO
Das Pronomen (Fürwort) kann Stellvertreter eines Nomens sein, z. B.: *ich, er, wir, mich, ihnen*

1 **a)** In diesem Text taucht ein Nomen immer wieder auf. Welches?

b) Beschreibe, wie sich der Text dadurch anhört.

c) Wie könntest du den Text überarbeiten? Erkläre.

Wortwiederholungen vermeiden

! Das Pronomen (Mehrzahl: die Pronomen)

Wenn sich Nomen in einem Text häufig wiederholen, kannst du sie oft durch einen **Stellvertreter** (ein **Pronomen**) ersetzen. So kannst du deine Texte abwechslungsreicher gestalten, z. B.:

Das Sofa steht im Keller. ~~Das Sofa~~ hat einen roten Bezug.
Es hat einen roten Bezug.

2 Im folgenden Text sind alle Nomen ersetzt worden.

„Ich kaufe es“, rief er laut, „es gefällt mir und es ist wunderschön!“ Er war zufrieden und überreichte es ihm. „Ich bin begeistert!“, sagte er und auch er lächelte zufrieden.

a) Welche Schwierigkeit entsteht durch das Fehlen der Nomen?

b) Schreibe den Text ab und ersetze Pronomen durch passende Nomen, z. B.:
„Ich kaufe das Buch / das Haus / das Pferd“, rief er laut, …

c) Erkläre, welche Textstellen dir besonders geholfen haben, passende Nomen zu finden.

Das Personalpronomen

Es gibt verschiedene Arten von Pronomen (Fürwörtern). Mit den **Personalpronomen** kann man Nomen und Namen ersetzen. Man nennt sie auch „persönliche Fürwörter“.

Singular (Einzahl)	1. Person: **ich, mir, mich** 2. Person: **du, dir, dich** 3. Person: **er/sie/es, ihm/ihr/ihm, ihn/sie/es**
Plural (Mehrzahl)	1. Person: **wir, uns, uns** 2. Person: **ihr, euch, euch** 3. Person: **sie, ihnen, sie**

3 In dieser Wörterschlange stecken neun Personalpronomen. Schreibe sie heraus.

WIRKLICHERSIEBUNSINNDUSSELFEUCHTESSENEMIR

Jürg Schubiger
Das Mädchen und die Langeweile

die Kurzweil: das Gegenteil von Langeweile
der Kiosk: kleine Verkaufsbude für Zeitungen, Getränke und Bonbons

Ein Mädchen kannte nur die Kurzweil*, auch an Regentagen, auch an Sonntagen. Es beschloss, die Langeweile kennen zu lernen. Es fragte zuerst bei der Frau vom Kiosk*, die immer gähnte.

Die Langeweile war eben noch da, sagte die Frau. Du brauchst bloß zu warten, sie kommt gleich wieder. Das Mädchen wartete. Es schaute der Frau bei der Arbeit zu. Wenn sie das Geld herauszählte, spielten ihre Finger über der Schublade wie auf einem Instrument. Die Langeweile kam nicht. Vielleicht läuft sie mir irgendwo über den Weg, sagte das Mädchen. Es dankte und ging.

4 **a)** Lies den Anfang der Geschichte von Jürg Schubiger (S. 122) und gib wieder, was das Mädchen vorhat und was es erlebt.

b) Finde heraus, welche Nomen die im Text markierten Personalpronomen ersetzen, z. B.:
Z. 2: es = das Mädchen

INFO
Z. steht für *Zeile.*

c) Wie hat die Frau vom Kiosk die Begegnung mit dem Mädchen erlebt? Schreibe aus ihrer Sicht.
So kannst du beginnen:
Eines Tages kam ein Mädchen zu mir an den Kiosk.
Es fragte mich, ob ...

5 **a)** Schreibe die Nomen im Kasten mit ihren Artikeln auf.

b) Suche das richtige Personalpronomen zu jedem Nomen und schreibe es daneben, z. B.:
der Hund – er

Hund	Kind	Baum	Meer	Straße	Freund
Freundin	Butterblume		Sommer	Haus	Freude
Wetter	Schwimmbecken		Geschichte	Mut	Wald

Das habe ich gelernt

- Was hast du in diesem Kapitel Neues dazugelernt?
- Du hast dich in diesem Kapitel mit dem Nomen und dem Personalpronomen beschäftigt. Ergänze in deinem Heft oder Portfolio, was du über diese beiden Wortarten gelernt hast:

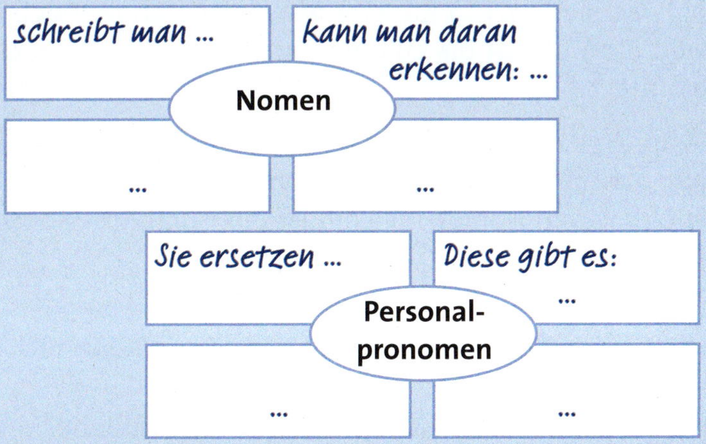

- Woran kannst du noch arbeiten? Was willst du noch üben?
- Was kann dir dabei helfen?

Anwenden und vertiefen

zusammengesetzte Nomen bilden

1 „Ich bin der Apfelkuchenbackformverkäufer!“

a) Suche alle Nomen, die in diesem Beruf versteckt sind, heraus und schreibe sie mit ihren Artikeln auf.

b) Erfinde selbst Berufe und schreibe sie mit ihren Artikeln auf. Mit diesen Wortbausteinen kannst du Berufe bezeichnen: *-verkäufer, -tester, -hersteller, -erfinder.*

die Bedeutung von Personalpronomen erkennen

2 **a)** Was ist gemeint? In diesen Rätselsätzen ersetzen die unterstrichenen Personalpronomen jeweils ein Nomen.

- *Es hat viele Seiten und kann spannend sein.*
- *Er taucht nachts auf und ist oft morgens vergessen.*
- *Ich bekomme sie, wenn ich frage.*
- *Er hat vier Beine und kann doch nicht laufen.*
- *Sie ist unsichtbar und trotzdem lebenswichtig.*

b) Schreibe die Lösungswörter mit ihren Artikeln auf und bilde die Pluralformen.

3 **a)** Lies den folgenden Text, in dem alle Nomen kleingeschrieben sind.

Achtung: Fehler!

Gerald Jatzek

Vom tisch und vom fisch

Es war einmal ein einfacher holztisch mit vier beinen. Der stand im wohnzimmer und trug eine vase auf seiner platte. In der lade bewahrte er das besteck auf. Manchmal wackelte er ein bisschen, aber er klagte nie, wenn jemand die suppe verschüttete. Und er war stolz auf seine tischtücher, die jeden freitag wechselten. […] Kurz, er war zufrieden mit sich und der welt. Zumindest bis zu dem tag, an dem das aquarium auftauchte …

Nomen mit Hilfe der Artikelprobe erkennen

b) Mache die Artikelprobe und schreibe dann alle Nomen mit ihren Artikeln auf. Schreibe die Nomen groß.

c) Bilde zu jedem Nomen im Singular die Pluralform. Schreibe immer den Artikel dazu, z. B.:
der Holztisch – die Holztische

Personalpronomen erkennen

4 Schreibe aus dem Text alle Personalpronomen heraus.

5 **a)** Schreibe einen passenden Schluss für die Erzählung.

b) Unterstreiche in deinem Text alle Nomen rot und alle Personalpronomen blau.

c) Tausche deinen Text mit dem einer Lernparterin / eines Lernpartners. Kontrolliert eure Lösungen.

Was Adjektive können

1 Was weißt du über Wale? Berichte.

ein Tier genau beschreiben

Der ......wal

Dieser Wal hat eine Brust-, Rücken- und Schwanzflosse.
Außerdem besitzt er einen Unterkiefer und ein Maul.
Der Wal hat Augen, Ohren und ein Blasloch.
Er hat einen Kopf, an dem man ihn gut erkennen kann.

2 **a)** Warum ist es schwer zu entscheiden, welcher Wal gemeint ist?

b) Welche Informationen fehlen in der Beschreibung?

3 Die Abbildung oben zeigt einen Blauwal (Bartenwal*), einen Orca und einen Narwal (beides Zahnwale).

a) Arbeitet zu zweit. Beschreibt die drei Wale möglichst genau. Wählt dafür passende Merkmale und Adjektive aus den Kästen aus. Auf der nächsten Seite findet ihr Beispiele.

b) Wähle einen Wal aus und beschreibe ihn in deinem Heft.

TIPP
Lege dir einen Schreibplan an.
→ S. 52

Merkmale:
die Brustflosse, die Rückenflosse, die Schwanzflosse, das Maul, der Unterkiefer, die Barten*, die Zähne, das Auge, das Ohr, das Blasloch, der Bauch, der Rücken, die Haut, das Horn

Adjektive:
groß, massig*, klein, winzig, lang, kurz, spitz, stumpf, gerade, rund, glatt, schuppig, bleich, hell, dunkel

Barten: Bartenwale haben keine Zähne, sondern feine Hornplatten (Barten) im Maul. Mit diesen filtern sie ihre Nahrung aus dem Wasser.

massig: groß, gewaltig, schwer

Beispiele:

- Der Blauwal besitzt ein großes Maul mit Barten.
- Einen schuppigen Rücken weist der Narwal auf.
- Sehr auffällig ist das lange Horn des Narwals.
- Man erkennt die helle und dunkle Färbung der Haut des Orcas.

! Das Adjektiv (Mehrzahl: die Adjektive)

Adjektive sind **Eigenschaftswörter**. Mit ihnen können die Eigenschaften von Dingen, Lebewesen und Gefühlen genau beschrieben werden, z. B. *das **große** Haus, der **schöne** Traum*.
Adjektive sagen etwas darüber aus, **wie** etwas ist.
Adjektive werden **klein**geschrieben.

mit Wortfeldern arbeiten

4 Im folgenden Informationstext fehlen passende Adjektive.

Bedrohte Wale

Früher gingen die Menschen auf Walfang. Oft war der Walfang für die Menschen ...... *(abenteuerlich, gefährlich)*. Die ...... *(großen, massigen)* Tiere lieferten ...... *(wertvolle, teure, wichtige)* Rohstoffe, die der Mensch für die Herstellung von Produkten wie Öl oder Seife benötigte. Deshalb wurden ...... *(zahlreiche, unzählige)* Tiere getötet.
Auch heute jagt der Mensch die Wale, obwohl er die Rohstoffe auch anders herstellen kann.

a) Wähle für jede Lücke ein Adjektiv aus der Klammer aus, das deiner Meinung nach passt. Es gibt mehrere Lösungen.

b) Schreibe den Text mit den Adjektiven deiner Wahl auf und unterstreiche sie zur Kontrolle farbig.

Adjektive steigern

5 Du kannst die Wale mit Hilfe von Adjektiven miteinander vergleichen.

a) Lies den folgenden Text und setze jeweils eines der folgenden Adjektive ein:
lang, fleckig, hell, groß

Blauwal, Orca und Narwal

Der Blauwal ist ...... als der Orca und als der Narwal. Er ist das ...... Säugetier. Im Verhältnis zum Körperumfang ist die Rückenflosse des Orcas ...... als die des Blauwals. Die Haut des Narwals ist ...... als die des Orcas und des Blauwals. Der Bauch des Orcas ist am ....

b) Schreibe den Text in dein Heft und unterstreiche dort die Adjektive, die du eingesetzt hast.

c) Vergleiche weitere Merkmale der Wale miteinander und schreibe die Sätze auf.

INFO
Vergleichswörter:
- ***als*** verwendet man bei einem Vergleich, wenn zwei Dinge unterschiedlich sind, z. B.: *A ist größer **als** B.*
- ***wie*** verwendet man bei einem Vergleich, wenn zwei Dinge gleich sind, z. B.: *A ist genauso groß **wie** B.*

! Steigerung der Adjektive

Adjektive kann man **steigern**. So kann man z. B. Dinge und Lebewesen miteinander **vergleichen**.
Bei der Steigerung unterscheidet man folgende drei Formen:

Positiv (Grundform)	**Komparativ (1. Steigerungsstufe)**	**Superlativ (2. Steigerungsstufe)**
groß	*größer*	*am größten*

Wenn du dir nicht sicher bist, ob ein Wort ein Adjektiv ist, kannst du die **Steigerungsprobe** machen. Wenn sich das Wort steigern lässt, ist es fast immer ein Adjektiv.

TIPP
Achtung! Die folgenden Adjektive werden **unregelmäßig gesteigert:**
- *gut – besser – am besten*
- *viel – mehr – am meisten*
- *hoch – höher – am höchsten*

6 a) Betrachte das folgende Bild und benenne die Dinge und Lebewesen, die im oder auf dem Wasser schwimmen.

b) Vergleiche diese Dinge und Lebewesen miteinander. Schreibe passende Sätze auf, z. B.:
- *Ein Dampfer ist schneller als ein Paddelboot.*
- *Verglichen mit allen anderen Schiffen ist das Papierschiff am …*

c) Vergleiche Gegenstände in deinem Klassenraum miteinander und schreibe die Sätze auf.

HILFEN
Adjektive für Vergleiche:
- *schnell – langsam*
- *groß – klein*
- *gefährlich*
- *nützlich*
- *teuer*
- *altmodisch*
- *sportlich*

7 **a)** Versuche, diese Adjektive zu steigern.

schwach	windig	bunt	groß	kräftig
tot	grün	laut	lecker	schwanger
leicht	zornig	alt	leer	täglich

steigerbare und nicht steigerbare Adjektive unterscheiden

b) Sortiere sie nach steigerbaren und nicht steigerbaren Adjektiven.

c) Erkläre, warum man die Adjektive in der zweiten Gruppe nicht sinnvoll steigern kann.

8 Im folgenden Kasten sind zwölf Adjektive versteckt.

KLEIN	KIND	KELLER	LAUT	SCHNELLER
KNAPPER	REINIGER	SPORTLICH	BLATT	GLATT
LIEBE	BEIN	WINDLICHT	NETTER	WUNDER
HEKTISCH	ECKTISCH	RUHIG	ZWEIG	TEICH
REICH	SCHÖNER	BAUER	SEIT	WEIT

a) Schreibe die Adjektive heraus.

b) Bestimme, ob sie in der Grundform oder im Komparativ stehen.

c) Bilde zu jedem der zwölf Adjektive alle drei Formen und schreibe sie auf, z. B.:
klein – kleiner – am kleinsten

Das habe ich gelernt

- Schreibe den folgenden Satz ab und setze ihn fort:
  Ich habe in diesem Kapitel gelernt, dass …
- Schreibe folgenden Text in dein Heft und fülle die Lücken.

  Adjektive sind ……wörter, die uns helfen, Dinge, Lebewesen und Gefühle genau zu ……. Sie werden ……geschrieben. Mit Adjektiven kann man Dinge, Lebewesen und Gefühle miteinander vergleichen. Die 1. Steigerungsstufe heißt ……, die 2. Steigerungsstufe ……. Die Grundform nennt man auch …….
  Manche Adjektive kann man nicht steigern, z. B. …….
- Was musst du noch üben?
- Was könnte dabei besonders hilfreich für dich sein?

Anwenden und vertiefen

Intelligente und wendige* Säugetiere

Delfine haben die Menschen schon immer fasziniert. In der Antike* galten die intelligenten Meeressäuger* sogar als heilig. Delfine besitzen einen stromlinienförmigen* Körper und sind deshalb perfekte Schwimmer. Sie werden je nach Art zwischen 1,5 und vier Meter lang. Die größten Delfine, die Schwertwale, erreichen sogar eine Länge von acht bis neun Metern. Delfine besitzen eine dreieckige Rückenflosse [...]. Die Kiefer der Delfine sind zu einer schnabelförmigen, langen Schnauze geformt.

wendig: beweglich, schnell

die Antike: die Zeit der alten Griechen und Römer
der Meeressäuger: Säugetier, das im Meer lebt
stromlinienförmig: Form, durch die eine schnelle Bewegung im Wasser möglich ist

1 a) Lies den Informationstext über Delfine.

b) Schreibe alle Adjektive aus dem Text in der Grundform untereinander in dein Heft.
– *intelligent*
– *wendig*

Adjektive erkennen

c) Wähle aus der Wortsammlung drei Adjektive aus und suche Adjektive, die eine ähnliche Bedeutung haben, z. B.:
– *intelligent: schlau, clever, klug*

Wortfelder bilden

2 Bilde zu den folgenden Adjektiven den Komparativ und den Superlativ:

hoch   dumm   dunkel   lang   warm   gut   groß

Grundform	Komparativ	Superlativ
hoch ……	*höher* ……	*am höchsten* ……

Adjektive steigern

3 Vergleiche mit Hilfe der Adjektive aus der Tabelle in Aufgabe 2 folgende Gegenstände oder Lebewesen miteinander, z. B.:
Ein Hochhaus ist …… *als eine Hütte.*
– Hütte – Hochhaus
– T-Shirt – Wollpullover
– Glühbirne – Kerzenlicht
– Wurm – Schlange

die Funktion von Adjektiven kennen

4 a) Vergleiche verschiedene Tiere miteinander und suche dafür passende Adjektive.

b) Schreibe die Sätze in dein Heft.

Adjektive verwenden

Was Verben können

Paul Maar
Seltsam

Leuchten leuchten,
Klingeln klingeln,
Fliegen fliegen,
Sägen sägen,
aber Liegen stehen.

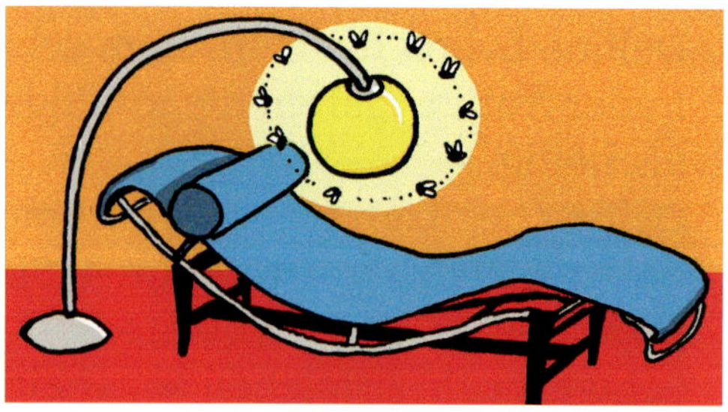

Verben erkennen

1 In diesem Gedicht gibt es vier Wortpaare, in denen immer zwei Wörter gleich und doch nicht gleich sind.

a) Erkläre, was damit gemeint ist.

b) Versuche, alle Verben* in dem Gedicht zu finden.

c) Was weißt du schon über Verben?

INFO
das Verb:
Zeitwort,
Tätigkeitswort,
Tuwort, z. B.:
laufen, singen, rechnen

2 Du kannst selbst Sätze wie im Gedicht oben erfinden.

a) Was tun Fischer, Händler, Köche, Maler, Bäcker?
Schreibe passende Sätze auf, z. B.:
Fischer fischen, Händler …

b) Denke dir ähnliche Sätze mit anderen Lebewesen und Gegenständen aus und schreibe sie auf.

3 **a)** Lies den folgenden Text und beschreibe, was dir auffällt.

Eine Woche im Leben von Frau Meier

Am Montag Frau Meier meistens lange. Am Dienstag sie oft im Keller. Frau Meier am Mittwoch immer. Am Donnerstag sie im Garten. Freitags Frau Meier vor dem Fernseher und am Samstag sie immer Fußball. Sonntags Frau Meier wieder im Garten.

b) Überlege, was Frau Meier jeden Tag tun könnte.

c) Schreibe den Text ab und setze immer ein passendes Verb an die richtige Stelle im Satz, z. B.:
Am Montag schläft / tanzt / singt / liest / … Frau Meier meistens lange.

Das Verb (Mehrzahl: die Verben)

Das Verb nennt man auch **Tätigkeitswort** oder **Zeitwort.**
Mit Verben bezeichnet man Tätigkeiten und Zustände. Sie sagen etwas darüber aus, **was getan wird** und **was passiert.**
Verben werden **klein**geschrieben.

Verbformen erkennen

4 a) Versuche, folgenden Text zu verstehen, obwohl es das Verb „lummen“ nicht gibt. Erkläre, was dir dabei geholfen hat.

Auf dem Sportplatz

Während ich den Ball nicht besonders weit lumme, lummst du die hundert Meter in Bestzeit. Özlem lummt die Langstrecke natürlich mal wieder am schnellsten. Wir lummen uns sehr, als er ins Ziel lummt. „Ihr lummt gar nicht, wie ich mich lumme!“, lummt er. Nur seine Mitläufer lummen enttäuscht vom Platz.

b) Suche alle Formen von „lummen“ mit den dazugehörenden Personen heraus.

c) Unterstreiche die Endungen der Formen.

Personalformen bilden

d) Suche für jede Form von „lummen“ ein echtes Verb, z. B.:
ich lumme –> *ich werfe*
du lummst –> *du läufst*
Özlem lummt –> *Özlem ...*

5 a) Ergänze folgende Tabelle in deinem Heft.

	laufen	werfen	rufen	lachen
Singular (Einzahl)				
1. Person: *ich*	*laufe*	*werfe*	*rufe*	……
2. Person: *du*	*läufst*	*wirfst*	……	……
3. Person: *er/sie/es*	*läuft*	……	……	……
Plural (Mehrzahl)				
1. Person: *wir*	*laufen*	……	……	……
2. Person: *ihr*	……	……	……	……
3. Person: *sie*	……	……	……	……

b) Unterstreiche die Endungen der Verben und erkläre, wie die Verbformen gebaut werden.

c) Beschreibe, was sich bei *laufen* und *werfen* noch verändert.

Verben konjugieren (beugen)

Wenn man ein Verb in einem Satz verwendet, bildet man eine **Personalform.** Das nennt man **konjugieren** oder beugen. Die Personalform wird aus dem **Infinitiv** (der Grundform) des Verbs gebildet. An den **Verbstamm** wird dabei die passende Personalendung gehängt, z. B.:
geh-en (Infinitiv) → *ich geh-e* (1. Person Singular)

INFO
der Verbstamm:
geh-en, ***lauf***-en, ***werf***-en, ***spring***-en

6 Schreibe die 2. und 3. Person Singular zu den folgenden Verben auf, z. B.: *essen → du isst, sie isst*

essen | fallen | geben | schlafen | nehmen

7 **a)** Bilde Sätze mit *vorschlagen, einhalten, ausschalten, absagen.*

b) Unterstreiche beide Teile des Verbs, z. B.:
Er schlägt einen Ausflug ins Schwimmbad vor.

c) Suche weitere trennbare Verben und schreibe Sätze damit auf.

INFO
Trennbare Verben bestehen aus zwei Teilen, die im Satz auch getrennt voneinander stehen können, z. B.:
*einkaufen → Ich **kaufe** im Supermarkt **ein**.*

Verben und Zeitformen

8 **a)** Lies den folgenden Text.

Kindheit damals und heute

Vor 100 Jahren gab es bei uns auf dem Land fast keine Schulen.
Heute gibt es bei uns auf dem Land Schulen.
Damals mussten viele Kinder ihren Eltern bei der Arbeit helfen.
Die meisten Kinder müssen heute ihren Eltern nicht mehr bei der Arbeit helfen.
Früher gab es in vielen Städten Schulen nur für Handwerkersöhne.
Heute gibt es bei uns in den Städten Schulen für alle Mädchen und Jungen.
Damals hatten viele Kinder keine Zeit zum Spielen.
Heute haben die meisten Kinder Zeit zum Spielen.

b) Stimmst du den Aussagen über die heutige Zeit zu?

c) Was weißt du noch über das Leben der Kinder in früheren Zeiten? Berichte.

9 Aus dem Text in Aufgabe 8 auf Seite 132 kannst du zwei Texte mit je vier Sätzen bilden.

a) Wie kannst du die Sätze sortieren? Begründe.

b) Schreibe einen der beiden Texte auf und gib ihm eine passende Überschrift.

Verbformen in Gegenwarts- und Vergangenheitsformen bilden

10 Schreibe die folgenden Satzanfänge ab und setze sie fort. Suche zur Verbform in der Gegenwart die passende Form in der Vergangenheit.

– *Heute fahren die Menschen mit Autos, früher fuhren* ....
– *Heute kommen wir beim Reisen schnell ans Ziel, damals* ....
– *Heute arbeiten in den Fabriken viele Maschinen, einst* ....

! Das Präsens (die Gegenwartsform)

Wenn man etwas ausdrücken will, was in der Gegenwart **gerade geschieht** oder was **allgemein gültig** ist, dann verwendet man das **Präsens**, z. B.:

- *Er schreibt gerade einen Brief.*
  (Es geschieht in diesem Moment.)
- *Suppe isst man mit dem Löffel.*
  (Es ist allgemein gültig.)

INFO
Im Deutschen kann man das Präsens auch verwenden, um etwas auszudrücken, was in der Zukunft passiert.
Oft verwendet man dann zusätzlich Signalwörter wie *später, bald, morgen, in Zukunft*, z. B.: *Morgen fahren wir in die Stadt.*

11 Der folgende Text informiert über Spiele, die Kinder früher gespielt haben.

Spiele damals – Spiele heute?

Früher *war* (sein) das „Reifentreiben" ein beliebtes Kinderspiel: Mit der Hand rollten (rollen) die Kinder einen Holzreifen und ...... (antreiben) ihn dann mit einem Stock .... Ein anderes bekanntes Spiel war das „Steckenpferdrennen", bei dem die Kinder mit selbstgebastelten Pferden um die Wette ...... (rennen). Sehr gerne ...... (laufen) die Kinder auch auf Stelzen und ...... (veranstalten) damit Wettrennen. Oft ...... (klettern) die Kinder auf Bäume oder ...... (turnen) an geeigneten Stangen. In größeren Gruppen ...... (spielen) viele gerne Verstecken.

Verbformen im Präteritum bilden

a) Schreibe den Text ab und ergänze die fehlenden Verbformen.

b) Welche Spiele von heute kannst du in dem Text wiederentdecken? Schreibe Sätze auf.
Auch heute spielen viele Kinder gerne draußen und ...

der **Vokal:** Selbstlaut: *a, e, i, o, u*

Das Präteritum (einfache Vergangenheitsform)

Mit dem **Präteritum** kann man ausdrücken, was in der **Vergangenheit** passiert ist. Es wird oft in schriftlichen Erzählungen verwendet, z. B. in Märchen.
Man unterscheidet

- **regelmäßige** (schwache) **Verben:** Das Verb wird im Präteritum mit ***-t-*** gebildet. Der Vokal* im Wortstamm ändert sich nicht, wenn das Verb in das Präteritum gesetzt wird, z. B.:
  ich lache (Präsens) → *ich lachte* (Präteritum)
- **unregelmäßige** (starke) **Verben:** Der Vokal im Wortstamm ändert sich im Präteritum, z. B.:
  ich singe (Präsens) → *ich sang* (Präteritum)

12 Das Präteritum ist nicht die einzige Möglichkeit, etwas in der Vergangenheit auszudrücken.

a) Lies den folgenden Text. Was stimmt da nicht?

Ben hat gespielt am Samstag Fußball, aber leider hat verschossen er den Ball. Der Trainer hat gemeckert mal wieder, denn Ben hat getroffen lange nicht. Danach ist gegangen Ben nach Hause und hat telefoniert sofort mit Kiran.

b) Schreibe den Text so um, dass die Fehler behoben werden.

c) Die Verbformen im Text bestehen immer aus zwei Teilen. Unterstreiche in deinem Heft jeweils beide Teile.

Verbformen im Perfekt bilden

d) Welche beiden Wörter werden für den ersten Teil der Verbform immer wieder gebraucht?

Das Perfekt (zusammengesetzte Vergangenheitsform)

Wenn du mündlich von etwas erzählen willst, was vergangen ist, kannst du auch das **Perfekt** verwenden.
Das Perfekt nennt man auch **„zusammengesetzte Vergangenheitsform"**, weil es mit einer Form von ***haben*** oder ***sein*** und mit dem **Partizip II** des Verbs gebildet wird.

- Das Partizip II beginnt meist mit *ge-*, z. B.:
  lachen, lachte, gelacht – gehen, ging, gegangen
- Wenn das Verb schon ein Präfix hat (*ge-, be-* oder *ver-*), bekommt das Partizip II keins mehr, z. B.:
  gelungen, beschwert, verloren

13 Im folgenden Text fehlt der zweite Teil der Perfektformen.

a) Lies den Text genau. Bilde aus den Infinitiven in Klammern das Partizip II und setze es in die Lücken ein.

b) Schreibe den Text ab und unterstreiche in deinem Heft immer beide Teile des Verbs.

Alles Ausreden?

„Sie sind zu spät, Herr Fischer!“, rief der Chef. „Können Sie das erklären?“ – „Aber ja! Ich habe leider zu lange geschlafen (~~schlafen~~), weil der Wecker nicht ...... (klingeln) hat. Schließlich hat mich dann meine Katze ...... (wecken). Sie hat nämlich schon Hunger ...... (haben) und hat bereits an der Tür ...... (scharren). Ich bin sofort in mein Auto ...... (steigen) und ...... (losfahren). Natürlich bin ich gleich in einem Stau ...... (landen)!
Aber damit nicht genug! Auf einmal …

14 Was ist Herrn Fischer auf dem Weg zu seinem Arbeitsplatz noch passiert?

a) Setze den Textanfang fort. Schreibe im Perfekt.

b) Unterstreiche alle Verbformen und überprüfe, ob du die richtige Zeitform verwendet hast.

Perfektformen bilden
> mit *haben* oder *sein* + Partizip II

Das habe ich gelernt

- Ergänze die Sätze und schreibe sie in dein Heft oder Portfolio:
  – *Ich habe in diesem Kapitel dazugelernt, dass ...*
  – *Wenn wir Verben nicht hätten, dann ...*
- Schreibe auf, was Verben alles können.
- Hier haben sich sieben falsche Verbformen versteckt:
  bruchte gehst bist gelaufen rannte fahrte rät gungen ist gespielt sangst laufe blos riefen reiteten bliebst haben gekauft wollte rennte
  – Schreibe alle richtigen Verbformen mit passenden Personalpronomen auf, z. B.:
  du gehst, du ...
  – Korrigiere die falschen Verbformen, z. B:
  er brauchte, ...
- Vergleicht eure Ergebnisse zu zweit.
- Was willst du noch üben? Was kann dir dabei helfen?

Achtung: Fehler!

TIPP
Die unregelmäßigen Verben kannst du im Wörterbuch nachschlagen.

Anwenden und vertiefen

Verben konjugieren

1 Bilde die gesuchte Personalform (in Klammern) im Präsens und schreibe sie auf, z. B.:
beginnen (1. Person Singular) → *ich beginne*

beginnen (1. Person Singular)	*einkaufen* (2. Person Plural)
graben (3. Person Singular)	*vorlesen* (3. Person Plural)
aufschließen (3. Person Plural)	*lassen* (2. Person Singular)
sehen (3. Person Singular)	*wissen* (1. Person Plural)

unregelmäßige Verben üben

2 Hier reimen sich jeweils bei zwei Verben die Formen im Präsens, Präteritum und Partizip II.

reiten – ritt – geritten streiten – stritt – gestritten	biegen – bog – gebogen fliegen – ... – ...
schweigen – schwieg – geschwiegen steigen – ... – ...	fließen – floss – geflossen schießen – ... – ...
bleiben – blieb – geblieben schreiben – ... – ...	singen – sang – gesungen springen – ... – ...
beißen – biss – gebissen reißen – ... – ...	sinken – sank – gesunken trinken – ... – ...

Schreibe ab und ergänze. Lies dabei laut und deutlich mit.

Vergangenheitsformen bilden

3 **a)** Bilde zu den folgenden Präsensformen die Formen im Präteritum und Perfekt und schreibe sie auf:
ich steige, er pfeift, wir gießen, sie finden, ich streiche

b) Bilde mit jedem Verb einen Satz im Präteritum und einen im Perfekt, z. B.:
Am Bahnhof stieg ich in den Zug.
Am Bahnhof bin ich in den Zug gestiegen.

4 Wähle einen der folgenden Textanfänge aus und schreibe eine Fortsetzung im Perfekt.

Lea erzählt eine Geschichte:	**Tim erzählt eine Geschichte:**
Gestern Morgen habe ich verschlafen. Müde habe ich mir meine Tasche geschnappt und bin gerade noch rechtzeitig gekommen. Als ich in Mathe die Tasche geöffnet habe ...	Gestern Nachmittag habe ich auf dem Sofa gesessen und gelesen. Plötzlich habe ich ein Rumpeln gehört. Zuerst habe ich mir nichts dabei gedacht, aber dann ...

Sätze haben eine Ordnung

Sätze und Satzglieder untersuchen

Was weißt du schon?

- Woran erkennt man einen Satz?
- Woraus besteht ein Satz?
- Betrachte das Bild von Michael Sowa und lies die folgenden Sätze. Welcher Satz passt deiner Meinung nach am besten zu dem Bild? Begründe.
  - *Ein Mann liest seine Zeitung, während draußen Pinguine vorbeifliegen.*
  - *Während draußen Pinguine vorbeifliegen, liest ein Mann seine Zeitung.*
  - *Ein Mann liest, während draußen Pinguine vorbeifliegen, seine Zeitung.*

  Welcher Satz antwortet am besten auf die Frage „Wann liest ein Mann seine Zeitung?" Erkläre, warum.
- Schreibe eine kurze Geschichte zu dem Bild. Unterstreiche zum Schluss den Satz, der dir am besten gefällt.

Sätze bauen

TIPP
Es fällt dir leichter, die Satzzeichen zu setzen, wenn du die Sätze laut und deutlich vorliest.

1 Zu dem Bild sind drei Sätze entstanden.

Eines Morgens stand ein Paket vor der Haustür
Da stand doch tatsächlich ein Paket vor der Haustür
Stand da wirklich ein Paket vor der Haustür

Schreibe die Sätze ab und ergänze dabei die Satzzeichen.

Kurt Schwitters
So, so! –

Vier Maurer saßen einst auf einem Dach
Da sprach der erste: „Ach“
Der zweite: „Wie ist's möglich dann“
Der dritte: „Dass das Dach das halten kann“
Der vierte: „Ist doch kein Träger dran“
Und mit einem Krach
Brach das Dach

Satzschlusszeichen setzen
- Aussagesatz: **.**
- Fragesatz: **?**
- Ausrufesatz: **!**

2 **a)** In diesem Gedicht fehlen die Satzschlusszeichen. Lies den Text laut und deutlich vor. Den ersten Satz könntest du so betonen:

Die Stimme senkt sich.

Vier Maurer saßen einst auf einem Dach.

b) Schreibe das Gedicht ab und setze dabei die Satzzeichen.

c) Überprüfe deinen Text, indem du ihn noch einmal laut und deutlich vorliest.

laut und betont sprechen

Satzarten

- Nach einem **Aussagesatz** steht ein Punkt:
  Im Regal steht ein Buch. → Wenn man den Satz spricht, senkt sich am Ende die Stimme.
- Nach einem **Fragesatz** steht ein Fragezeichen:
  Hast du heute Zeit? → Die Stimme hebt sich.
- Nach einem **Ausrufe-, Befehls- oder Aufforderungssatz** steht ein Ausrufezeichen:
  Ich habe gewonnen! → Die Stimme wird lauter.

INFO
Die Befehlsform eines Verbs nennt man auch **Imperativ,** z. B.:
Sprich lauter!
Beeilt euch!
Kommen Sie!

einen Würfel | transportiert | ein Mann | in seinem Boot | eines Morgens

Sätze bauen

3 a) Baue aus den Satzbausteinen einen sinnvollen Satz, der zu dem Bild passt. Du kannst z. B. so anfangen:
Eines Morgens ...

b) Suche weitere Möglichkeiten, die Satzbausteine sinnvoll zu kombinieren. Schreibe die Sätze auf.

die Umstellprobe durchführen

4 Die Wörter im folgenden Satz kannst du neu ordnen.
Am Ufer stand gestern Abend ein alter Kapitän.

a) Wie viele Sätze sind möglich? Schreibe sie auf.

Satzbausteine erkennen

b) Unterstreiche die Satzbausteine, die in allen Sätzen immer zusammenbleiben.

Die Umstellprobe

- Mit der **Umstellprobe** kannst du feststellen, dass ein Satz aus Bausteinen besteht.
- Wörter und Wortgruppen, die bei der Umstellprobe immer zusammenbleiben, nennt man **Satzglieder**, z. B.:
- *Der Mann gab seinen Würfel dem alten Kapitän.*
- *Dem alten Kapitän gab der Mann seinen Würfel.*

Satzglieder: Prädikat und Subjekt

Satzglieder erkennen

1 Die Satzglieder des folgenden Satzes kannst du umstellen.
Zwei Passagiere tanzten in der Nacht auf dem Ozeandampfer.

a) Lege eine Tabelle wie im Beispiel an.

	1. Stelle	2. Stelle	3. Stelle	4. Stelle
1. Satz	*Zwei Passagiere*	*tanzten*	*in der Nacht*	*auf dem Ozean-dampfer.*
2. Satz	......	*tanzten*	......	......
......	......	......	......	......

b) Bilde Aussagesätze. Wie viele Möglichkeiten findest du?

c) Denke dir einen weiteren Satz mit vier Satzgliedern aus und trage ihn wie den ersten Satz in eine Tabelle ein.

! **Das einteilige Prädikat**

- Das konjugierte (gebeugte) Verb in einem Satz nennt man als Satzglied **Prädikat**.
- Im Aussagesatz (Hauptsatz) ist das Prädikat das **zweite** Satzglied, z. B.:
  Ein Mann schwimmt im Meer.
- Im Fragesatz, der nicht mit einem Fragewort anfängt, ist das Prädikat das erste Satzglied, z. B.:
  Schwimmt ein Mann im Meer?

HILFEN
Satzglieder zur Erweiterung
› *am Strand*
› *im Sommer*
› ...

2 *Die Kinder haben gebaut.*
Diesen Satz kannst du erweitern.
Erstelle einen Stufentext, indem du jeden neuen Satz um ein weiteres Satzglied erweiterst, z. B.:
– *Die Kinder haben eine Sandburg gebaut.*
– *Die Kinder haben eine Sandburg am ... gebaut.*

zweiteilige Prädikate erkennen

3 **a)** Unterstreiche in jedem Satz des Stufentextes beide Teile des Prädikats.

b) Beschreibe, was geschieht, wenn du den Satz um weitere Satzglieder erweiterst.

c) Denke dir selbst einen Satz aus, mit dem du einen solchen Stufentext erstellst.

Das mehrteilige Prädikat

Das Prädikat kann mehrteilig sein. **Mehrteilige Prädikate** bilden oft eine Klammer. Der erste Teil des Prädikats steht an der **zweiten** Satzgliedstelle, z. B.:
Wir haben gearbeitet.
Wir haben gestern gemeinsam gearbeitet.

Wir haben gestern gemeinsam in der Klasse gearbeitet.

Am Meer

Ball gespielt.
In der Sonne gelegen.
Im Wasser geschwommen.
Den Hund geärgert.

4 **a)** Diese Sätze sind unvollständig. Welche Information fehlt jeweils? Ergänze Vermutungen.

b) Schreibe die Sätze um, indem du folgende Personen einfügst: *die Kinder, eine Frau, der Junge, das Mädchen*

c) Was erfährst du jeweils durch das zusätzliche Satzglied?

Das Subjekt

- Das Satzglied, das etwas darüber aussagt, **wer oder was** etwas tut, nennt man **Subjekt,** z. B.:
  Die Kinder spielen mit dem Ball.
- Das Subjekt eines Satzes steht immer im **Nominativ** (1. Fall). Man kann es mit „Wer ?"oder „Was?" erfragen, z. B.:
  Wer spielt mit dem Ball? → Die Kinder spielen mit dem Ball.

INFO
Die vier Fälle:
- Nominativ (Wer-Fall)
- Genitiv (Wessen-Fall)
- Dativ (Wem-Fall)
- Akkusativ (Wen-Fall)

5 **a)** Finde heraus, wer hier jeweils etwas machen könnte.

ein Flugzeug steuern

die Maus jagen

ein Spiel verlieren

eine Frage stellen

ein Geheimnis verraten

b) Schreibe Sätze auf und unterstreiche das Subjekt, z. B.:
Ein Pilot steuert ein Flugzeug.

Satzglieder: Objekte

Ein Koch serviert ....
Eine Großmutter gibt ....
Ein Junge schreibt ....
Ein Mädchen bringt ....

1 **a)** Sieh dir die Bilder genau an und lies die Sätze.

b) Ergänze die fehlenden Satzglieder und schreibe die Sätze auf, z. B.:
Ein Koch serviert seinen Gästen eine Torte.

Sätze erweitern

INFO
Ein anderes Wort für **Objekt** ist **Satzergänzung.**

Das Objekt

- Ein vollständiger Satz besteht immer aus Subjekt und Prädikat, z. B.:
  – *Malina singt.*
  Wer? oder Was?
- Er kann durch **Objekte** erweitert werden, z. B.:
  – *Malina singt ein Geburtstagslied.*
  Wer? oder Was? Wen? oder Was?
  – *Malina singt ihrer Freundin ein Geburtstagslied.*
  Wer? oder Was? Wem? Wen? oder Was?
- Es gibt Sätze, die ohne Objekt nicht vollständig sind, z. B.:
  – *Der Zauberer verrät.*
  Hier muss ein Objekt ergänzt werden, z. B.:
  – *Der Zauberer verrät den Trick.*
  oder
  – *Der Zauberer verrät seinen Zuschauern den Trick.*

Der Zauberer	verrät	seinen Zuschauern	den Trick.
Wer? oder Was?		Wem?	Wen? oder Was?
Subjekt		Dativ-Objekt	Akkusativ-Objekt

2 **a)** Übertrage die Tabelle in dein Heft und ergänze die fehlenden Satzglieder.

Sätze bauen

Subjekt (Wer?)	**Prädikat**	**Dativ-Objekt (Wem?)**	**Akkusativ-Objekt (Was?)**
Du	schenkst	Lisa	....
Sie	schicken	......	ein Paket.
Er	erklärt	seinem Freund	....
Du	malst	mir	....
Sie	leiht	......	ein Buch.

b) Stelle die Satzglieder des ersten Satzes um.
Wie viele Möglichkeiten gibt es? Schreibe sie auf.

3 **a)** Bilde mit den folgenden Verben Sätze mit einem Dativ-Objekt und einem Akkusativ-Objekt, z. B.:
Die Großmutter liest ihren Enkeln ein Buch vor.

die Umstellprobe durchführen

vorlesen kochen geben zeigen zeichnen

b) Erfrage bei jedem Satz das Dativ-Objekt und das Akkusativ-Objekt, z. B.:
Wem liest die Großmutter ein Buch vor? → *Dativ*-Objekt
Was liest die Großmutter ihren Enkeln vor? → *Akkusativ*-Objekt

Satzglieder bestimmen

c) Unterstreiche die verschiedenen Satzglieder farbig.

Das habe ich gelernt

- Was hast du in diesem Kapitel Neues gelernt?
- Ergänze und schreibe alles auf, was du über Sätze und Satzglieder gelernt hast.

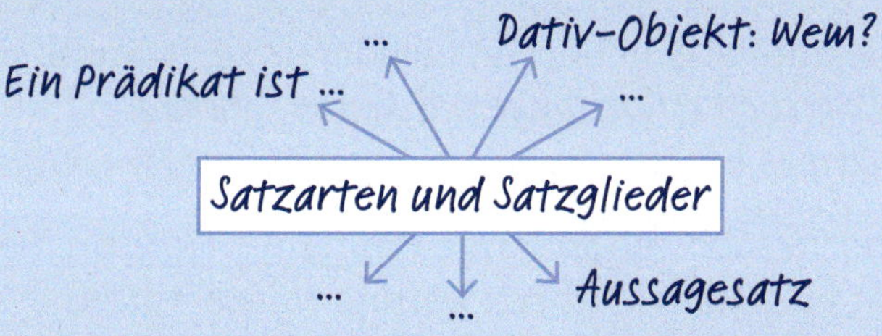

- Was musst du noch üben? Was kann dir dabei helfen?

Sprich mit einer Lernpartnerin / einem Lernpartner und schreibe in dein Heft oder Portfolio.

Anwenden und vertiefen

Paul Maar
Ein Gespräch

Das Schaf, es fragt den Bauern:
„Was machst denn du■“
Der sagt: „Na, schau doch zu■
Ich säe■“
Der Bauer fragt das Schaf:
„Und was machst du■“
Das sagt: Na, hör doch zu■
Ich mähe■“

Satzschlusszeichen setzen

1 Schreibe das Gedicht ab und setze die Satzschlusszeichen.

Satzglieder erkennen: Akkusativ-Objekt

2 Hier sind die Akkusativ-Objekte durcheinandergeraten.
- *Ein Vater kocht seinem Baby ein Lied.*
- *Die Freiheit überreicht der Bote dem Bürochef.*
- *Wir schenken dem Wellensittich ein Geheimnis.*
- *Ich verrate dir einen Brei.*
- *Das Päckchen singt die Sängerin uns vor.*

a) Erfrage in jedem Satz das Akkusativ-Objekt durch „Wen?“ oder „Was“?
b) Wie müssen die Sätze richtig heißen? Ordne die Akkusativ-Objekte richtig zu und schreibe die überarbeiteten Sätze auf.

Dativ- und Akkusativ-Objekt unterscheiden

3 **a)** Schreibe mit den Verben aus dem Kasten Sätze mit einem Dativ-Objekt und einem Akkusativ-Objekt, z. B.:
Er liest uns die Gebrauchsanweisung vor.

vorlesen	mitnehmen	aufmachen	mitteilen

b) Wie verändern sich die Verben in den Sätzen?

Satzglieder bestimmen

4 Erfrage die unterstrichenen Satzglieder und bestimme sie, z. B.:
Lars wünscht sich schon lange ein neues Fahrrad.
Wer wünscht sich schon lange ein neues Fahrrad? → Subjekt

Lars wünscht sich schon lange ein neues Fahrrad. Seinen Eltern hat er seinen Wunsch bereits mitgeteilt. Am Geburtstag lädt Lars einige Freunde, seine Oma und die nette Nachbarin ein. Sie schenken ihm ein Buch, ein spannendes Spiel und tolle Turnschuhe. Lars hat ein großes Paket noch nicht ausgepackt. Aber er weiß es schon: Da steht das lang ersehnte Fahrrad!

Teste dich selbst!

Wörter und Sätze

1 In den folgenden Gedichten wird mit Sprache gespielt.

a) Welche der farbigen Verbformen sind richtig? Notiere sie.

Wir sehen, er sah, du hast gesehen, wir gehen, er gah, du hast gegehen. Wer soll das verstehen?	Sie halten, ich hielt, er hat gehalten, Sie falten, ich fielt, er hat gefalten. Wer soll das behalten?	Sie beißen, sie biss, er hat gebissen, Sie hießen, sie hiss, er hat gehissen. Das alles sollen wir wissen?

Achtung: Fehler!

b) Verbessere die falschen Verbformen in deinem Heft, z. B.:
~~er gah~~ –> *er ging*

c) Ordne die richtigen Verbformen aus Aufgabe a) und die berichtigten Formen aus b) den drei Zeitformen Präsens, Perfekt und Präteritum zu.
- *Präsens: wir sehen, ...*
- *Perfekt: du hast gesehen, ...*
- *Präteritum: er sah, ...*

2 Wie heißen die Verbformen richtig? Schreibe alle Verbformen aus dem Text heraus und ergänze dabei die fehlenden Endungen.

Das 18-Muskel-Training

Kleine Kinder lach... ungefähr 400 Mal am Tag, Erwachsene lach... nur noch 15 Mal. Dabei freu... sich der ganze Körper, wenn wir lach.... Wer sich richtig ausschütt... vor Lachen, beweg... allein im Gesicht bis zu 18 Muskeln. Die Schultern zuck..., der Brustkorb beb..., das Zwerchfell hüpf.... Magen und Darm werd... richtig durchgeknet..., die Verdauung geförder.... Unser Herz schläg... schneller, der Blutdruck steig... und das Gehirn w... mit Sauerstoff versorg.... Das stabilisier... unser Nervensystem und stärk... unsere Abwehrkräfte.

3 **a)** Singular oder Plural? Lege eine Tabelle an und trage die folgende Nomen mit ihrem Artikel in die richtige Spalte ein.

Brot Kerzen Obst Leute Wasser Gläser Maus Eltern Blatt Ferien Menschen Türen Katze Milch Glück Karte Buch Hüte Märchen

Singular (Einzahl)	Plural (Mehrzahl)
das Brot	*die Brote*
die Kerze	*die Kerzen*
das Obst	–

b) Ergänze die fehlenden Formen im Singular oder im Plural. Achtung: Bei manchen Wörtern gibt es nur eine Form!

c) Welche Wörter gibt es nur im Singular? Markiere sie in deiner Tabelle rot.

d) Welche Wörter gibt es nur im Plural? Markiere sie blau.

4 Schreibe alle Nomen, Artikel, Personalpronomen, Verben und Adjektive aus dem folgenden Text heraus. Lege dazu eine Tabelle an:

Artikel	Nomen	Personalpronomen	Verben	Adjektive
...	...	*ich*	...	...

Ich lese ein dickes Buch. Es ist interessant, lustig und spannend! Die Geschichte magst du bestimmt – Gespenster, Elfen und eine alte, kluge Hexe spielen eine Rolle. Wir müssen es in unsere Klassenbücherei stellen.

5 Schreibe folgende Sätze ab und ergänze sie dabei.
- Nach dem Nominativ fragt man mit ......? oder ......?
- Nach dem Akkusativ fragt man mit ......? oder ......?
- Singular ist ein anderes Wort für ....
- Plural ist ein anderes Wort für ....

6 Untersuche den Aufbau der folgenden Sätze:
- *Ich habe mir zum Geburtstag eine Maus gewünscht.*
- *Oma hat sich furchtbar darüber aufgeregt.*
- *Jetzt verstehe ich die Aufregung.*
- *Sie hat mich falsch verstanden. Sie hat an eine echte Maus gedacht.*
- *Dabei will ich eine Maus für meinen Computer!*

a) Stelle den 1. Satz so um, dass der Geburtstag betont wird.

b) Wie oft kannst du den 3. Satz umstellen? Schreibe alle Möglichkeiten auf.

c) Bestimme die unterstrichenen Satzglieder, z. B.: *ich = Subjekt, ...*

Wörter genau aussprechen

Auf deutliches Sprechen achten

Was weißt du schon?

- Lies die Wörter in den beiden Büchern laut und deutlich vor.
  - Überlege, warum die Wörter so in diese zwei Bücher sortiert wurden, und suche eine Überschrift für jedes Buch.
    Tipp: Achte auf die Silben!
  - In welches Buch gehören diese Wörter: *der Turm, die Reise, das Lager, der Spatz, der Topf, die Schule?* Ordne zu.
- Baue mit den Wörtern aus den beiden Büchern neue Wörter. Schreibe die Wörter mit ihren Artikeln auf, z. B.:
  das Strandwetter
- Diktiere die zusammengesetzten Wörter einer Lernpartnerin / einem Lernpartner. Sprich die Wörter dabei langsam und deutlich Silbe für Silbe aus.

Wörter schwingen

das Son nen blu men feld   der Win ter mor gen schnee

Wörter in Silben zerlegen

1 Die beiden Wörter sind hier in Silben eingeteilt aufgeschrieben. Erkläre, wie das Einteilen in Silben dir beim richtigen Schreiben der Wörter helfen kann.

INFO
die Silbe:
eine Lautfolge, die man als Einheit spricht, z. B.:
die Wör-ter,
die Kin-der

! Sprechschwingendes Schreiben

Das **sprechschwingende Schreiben** hilft dir beim Schreiben von längeren Wörtern.

- Sprich das Wort deutlich aus und zeichne dabei mit deinem Zeigefinger für jede Silbe einen Silbenbogen in die Luft.
- Schreibe das schwierige Wort mit Schwung: Du schwingst die Silben beim Schreiben – entweder laut oder leise in Gedanken. Sprechen und Schreiben finden gleichzeitig statt.
- Überprüfe, ob du das Wort richtig geschrieben hast: Zeichne die Silbenbögen unter das Wort – natürlich mit Schwung!

TIPP
Du kannst auch für jeden Silbenschwung einen Schritt seitwärts nach rechts machen.

2 **a)** Schreibe folgende Wörter sprechschwingend.
- **Nomen:** *Winterferien, Sommerausflug, Kindergeburtstag, Einladungskarte, Nudelsalatschüssel, Zirkusdirektorin*
- **Verben:** *umherwandern, flüstern, verlaufen, herausfinden*
- **Adjektive:** *ungeheuerlich, aufmerksam, wunderbar, leise*

b) Prüfe, ob du die Wörter richtig geschrieben hast, indem du die Silbenbögen unter die Wörter zeichnest.

Partnerdiktat:
→ S. 155, 215

3 Diktiert einander die folgenden Sätze abwechselnd im Partnerdiktat. Trainiert zunächst die rot markierten langen Wörter durch sprechschwingendes Schreiben, z. B.:
*Autobahnraststä**tt**e, Spät**v**orführung*

Auf einer Autobahnraststätte hielt gestern ein Lastwagenfahrer. Heute haben wir eine Hausaufgabenbetreuungsstunde. Bei der Spätvorführung zeigte man den Film in Spielfilmlänge. Ich habe meinen Tischtennisschläger in der Umkleidekabine vergessen!

Lange und kurze Vokale unterscheiden

1 **a)** Überprüfe, ob der **betonte** Vokal in diesen Wörtern lang oder kurz gesprochen wird, indem du die Wörter laut und deutlich vorliest.

die M**a**de	die H**o**cke	der B**o**gen	die W**u**t	der F**i**sch
das T**o**r	die R**ei**se	die T**a**nne	der M**a**gen	der H**i**t
der Pl**a**tz	das T**a**l	die L**au**ne	der W**a**ld	das Sch**a**f

b) Schreibe die Tabelle ab und ordne die Wörter ein.

lange Vokale	**kurze Vokale**
die Made *der Bogen*	*die Hocke* ....

c) Markiere anschließend die Länge und die Kürze des Vokals.

d) Suche zu jedem Wort in der Tabelle ein Reimwort aus dem Kasten und schreibe es daneben, z. B.:
die Made – schade, der Bogen – ...

der Satz	der Mut	vor	der Tisch	schade
die Pfanne	die Socke	fit	der Wagen	leise
der Schal	die Daune	zogen	der Schlaf	bald

e) Kennzeichne auch bei den Reimwörtern die Länge oder Kürze des betonten Vokals.

f) Lies die Wortpaare deutlich und betont vor und überprüfe deine Kennzeichnungen.

2 Wähle aus deiner Tabelle zwei Reimpaare aus und schreibe damit ein kurzes Gedicht.

! **Betonte Vokale**

Der **betonte Vokal** ist meistens der Vokal in der ersten Silbe des Wortes. Er kann **lang oder kurz** gesprochen werden:
- **kurz:** *die Hocke*
- **lang:** *die Made*

Achtung: Bei Wörtern mit Präfix (Vorsilbe) trennt man diese ab, um den betonten Vokal im Wortstamm zu erkennen, z. B.: *(vor-)lesen.*

Wörter mit Betonung vorlesen

lange und kurze Vokale unterscheiden

TIPP
Folgende Markierungen helfen dir:
langer Vokal: Strich unter dem Vokal, z. B.: *das Brot*
kurzer Vokal: Punkt unter dem Vokal, z. B.: *die Katze*

INFO
Vokale (Selbstlaute): *a, e, i, o, u*
Umlaute: *ä, ö, ü*
Doppellaute: *ei, ai, au, äu, eu*
Konsonanten (Mitlaute): alle übrigen Buchstaben des Alphabets, z. B.: *b, c, d, f, ...*

Wörter mit langen Vokalen

lange und kurze Vokale unterscheiden

1 **a)** Welche Tiere sind hier abgebildet? Überprüfe bei jedem Wort, ob der betonte Vokal lang oder kurz ausgesprochen wird.

b) Schreibe die Wörter in zwei Gruppen auf und kennzeichne die Länge oder Kürze des betonten Vokals.

Wörter mit einfachem langem Vokal

aus Silben Wörter bilden

2 Mit den Silben aus den beiden Kästen kannst du Wörter bilden.

La-	*-ler*
bö-	*-ge*
ra-	*-fel*
Fra-	*-se*
Schu-	*-ge*
Ta-	*-le*
Ma-	*-den*
re-	*-sen*

a) Bilde immer aus zwei Silben ein sinnvolles Wort. Jede Silbe darfst du dabei nur einmal verwenden.

b) Schreibe die Wörter (Nomen mit Artikel) untereinander auf.

c) Kennzeichne dabei die Länge des betonten Vokals, z. B.: *die Lage*

d) Beschreibe, was alle diese Wörter gemeinsam haben.

! Lange Vokale

In den meisten Wörtern ist der betonte lange Vokal ein **einfacher** Vokal.
Danach folgt nur **ein** Konsonant, z.B: *der Ton, kam, die Tage, das Schaf, der Monat, rufen, schwer*

3 Im folgenden Text sind zehn Wörter unterstrichen. Nur fünf von ihnen haben einen betonten langen Vokal.

Wörter mit langem Vokal erkennen

In einem kleinen Laden entdeckte ich eines Tages
ein altes Buch. Viele Bilder in bunten Farben erzählten
geheimnisvolle Geschichten. Leider war es sehr teuer.
Als ich am nächsten Tag in den Laden kam,
war es schon verkauft.

a) Lies den Text vor und sprich die markierten Wörter besonders deutlich aus.

b) Schreibe die Wörter mit betontem langem Vokal heraus und kennzeichne die Vokallänge.

Wörter mit Doppelvokal

4 **a)** Lies diese Zeitungsüberschriften langsam und deutlich vor:

Russisches U-Boot:
Rettung auf hoher See

Spürnasen im Schnee

Eine haarige Geschichte

b) Bei vier Wörtern wird ein Vokal auf besondere Weise verlängert. Nenne die Wörter.

Wörter mit Doppelvokal kennen

5 **a)** Lies die folgenden Sätze.

Man trank* auf hoher See
gern Kaffee oder Tee.
In einem großen Saal
tanzte einst ein Aal.
Ich traf einmal im Schnee
eine kleine, grüne Fee.
Er trat in der Allee
in einen Topf Püree.

trank: Präteritum von trinken (*ich trinke,* ***ich trank,*** *ich habe getrunken*)

b) Schreibe alle Wörter mit Doppelvokal (Nomen mit Artikel) heraus und kennzeichne die langen Vokale, z. B.:
die See, der Kaffee

Wörter mit Doppelvokal üben

mit Wörterlisten arbeiten

Lernwörter mit Doppelvokal

Wörter mit aa	Wörter mit ee	Wörter mit oo
der Aal	die Allee	das Boot
das Aas	die Armee	doof
das Haar	die Beere	das Moor
paar	das Beet	das Moos
das Paar	die Fee	der Zoo
der Saal	das Heer	
die Saat	die Idee	
der Staat	der Kaffee	
die Waage	der Klee	
	leer	
	das Meer	
	das Püree	
	der Schnee	
	der See	
	die Seele	
	der Tee	
	der Teer	

! Wörter mit Doppelvokal

Es gibt nur wenige Wörter mit **Doppelvokal.**
Merke sie dir gut!
Achtung: Die Vokale *i* und *u* werden nie verdoppelt.

Wörter mit Doppelvokal üben

6 **a)** Welche Wörter aus den Wörterlisten passen in die Lücken? Suche jeweils das richtige Wort und schreibe die Sätze auf.

- *Das **Boot** schwimmt und ist doch kein Fisch.*
- *Der ...... lädt zum Tanzen ein und ist meist sehr groß.*
- *Der ...... fällt kalt und weiß vom Himmel.*
- *Im Wald wächst das grüne, weiche ......*
- *Wenn der ...... vier Blätter hat, bringt er Glück.*
- *Straßen sind aus ...... gemacht.*
- *Die ...... erfüllt im Märchen drei Wünsche.*

b) Schreibe zusammengesetzte Nomen mit Doppelvokal auf, z. B.: *der Zoobesucher, die Bootsfahrt*

Partnerdiktat:
→ S. 155, 215

7 Schreibt Texte, in denen Wörter mit Doppelvokal vorkommen, und trainiert sie im Partnerdiktat.

Wörter mit Dehnungs-*h*

Wörter mit Dehnungs-*h* untersuchen

8 In den folgenden Wörterreihen werden Vokale mit einem *h* verlängert.

- kahl – der Pfahl – befehlen – die Höhle – die Kuhle
- der Rahmen – angenehm – nehmen – der Ruhm – zahm
- die Sahne – die Sehne – wohnen – kühn – der Lohn
- die Gefahr – kehren – bohren – das Jahr – die Gebühr

Welche Konsonanten tauchen hinter dem Dehnungs-*h* immer wieder auf? Untersuche die Wörter.

! Wörter mit Dehnungs-*h*

Ein Dehnungs-*h* nach einem betonten langen Vokal steht nur vor den Buchstaben *l*, *m*, *n* oder *r*.

Wörter mit Dehnungs-*h* üben

9 **a)** Übertrage die Tabelle und suche für jede Spalte fünf Wörter mit einem Dehnungs-*h*.

Wörter mit ***hl***	Wörter mit ***hm***	Wörter mit ***hn***	Wörter mit ***hr***
das Mehl	*nehmen*	*gewöhnlich*	*die Fahrkarte*

b) Kontrolliere die Schreibung mit einem Wörterbuch.

mit Wortfamilien arbeiten

10 Im Kasten gehören immer zwei Wörter in eine Wortfamilie.

~~das Fahrrad~~	wahrscheinlich	die Wohnung	gefährlich
jährlich	der Lohn	die Gefahr	belohnen
der Ruhm	wohnlich	~~fahren~~	
berühmt	das Jahr	die Wahrheit	

a) Suche die Wörter, die zu einer Wortfamilie gehören, und schreibe sie zusammen auf, z. B.:
das Fahrrad, fahren

b) Suche zu jeder Wortfamilie drei weitere Wörter, z. B.:
das Fahrrad, fahren, der Fahrer, befahren, der Fahrplan

! Die Wortfamilie

Wenn du ein Wort richtig schreiben kannst, hilft dir das bei der Schreibung **verwandter** Wörter aus der gleichen **Wortfamilie**, z. B.:
fahren, das Fahrrad, die Fahrbahn

INFO
Wortfamilie:
Alle Wörter einer Wortfamilie sind miteinander verwandt, sie haben den gleichen Wortstamm, z. B.:
fahren, das Fahrrad, der Fahrer, befahren

TIPP
Innerhalb einer Wortfamilie kann sich der Vokal im Wortstamm ändern, z. B.:
der Strauß – die Sträuße

Wörter mit langem *ie*

Wörter mit *ie* üben

11 In diesem Wortgitter stehen acht Wörter mit *ie*. Immer zwei davon reimen sich.

W	E	R	J	K	F	Z	U	J	Ö	D	T	J	Ä	W	F	A	S	T
H	D	H	S	I	M	F	O	E	N	E	F	T	S	A	R	P	N	I
A	E	S	C	H	A	R	I	E	G	E	L	Ä	R	E	S	I	Ä	T
M	U	K	M	R	B	M	E	A	H	T	I	J	Ä	R	Q	K	L	T
B	E	K	Ü	T	Z	L	E	T	I	N	E	E	L	C	H	G	L	J
I	Z	D	B	E	S	A	S	P	I	D	G	S	P	R	P	O	Ü	Z
E	R	E	S	L	T	E	R	I	E	S	E	V	S	T	T	O	A	I
R	Y	A	K	N	I	W	N	P	C	N	G	O	S	K	Z	K	U	E
U	G	E	Z	I	E	G	E	O	H	G	A	B	R	L	I	O	R	G
E	L	L	Ö	N	R	B	E	T	U	P	R	O	T	W	I	E	S	E
N	A	A	V	N	A	E	N	K	P	E	L	S	Ä	T	U	Q	B	L
H	J	T	K	E	W	L	E	M	P	E	R	G	I	F	L	E	N	E
E	Z	G	U	K	Ü	L	C	X	M	R	A	L	M	T	P	E	V	B

a) Schreibe die Reimpaare (Nomen mit Artikel) auf und unterstreiche das *ie*, z. B.:
die Ziege – die Fliege

b) Suche zehn weitere Wörter mit *ie* und schreibe sie auf, z. B.:
verdienen, die Liebe, mies

c) Überprüfe die Schreibung anschließend mit dem Wörterbuch.

12 a) Suche zu den folgenden Nomen verwandte Verben, z. B.:
das Ziel – zielen, ...

das Ziel   der Flieger   die Lieferung   die Miete

b) Suche zu den folgenden Nomen Adjektive mit *-ig* oder *-lich*, z. B.:
die Zier – zierlich

die Zier   die Neugier   der Unterschied   der Frieden

! **Wörter mit langem *ie***

Wenn ein Wort einen betonten langen *i*-Laut hat, schreibt man es fast immer mit *ie*.

Wörter mit langem *i*

Wörter mit langem *i*

Ein paar Wörter mit langem betontem *i* werden mit einfachem *i* geschrieben. Diese Wörter solltest du auswendig lernen und die Schreibung üben.

Lernwörter mit *i*

dir	die Apfelsine	der Igel	die Margarine
mir	das Benzin	das Kaninchen	die Maschine
wir	die Bibel	das Kino	die Mine
gibst	der Biber	das Klima	die Rosine
	die Brise	die Krise	der Ski
	die Fibel	der Liter	der Tiger
	die Gardine	die Mandarine	

mit Wörterlisten arbeiten

13 **a)** Übt die Lernwörter mit einfachem *i* im Partnerdiktat. Lies dazu im Merkkasten unten nach.
Bei einem Schrägstrich (**/**) müsst ihr eine Diktierpause machen.

1. Wir lernten **/** etwas über Biber.
2. Gibst du mir **/** eine Apfelsine?
3. Ich lese dir **/** aus der Fibel vor.
4. Der Igel **/** mag Rosinen.
5. Ein Tiger **/** fährt gerne Ski.
6. Kaufst du mir **/** einen Liter Milch?
7. Mein Bleistift **/** braucht eine Mine.
8. Am Meer **/** wehte **/** eine frische Brise.

b) Unterstreiche in den Sätzen, die du aufgeschrieben hast, alle Wörter mit einfachem *i*.

Wörter im Partnerdiktat üben

- Lies den Text genau und präge dir schwierige Wörter ein.
- Lass dir die erste Hälfte des Textes Abschnitt für Abschnitt von einer Lernpartnerin / einem Lernpartner diktieren.
- Tauscht bei der zweiten Texthälfte die Rollen.
- Überprüfe deinen Text auf Rechtschreibfehler.
- Tauscht eure Texte aus und korrigiert sie gegenseitig.
- Verbessere deine Fehler.

TIPP
Achtung: Sprich langsam und deutlich!

Wörter mit *ß* und *ss* unterscheiden

Wörter mit *ß* nach langem Vokal

der Gruß	heiß	heißen	die Tasse	der Fuß	gießen
das Messer	groß	die Straße	der Stoß	das Maß	lassen

14 **a)** Lies die Wörter vor und sprich den betonten Vokal besonders deutlich lang oder kurz aus.

b) Sortiere die Wörter nach langem oder kurzem Vokal und schreibe sie in einer Tabelle auf, z. B.:

langer Vokal	kurzer Vokal
der Gruß …	die Tasse …

c) Markiere die Vokallänge oder -kürze wie im Beispiel.

d) Was ist bei allen Wörtern mit *ß* gleich? Beschreibe.

15 **a)** Bilde aus den Silben in den Kästen Wörter mit zwei Silben, in denen immer ein *ß* vorkommt.

stie-	*Grü-*	*Stra-*	*hei-*
flei-	*sto-*	*rei-*	*hie-*
Fü-	*Ma-*	*Spä-*	*drei-*

-ßen
-ße
-ßig

b) Schreibe die Wörter auf und notiere zu den Nomen die Artikel, z. B.:
stießen, die Grüße, …

c) Markiere die Vokallänge, z. B.:
stießen, die Grüße, …

! Wörter mit ß

Ein *ß* steht nur nach betontem langem Vokal. Das gilt für **alle Wörter einer Wortfamilie**, in denen der Vokal lang bleibt, z. B.:
Fuß, Füße, Fußball, leichtfüßig

richtig abschreiben
1. Lies den Text aufmerksam durch.
2. Präge dir jeden Schreibabschnitt ein, decke ihn ab und schreibe die Wörter gut lesbar auf.
3. Vergleiche die Schreibung der Wörter mit der Vorlage und verbessere Fehler.
4. Nimm dir den nächsten Schreibabschnitt vor.

16 Übe die Schreibung der folgenden Wörter durch Abschreiben.

der Fußball	die Straßenbahn	die Körpergröße
die Maßeinheit	die Grußkarte	das Holzfloß
der Grießpudding	die Gießkanne	

Wörter mit kurzen Vokalen

die Wolke	denken	lustig	der Pinsel
die Antwort	sagen	selten	die Kante
endlich	tanzen	morgen	finden

Wörter mit kurzen Vokalen kennen

1 Im Kasten oben haben elf Wörter etwas gemeinsam, nur ein Wort ist anders als die anderen.

a) Untersuche die Wörter, indem du sie untereinander aufschreibst (Nomen mit Artikel) und die Silbenbögen setzt, z. B.:
die Wolke

b) Kennzeichne die betonten Vokale. Sind sie lang oder kurz?

c) Nenne das Wort, das anders ist als die anderen, und beschreibe, was die anderen elf Wörter gemeinsam haben.

lange und kurze Vokale unterscheiden

2 **a)** Untersuche, ob der betonte Vokal in den folgenden Wörtern lang oder kurz gesprochen wird.

die Stunde	fliegen	das Ende	raten
die Pflanze	fehlen	der Rand	langsam
der Mist	trinken	der Dieb	sinken

b) Schreibe die Wörter ab und kennzeichne die Länge oder Kürze des betonten Vokals.

c) Beschreibe, was die Wörter mit kurzem betontem Vokal gemeinsam haben. Achte dabei besonders darauf, was auf den kurzen Vokal folgt.

! Wörter mit kurzen Vokalen

Auf einen betonten kurzen Vokal folgen immer zwei oder mehr Konsonanten, z. B.:
der Hund, die Wolke, schalten, das Kind, der Wald, er bringt

Wörter mit Doppelkonsonanten

Wörter mit Doppelkonsonanten kennen

3 **a)** Lies die Reime und suche die fehlenden Reimwörter.

Das eine oder das andere

Was nicht rau ist, ist glatt,
wer nicht hungrig ist, ist ......
Was nicht dunkel ist, ist hell,
wer nicht langsam ist, ist ......

Was nicht Liebe ist, ist Hass,
wer nicht trocken ist, ist ......
Was nicht mager ist, ist fett,
wer nicht fies ist, der ist ......

b) Schreibe die Reime ab und kennzeichne die kurzen Vokale.

! Kurze Vokale – Konsonanten verdoppelt

Wenn man in einem Wort mit betontem kurzem Vokal nur einen Konsonanten hört, dann wird dieser verdoppelt, z. B.: *die Tasse, das Schiff, wissen*

mit Wörterlisten arbeiten

4 **a)** Übertrage die Wörterlisten in dein Heft.

b) Suche zusammen mit einer Lernpartnerin / einem Lernpartner für jeden Doppelkonsonanten zwei weitere Wörter.

Wörter mit ***bb***: *die Krabbe, ...*
Wörter mit ***dd***: *das Paddel, ...*
Wörter mit ***ff***: *treffen, ...*
Wörter mit ***gg***: *die Flagge, ...*
Wörter mit ***ll***: *wollen, ...*
Wörter mit ***mm***: *der Kamm, ...*
Wörter mit ***nn***: *sonnig, ...*
Wörter mit ***pp***: *die Treppe, ...*
Wörter mit ***rr***: *mürrisch, ...*
Wörter mit ***ss***: *das Wasser, ...*
Wörter mit ***tt***: *retten, ...*

c) Kennzeichne bei jedem Wort die Vokalkürze und überprüfe die Rechtschreibung mit Hilfe des Wörterbuchs.

Wörter mit *ck* und *tz* kennen

TIPP
- Nach kurz gesprochenem Vokal wird *ck* statt *kk*, *tz* statt *zz* geschrieben, z. B.: *die Katze; der Zucker*
- Einige Wörter aus anderen Sprachen schreibt man mit *kk* oder *zz*, z. B.: *der Akku, der Akkord; die Pizza*

5 Die Buchstaben *k* und *z* schreibt man nach einem betonten kurzen Vokal auf besondere Weise.

a) Lies die folgenden Reime betont vor und versuche, das passende Reimwort zu finden.

b) Schreibe die Reime ab und kennzeichne die Vokalkürze.

Herr Lutz nahm mich in Sch.......

Die Mütze fiel in die Pf.......

Flocken fielen auf die L.......

Die Mücke flog durch die L.......

Richtig schreiben

Wörter verlängern

1 a) Hier fehlt manchmal der Buchstabe am Wortende. Erkläre, wie du die richtige Schreibung der Wörter herausfinden kannst.

- Auf der Ban... la... ein Hund.
- Im Kaufhaus verschwa... ein Kin... .
- Auf dem Regal lag eine Menge Stau... .

b) Ergänze die Buchstaben und schreibe die Sätze ab, z. B.:
Auf der Ban... (–> die Bänke –> die Bank) ...

Die Verlängerungsprobe

Wenn du dir nicht sicher bist, ob ein Wort am Ende mit *d* oder mit *t*, mit *g* oder mit *k*, mit *b* oder mit *p* geschrieben wird, dann kannst du es **verlängern**, z. B.:
gel...? → der gelbe Briefkasten → gelb

Jürg Schubiger
Der Reisende

Ein Mann ging Tag für Tag / auf die Felder. / Die Arbeit war hart / und eines Tages / hatte er genug, / genauer gesagt übergenug. / Er schaute / in den grauen Himmel, / der tief / wie eine Stubendecke* / über ihm hing, / und dann hinüber / zu den Nachbarn, / die aus kleinen Äckern / kleine Kartoffeln ausgruben. / In anderen Ländern, / dachte der Mann, / muss es anders sein. [...] / Er beschloss auszuwandern. [...] / Wo bist du gewesen? / Im Morgenland, / sagte der Reisende, / im Pfefferland, im Pommerland, / im Schlaraffenland, / in Amerika / und im Ausland. / Das größte Land / ist das Ausland. [...]

2 a) Übt den Text zu zweit im Partnerdiktat.

b) Überprüfe deinen Text, bevor du ihn zur Korrektur gibst.

Das habe ich gelernt

- Wie kannst du dir helfen, wenn du nicht weißt, wie ein Wort geschrieben wird? Nenne Regeln und Proben.
- Was kannst du schon sicher? Was musst du noch üben?

das Wortende richtig schreiben

Wörter verlängern
- Bei Nomen die Pluralform bilden: *der Ran...? → die Ränder → der Rand*
- Adjektive steigern: *wil...? → wilder → wild*
- Bei Verben den Infinitiv suchen: *du la...st? → liegen → du lagst*

die Stube: Zimmer, Wohnzimmer

Partnerdiktat:
S. 155, 215

Anwenden und vertiefen

Wörter in Silben zerlegen

1 Die folgenden langen Wörter kannst du durch „Schwingen“ richtig schreiben:
– *die Schiedsrichterpfeife*
– *der Fußballfeldrasenmäher*
– *das Halbzeitpausengespräch*
– *die Mannschaftsumkleidekabine*

a) „Schwinge“ jedes Wort, präge es dir ein und schreibe es auf.
b) Kontrolliere anschließend die Rechtschreibung und korrigiere Fehler.

lange und kurze Vokale unterscheiden

2 **a)** Überprüfe, ob die Wörter in den folgenden Sätzen mit einfachem oder doppeltem Konsonanten geschrieben werden.
b) Fülle die Lücken aus und schreibe die Sätze auf.

1. Ich vergaß meine Hü...e leider in der Hü...e. → ***t* oder *tt*?**
2. Wir ho...en auf ein Piratenschiff im Ha...en. → ***f* oder *ff*?**
3. Der wilde Pu...a war ziemlich pu...elig. → ***m* oder *mm*?**
4. Füchse werden von Ha...en sehr geha...t. → ***s* oder *ss*?**
5. Heute kam er mit dem Ro...er in die Schu...e. → ***l* oder *ll*?**

Lernwörter üben
→ S. 152, 155

Partnerdiktat:
→ S. 155, 215

3 **a)** Übe die Wörter mit Doppelvokalen und einfachem *i*. Schreibe zu den beiden Bereichen jeweils fünf Sätze auf.
b) Diktiere die Sätze einer Lernpartnerin / einem Lernpartner und kontrolliere anschließend die Rechtschreibung.

Lernwörter üben
→ S. 152, 155

4 **a)** Welche Wörter sind hier dargestellt?
b) Welche Besonderheiten haben die Wörter jeweils? Achte auf die betonte Silbe.

c) Schreibe die Wörter mit ihren Artikeln auf.
d) Übe die Schreibung der Lernwörter: Bilde jeweils einen sinnvollen Satz mit dem Wort und unterstreiche anschließend das Lernwort.

Wortbausteine erkennen

Auf Wortstamm und Endung achten

Was weißt du schon?

- Diese Wörter kannst du in zwei Gruppen einteilen.
  - Überlege, welche Wörter zusammengehören könnten, und schreibe die Wörter in zwei Gruppen auf.
  - Erkläre, was dir bei der Einteilung geholfen hat.
  - Ein Wort gehört in keine der beiden Gruppen. Warum?
- Wortbausteine können dir bei der Rechtschreibung helfen. Was weißt du darüber?

Gemeinsamkeiten in Wörtern erkennen

mit Wortfamilien arbeiten

1 In jeder Reihe helfen dir die ersten beiden Wörter, die Lücke im Satz zu füllen. Erkläre, warum.

- die Runde – rund → *Der Forscher um...ete die Welt.*
- das Glück – glücklich → *Die Geschichte ist ihm ge...t.*
- der Traum – träumen → *Er ist immer so ver...t.*

INFO
Der Vokal im Wortstamm kann sich innerhalb einer Wortfamilie verändern, z. B.: *rennen, das Rennen, er rannte*

2 a) Untersuche die folgenden drei Wörterlisten. Welches Wort gehört jeweils nicht dazu? Begründe.

kennen	leeren	der Vielfraß
die Kenntnis	die Leere	gefiel
die Kante	die Lehrstelle	vielfach
erkennen	geleert	vielfarbig
bekannt	ausleeren	vielseitig

b) Schreibe die Wörter auf, die zu einer Wortfamilie gehören, und unterstreiche den Baustein, der dabei gleich ist, z. B.:
kennen, die Kenntnis, ...

Der Wortstamm

- Wörter, die verwandt sind und in dieselbe **Wortfamilie** gehören, haben den gleichen **Wortstamm.**
- Wenn du nicht sicher bist, wie ein Wort geschrieben wird, kann dir die **Ableitungsprobe** helfen: Suche ein verwandtes Wort, dessen Schreibung du genau kennst, z. B.:
  der Fa...rer? → fahren → der Fahrer
- Der Vokal im Wortstamm kann sich dabei ändern, z. B.:
  der Fahrer, fahren, fuhren, fährt

die Ableitungsprobe anwenden

3 a) Schreibe die Sätze ab und fülle dabei die Lücken. Begründe die Schreibung mit einem verwandten Wort.
- Vor dem Haus stehen B...me. → *der Baum* → die *Bäume*
- Heute Nacht hat das Kind wieder getr...mt.
- Die F...hre erreichte das Festland.
- Die meisten L...den schließen nach 18 Uhr.
- Gestern löste er ein schwieriges R...tsel.
- Trinkst du gerne Kr...tertee?
- Der G...rtner pflanzt neue Str...cher.

b) Übe die Sätze im Partnerdiktat.

Partnerdiktat:
→ S. 155, 215

Auf typische Nachsilben achten

Nomen großschreiben

1 a) Suche zu den Wörtern *erkälten, erleben* und *wahr* die verwandten Nomen aus den folgenden Sätzen heraus und schreibe sie mit ihren Artikeln auf.

- Unser Nachbar hat leider eine schlimme Erkältung.
- Dieses Erlebnis werde ich nicht so schnell vergessen.
- Der Zeuge sprach vor Gericht die Wahrheit.

verwandte Wörter erkennen

b) Untersuche die Nomen. Welche Endungen haben sie?

2 Mit den Wortstämmen der Verben und der Adjektive auf der linken Seite und mit den Suffixen auf der rechten Seite kannst du Nomen bilden.

hindern, bedeuten, ärgern, kennen, untersuchen, brauchen, wandern	-ung -heit -keit
freundlich, fröhlich, krank, feindlich, sauber, schnell, geheim, frech	-nis -schaft -tum

Schreibe sie mit ihren Artikeln auf, z. B.:
hindern: hinder + nis → das Hindernis

typische Nomen-Suffixe erkennen

INFO
das Suffix (Nachsilbe): Wortbaustein, der hinter den Wortstamm ans Ende eines Wortes gesetzt werden kann

Typische Nomen-Suffixe

- Wenn ein Wort mit einem der folgenden Suffixe endet, ist es ein Nomen und muss deshalb **groß**geschrieben werden:
  -ung, -heit, -keit, - nis, -schaft, -tum.
- **Achtung:** Bei der Bildung von Nomen müssen neben dem Nomen-Suffix manchmal weitere Buchstaben hinzugefügt werden, z. B.:
  kennen: kenn + t + nis → die Kenntnis
  leicht: leicht + ig + keit → die Leichtigkeit
  Manchmal werden auch Buchstaben weggelassen, z. B.:
  hindern: hinder~~n~~ + nis → das Hindernis

Nomen mit typischen Suffixen üben

3 **a)** Suche jeweils drei weitere Nomen, die mit diesen Suffixen enden, und schreibe sie mit ihren Artikeln auf, z. B.:

-ung: die Leitung, …
-heit: die Freiheit, …
-keit: die Weiblichkeit, …
-nis: das Ereignis, …
-schaft: die Gemeinschaft, …
-tum: das Heiligtum, …

b) Die folgenden Fantasiewörter sind falsch zusammengebaut:

Heiterung Gleichschaft Feinnis Wagheit Leidenkeit

Baue aus ihnen richtige Wörter und schreibe sie mit ihren Artikeln auf, z. B.:
die Heiterkeit

c) Überprüfe die Schreibung der Wörter im Wörterbuch.

Partnerdiktat:
S. 155, 215

4 **a)** Übt die Großschreibung von Nomen im Partnerdiktat.

Deutschland / ist Fußball-Europameister /

Die deutsche Frauen-Nationalmannschaft / hat die Fußball-Europameisterschaft / gewonnen. […] / Obwohl / die deutsche Nationalmannschaft / im Frauen-Fußball / schon lange / an der Weltspitze / mitkickt, / interessierten sich / die Menschen / viele Jahre / kaum für ihre Erfolge. / Erst als sie / vor Jahren / Weltmeister wurden, / rückten sie / in das Licht / der Öffentlichkeit. / Seither berichten / auch Fernsehen und Zeitungen / regelmäßig / über sie.

b) Bevor du den Text deiner Lernpartnerin / deinem Lernpartner gibst, überprüfe, ob du Wörter mit typischen Nomen-Suffixen großgeschrieben hast.

Adjektive kleinschreiben

5 **a)** Lies den Text über Piranhas.

Die *ängstlichen* „Killerfische“

Piranhas gelten als gnadenlose Jäger, die ihre Opfer im Schwarm einkreisen und dann mit ihrem ...... (die Kraft + -ig) Gebiss bis auf die Knochen abnagen. Die Raubfische versammeln sich jedoch nicht nur zum Jagen. Sind sie alleine, verhalten sie sich ...... (der Schreck + -haft) und ...... (die Angst + -lich), zeigte jetzt ein englisches Forscherteam. In ihrer Heimat, dem Amazonas* in Südamerika, haben sie viele ...... (die Natur + -lich) Feinde: Delfine, Kaimane*, größere Raubfische und Fischreiher*.

der Amazonas: Fluss in Südamerika
der Kaiman: ein kleines Krokodil
der Fischreiher: ein Vogel, der sich von Fischen ernährt

b) Bilde aus den Wortstämmen der Nomen und den Endungen in den Klammern Adjektive wie in der Überschrift.

typische Adjektiv-Suffixe kennen

c) Schreibe die Adjektive, die du gebildet hast, auf.

! Typische Adjektiv-Suffixe

Wenn ein Wort auf eines der folgenden Suffixe endet, ist es meist ein Adjektiv und muss **klein**geschrieben werden: *-ig, isch, -lich, -sam, -bar, -haft.*

INFO
das Suffix (Nachsilbe): Wortbaustein, der hinter den Wortstamm ans Ende eines Wortes gesetzt werden kann

6 **a)** Baue aus den Nomen und passenden Suffixen Adjektive.

aus Nomen Adjektive bilden

der Neid   die Sonne   das Ende   die Wache   der Mensch
das Tier   der Rat   die Sorge   der Punkt   der Beruf   die Luft

b) Schreibe die Nomen und Adjektive auf und unterstreiche den gemeinsamen Wortstamm, z. B.:
der Neid – neidisch

Das habe ich gelernt

- Wie können Wortstamm und Endung dir bei der Rechtschreibung helfen? Vervollständige die folgenden beiden Sätze in deinem Heft oder Portfolio:
  – *Der Wortstamm hilft beim Schreiben, weil ...*
  – *Suffixe (Nachsilben) helfen bei der Groß- und Kleinschreibung, weil ...*
- Was musst du noch üben? Was kann dir dabei helfen?

Anwenden und vertiefen

die Ableitungsprobe anwenden

1 Finde heraus, ob die Wörter in der Tabelle mit *ä* oder *e* oder mit *äu* oder *eu* geschrieben werden. Suche dafür immer ein verwandtes Wort aus der Wortfamilie und schreibe es auf, z. B.:
...ßerlich → außen → äußerlich
die Fr...de → freuen → die Freude

...ßerlich	die Fr...de	er s...bert	das Ger...sch
sch...dlich	die B...te	das Geb...de	die L...hmung
m...ßig	die N...he	die R...der	st...rken
der T...ter	er tr...gt	der R...gen	die H...hne

Suffixe für Nomen und Adjektive erkennen

2 Überlege bei folgenden Wörtern, ob sie groß- oder kleingeschrieben werden. Achte auf die Suffixe.

Achtung: Fehler!

Erkältung / erkältung Freundschaft / freundschaft
Hässlich / hässlich Sorgsam / sorgsam
Langweilig / langweilig Fruchtbar / fruchtbar
Schrecklich / schrecklich Erzählung / erzählung
Persönlichkeit / persönlichkeit Schriftlich / schriftlich

a) Schreibe die Wörter in der richtigen Schreibung auf. Ergänze bei Nomen den Artikel.
b) Unterstreiche bei jedem Wort das Suffix.
c) Bestimme die Wortart (Nomen oder Adjektiv) und schreibe sie daneben.

aus Nomen Adjektive bilden

3 **a)** Baue aus folgenden Nomen Adjektive:
der Rost, der Mut, die Angst, das Gemüt, der Staub
b) Setze die passenden Adjektive in die Lücken und schreibe den folgenden Text ab.

Die Gruselnacht

In einer nebligen Nacht verirrte sich ein Reisender, kam vom Weg ab und gelangte an ein Schloss. Das ...... Tor knarrte, als er es öffnete. Da er kein ...... Mensch war, rief er laut nach dem Hausherrn. Die Böden und Möbel waren ...... und es blieb ganz still, niemand antwortete. Der ...... Reisende baute sich ein ...... Lager und schlief sofort ein. Doch um Mitternacht ...

c) Setze die Geschichte fort. Überprüfe anschließend die Schreibung der Nomen und Adjektive.

Nomen erkennen

Großschreiben in Sätzen und Texten

Uwe Kant
Tiergeschichte

Einmal kam ein recht kleiner JUNGE zum Geschichtenmacher und FRAGTE, ob der nicht eine GESCHICHTE machen könnte, in welcher sein MEERSCHWEINCHEN Martha mitspielen könnte.
Ja, ja, Tiergeschichten, die wollt ihr immer haben, sagte der Geschichtenmacher, ist ja auch nicht SCHWER – der DACKEL stiehlt der Katze die LEBERWURSTSTULLE und schon geht das Theater los!
O ja, schön, rief der kleine Junge, und wie GEHT das THEATER weiter? Weiß der Regenpfeifer, sagte der Geschichtenmacher, so EINFACH ist das nun auch wieder nicht.

Was weißt du schon?

- Lies den Anfang der Geschichte von Uwe Kant.
  Gib kurz wieder, worum es in der Geschichte geht.
- In dem Text sind zehn Wörter in Großbuchstaben abgedruckt, sechs davon sind Nomen.
  – Was kann dir helfen, die Nomen zu finden? Erkläre.
  – Schreibe die zehn Wörter in richtiger Groß- und Kleinschreibung ab, die sechs Nomen mit ihren Artikeln.
- Welche Wörter müssen groß-, welche kleingeschrieben werden? Was weißt du darüber?

Nomen am Begleitwort erkennen

Begleitwörter für Nomen kennen

Martin Auer
Füchse

Früher hatten die Füchse folgende Angewohnheit:
Wenn es regnete, fing sich jeder Fuchs eine Gans und setzte sie sich auf den Kopf.
Die Gans musste die Flügel ausbreiten, und der Fuchs blieb so ziemlich trocken.

1 a) Lies den Anfang der Erzählung von Martin Auer. Erkläre, was der Witz daran ist.

b) Alle Nomen in dem Text sind unterstrichen. Das markierte Wort in der ersten Zeile ist ein Begleitwort und gehört zum ersten Nomen.
Suche auch die Begleitwörter der anderen Nomen und schreibe sie zusammen auf.

2 Schreibe die folgende Fortsetzung des Textes ab, unterstreiche alle Nomen und kennzeichne ihre Begleitwörter wie im Beispiel.

Freilich ist so eine Gans ziemlich schwer und die Füchse bekamen alle einen steifen Nacken, besonders wenn es ein recht verregneter April war. Deshalb erfanden sie die Regenschirme, die bekanntlich um einiges leichter sind als lebendige Gänse.

3 a) Suche Nomen, die zu den Eigenschaften im Kasten passen.

seltsam	grau	gemütlich	beweglich	süß
dunkel	neu	gefährlich	frisch	

b) Notiere zu jedem Adjektiv vier passende Nomen, z. B.:
seltsam: die seltsame Geschichte, die seltsame Uhr, …

c) Schreibe mit den Nomen und dazu passenden Adjektiven Sätze.

d) Kennzeichne in deinen Sätzen die Begleitwörter des Nomens mit einem Pfeil, z. B.:
Im Lesebuch stand eine seltsame Geschichte.

INFO
Wichtige Begleitwörter für Nomen sind:
- **bestimmte Artikel:** *der Mann, die Frau, das Kind*
- **unbestimmte Artikel:** *ein Mann, eine Frau, ein Kind*
- **Adjektive:** *große Freude, helles Licht*
- **Mengenangaben:** *viel Geld, wenig Zeit*
- **Possessivpronomen** (besitzanzeigende Fürwörter): *mein Haus, deine Idee*

Nomen großschreiben

- **Nomen** schreibt man **groß.**
- Wenn du dir nicht sicher bist, ob ein Wort in einem Satz ein Nomen ist, versuche, im Text ein **Begleitwort** zu finden.
- Manchmal ist das Begleitwort versteckt (z. B. *im* = *in dem*) oder es fehlt, dann musst du es im Kopf ergänzen, z. B.: *Plötzlich erfüllte Lachen den Raum. (→ das Lachen)*

4 a) Lies die folgende Erzählung von Martin Auer.

die Groß- und Kleinschreibung üben

Martin Auer
Eulen

Eulen lesen gerne. / Es fällt ihnen / auch nicht schwer, / weil sie so große Augen haben. / Aber wovon handeln wohl / Eulengeschichten? / Was lesen Eulen gerne? / Natürlich Geschichten von Eulen. / Manchmal auch von Mäusen, / nur macht das die Eulen / immer so hungrig. / Und dann lesen Eulen / sehr gerne Gespenstergeschichten. / Also, / man muss schon sagen, / dass sie ziemlich übertreiben / und ihre Nerven / das nicht mitmachen. / Dauernd schreien sie Huh / vor Schreck / und nachts / können sie nicht schlafen, / sondern fliegen ruhelos / durch den dunklen, / düsteren Wald.

b) Schreibe fünf Wörter heraus, die für dich schwierig sein könnten. Gehe dabei so vor:
- Lies das Wort und präge es dir ein.
- Decke den Text ab und schreibe das Wort auf.
- Vergleiche mit der Vorlage und schreibe das Wort, wenn du es falsch geschrieben hast, noch einmal richtig auf, z. B.:

falsch: ~~eulengeschichten~~ → Eulengeschichten
falsch: ~~zimlich~~ → ziemlich

c) Übt den Text im Partnerdiktat.

Partnerdiktat: → S. 155, 215

Das habe ich gelernt

Beantworte in deinem Heft oder Portfolio:

- Das möchte ich mir aus dieser Einheit merken: ...
- Erkläre: Was kannst du tun, wenn du nicht weißt, ob ein Wort groß- oder kleingeschrieben wird?
- Diese fünf Nomen-Begleitwörter kenne ich: ......, ..., ..., ... und ....

Anwenden und vertiefen

Benno Pludra
Es waren einmal ein Paar Schuh

Es waren einmal ein Paar Schuh, die wurden einem Jungen geschenkt. Er ging damit in den REGEN, da WURDEN die Schuhe nass. Er ging damit in den STAUB, da wurden die Schuhe SCHMUTZIG. REGEN und STAUB, SCHNEE und EIS – der Junge trug die Schuhe jeden TAG. Er TRUG sie über ein langes Jahr, dann wurden sie IHM zu klein. Nun bekam die Schuhe sein BRUDER. Das LEDER war nicht mehr so GLATT, die SOHLE war nicht mehr so DICK, doch der BRUDER trug die Schuhe wieder noch ein Jahr, dann wurden sie auch für ihn zu klein. Nun bekam die Schuhe ein jüngerer VETTER. […]

Nomen und Begleitwörter erkennen

1 Prüfe mit Hilfe der Artikelprobe, ob die Wörter, die im Text oben in Großbuchstaben geschrieben sind, groß- oder kleingeschrieben werden müssen. Schreibe die Nomen und – falls vorhanden – ihre Begleitwörter heraus.

- Wähle zwischen Aufgabe 2 und 3.

einen Text schreiben und überprüfen

2 **a)** Schreibe eine Geschichte, die zu dem Bild unten passt.
b) Lies dir zum Schluss deine Geschichte noch einmal aufmerksam durch und überprüfe die Rechtschreibung mit Hilfe eines Wörterbuchs.

TIPP
Kontrolliere deine Texte gemeinsam mit einer Lernpartnerin / einem Lernpartner.

3 **a)** Lies den Textanfang, der zu dem Bild geschrieben wurde.
b) Überlege dir, wie die Geschichte weitergehen könnte, und schreibe eine passende Fortsetzung.
c) Lies deine Geschichte zum Schluss noch einmal aufmerksam durch und überprüfe die Rechtschreibung mit Hilfe eines Wörterbuchs.

Der alte Koffer

Ich entdeckte ihn auf dem Flohmarkt. Braun und abgenutzt sah er aus. Er kostete nicht viel, also kaufte ich ihn. Einen Koffer kann man immer gebrauchen, dachte ich. Zu Hause stellte ich ihn unter das Bett und dachte lange Zeit nicht mehr daran. Doch eines Tages musste ich verreisen. Ich erinnerte mich an den Koffer und holte ihn hervor. Als ich ihn öffnete, …

Teste dich selbst!

Eigene Fehler verstehen

Mit Hilfe einer **Fehleranalyse** kannst du
- erklären, warum ein Wort falsch geschrieben wurde,
- Tipps aufschreiben, wie man diese Fehler vermeiden könnte,
- deine Fehlerschwerpunkte feststellen und verstärkt üben.

1 Ein Buchstabe zu viel! Nur eine der beiden Möglichkeiten stimmt – schreibe jedes Wort in der richtigen Schreibung auf.

manchmal – manschmal	geizig – geitzig	irgend – irrgend
reeden – reden	daran – darann	

Tipp: Aneinander gereiht ergeben die fünf falschen Buchstaben einen Himmelskörper.

2 Im folgenden Text stecken insgesamt acht Fehler. Drei wurden bereits verbessert.

a) Lies den Text aufmerksam durch und finde heraus, was an den übrigen unterstrichenen Wörtern falsch ist.

Fehlertext!

Neun nachdenkliche Hühner
Als sie erfuhren, die erde sei rund wie ein Ball — die Erde
und kreise mit höchster geschwindigkeit durchs All,
begannen [...] die Hühner sich Sorgen zu machen und
wurden von heftigem Schwindel ergrifen. — ergriffen
Sie torkelten wie betrungen über die Wisen und — die Wiesen
konten sich nur auf den Beinen halten, indem sie
einander stützten. Das schlaueste Huhn machte den
vorschlag, sich einen ruhigeren Platz zu suchen,
möglichs quadratisch.

b) Übertrage die Tabelle auf der folgenden Seite in dein Heft und sortiere die Fehler aus dem Text richtig ein.

c) Ergänze jeweils eine Erklärung für das falsch geschriebene Wort.

d) Schreibe auf, wie man den Fehler vermeiden könnte.

e) In welche Bereiche gehören die meisten dieser Fehler?

f) Was sollte die Schreiberin oder der Schreiber deiner Meinung nach also besonders üben?

Fehleranalyse

- Lege die Tabelle zur Fehleranalyse auf Extraseiten an, die du stetig erweitern kannst.
- Lass in jeder Tabellenspalte genug Platz, damit du weitere Korrekturen, Erklärungen und Tipps zur Vermeidung der Fehler eintragen kannst.

korrigiertes Wort	Warum ist das Wort falsch?	Wie könnte man den Fehler vermeiden?
die Erde	**Groß-/Kleinschreibung nicht beachtet** Es ist ein Nomen und muss großgeschrieben werden: Vor dem Wort steht ein Begleitwort (Artikel).	• auf Begleitwörter im Text achten
die Geschwindigkeit	...	...
ergriffen	**Länge/Kürze des Vokals nicht beachtet** Es ist ein Wort mit einem betonten kurzen Vokal. Darauf folgen meist zwei oder mehr Konsonanten. Der Konsonant wird verdoppelt, wenn man nur einen Konsonanten hört.	• Wort genau aussprechen und auf die Länge oder Kürze des betonten Vokals achten • verwandte Wörter suchen, z. B. *der Griff*
betrunken	...	...
die Wiesen	**Länge/Kürze des Vokals nicht beachtet** Es ist ein Wort mit betontem langen Vokal. Das lange *i* wird meist mit *ie* geschrieben. Dieses Wort ist kein Lernwort mit einfachem *i*.	...
...	...	...

3 a) Trage die Fehler, die du im Partnerdiktat auf Seite 169 gemacht hast, ebenfalls in die Tabelle ein.

b) Erkläre, warum das jeweilige Wort fehlerhaft ist und wie du diesen Fehler vermeiden könntest.

c) In welchen Bereichen hast du häufig Fehler gemacht? Diese solltest du besonders üben.

Satzzeichen verwenden

Texte schreiben und Zeichen setzen

Paul Maar
Hexenlied

In der alten Felsenhöhle
mixt die Hexe mit Gegröle
ihre schlimmen Hexen-Öle:
Rabenschnäbel,
Räubersäbel
Hungersteine
Spinnenbeine
Zirbeldrüse
Krötenfüße
Kräutersud
und Drachenblut.
Noch ein wenig Rattenspeck,
eine Prise Hühnerdreck
und ein bisschen Fensterkitt.
Ich wünsche guten Appetit!

Was weißt du schon?

- Lies das Gedicht von Paul Maar.
  - In dem Text fehlen fünf Kommas. Wo müssen sie gesetzt werden? Begründe.
  - Schreibe das Gedicht ab und setze dabei die Kommas.
- Welche Satzzeichen kennst du?
  Wann müssen sie verwendet werden?

Wörter aufzählen

Achtung: Fehler!

- Mein Papagei ist lustig, bunt, frech und kann sogar sprechen.
- Ich kenne starke mutige große und auch ängstliche Löwen.
- Igel sind klein gefräßig scheu und ziemlich stachelig.
- Schlangen können giftig gefährlich oder ganz harmlos sein.

Kommas bei Aufzählungen setzen

1 Im zweiten, dritten und vierten Satz fehlen die Kommas.

a) Orientiere dich am ersten Satz und schreibe die anderen Sätze mit der richtigen Kommasetzung auf.

b) Wann steht bei Aufzählungen kein Komma? Erkläre.

2 Schreibe zu diesen Tieren Sätze wie in Aufgabe 1:
der Delfin, die Katze, die Spinne, der Floh, der Elefant
Diese Adjektive helfen dir:
klein, schwer, scheu, schnell, klug, lästig, nützlich, leise, groß, stark

INFO
Vor *und* und *oder* wird kein Komma gesetzt.

Das Komma bei Aufzählungen

Wenn Wörter oder Wortgruppen aufgezählt werden, werden sie durch ein Komma voneinander getrennt, z. B.:
Auf der langen, breiten Straße fuhren Autos, Busse, Motorräder.

3 **a)** Lies den Brief und untersuche, an welchen Stellen eine Aufzählung vorkommt.

b) Schreibe den Brief ab und setze die fehlenden Kommas bei den Aufzählungen.

Berlin, 24. Mai 2009

Lieber Florian,
du hast mich gefragt, wie es mir in der neuen Schule geht. Genauso wie in der alten Schule finde ich Mathe Kunst und Sport ganz gut. In Englisch müssen wir ziemlich viel schreiben reden und Vokabeln auswendig lernen.
Habe ich dir erzählt, dass wir eine Klassenrennmaus haben? Jeden Mittwoch müssen wir den Käfig säubern ihn mit Stroh füllen und den Mist wegbringen.
Morgen bin ich mit dem Dienst dran. Und wie geht's dir?
Viele Grüße
dein Christian

4 Wie könnte Christian auf Florians Brief antworten? Schreibe einen Antwortbrief, der Aufzählungen enthält.

Wörtliche Rede

1 **a)** Lies den Comic.

b) Schreibe den folgenden Text ab und ergänze die Lücken.

Der Eisbär trifft seinen Freund beim Angeln im Eis. Als er ihn mit der Angelschnur in der Hand sieht, fragt er: „……?“ Der kleine Junge antwortet traurig: „…….“ Nach einem kurzen Blick in den Eimer zählt der Eisbär auf: „…….“ Bei seinem ersten Angelversuch fängt der Eisbär gleich einen Fisch. Daraufhin jubelt der kleine Junge: „……!“ Der Eisbär antwortet lächelnd: „……!“

c) Markiere zum Schluss alle Satzzeichen farbig.

Satzzeichen bei wörtlicher Rede setzen

! Satzzeichen bei der wörtlichen Rede

Wenn in einem Text etwas gesagt oder gedacht wird, muss man es in Anführungszeichen setzen, z. B.:

Er fragte:	*„Wie spät ist es?“*
Begleitsatz	*wörtliche Rede*

INFO

Der Begleitsatz kann:
- **vorangestellt** sein: *Er fragte:* „Wie spät ist es?“
- **nachgestellt** sein: „Wie spät ist es?“, *fragte er.*
- **eingeschoben** sein: „Weißt du“, *fragte er,* „wie spät es ist?“

2 Schreibe die Frage des Eisbären „Und, schon was geangelt?“ mit nachgestelltem und eingeschobenem Begleitsatz auf.

Das habe ich gelernt

- Wenn du schreibst, musst du Zeichen setzen. Was weißt du jetzt darüber?
- Wenn ich beim Schreiben etwas aufzähle, dann ...
- Sätze in der wörtlichen Rede werden durch …… gekennzeichnet. Dabei kann der Begleitsatz ……, …… oder …… sein.
- Das muss ich noch üben: ...

Anwenden und vertiefen

Kommas bei Aufzählungen setzen

1 Übe die Kommasetzung bei Aufzählungen.

a) Sprich mit einer Lernpartnerin / einem Lernpartner. Beantwortet die folgenden Fragen unten mit Hilfe von Aufzählungen.

Welche Tiere leben in einem Wald?
→ Im Wald leben Eulen, ...

Was isst du besonders gerne?
→ Am liebsten esse ich ..., ...

Was machst du gern in deiner Freizeit?
→ Ich spiele gerne Fußball, lese, ...

Welche Kleidungsstücke brauchst du an einem kalten Wintertag?
→ Ich brauche eine ..., ...

b) Schreibe deine Antworten auf. Vervollständige dazu die Satzanfänge und setze an das Ende deiner Aufzählung immer ein *und* oder ein *oder*.

c) Unterstreiche die Aufzählungen, z. B.:
Was findest du auf einem alten Dachboden?
–> Ich finde Dosen, vergilbte Fotos, Bücher und alte Briefe.

Satzzeichen bei wörtlicher Rede setzen

2 Was sagen Lisa, Nils und Aylin? Schreibe einen kurzen Text mit wörtlicher Rede und vorangestellten Begleitsätzen, z. B.:
Lisa fragt: „Können Eisbären eigentlich sprechen?"

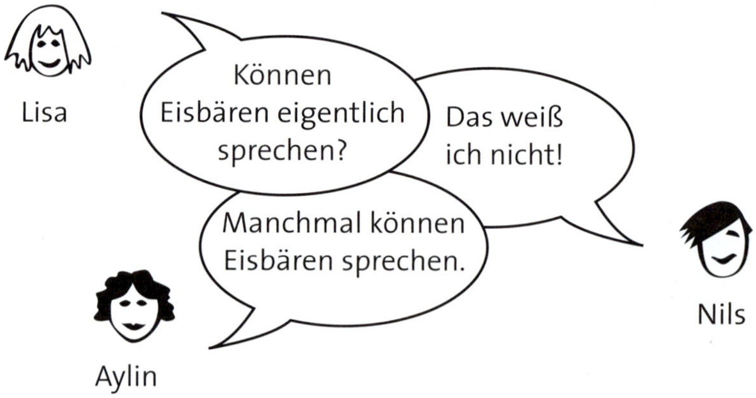

Begleitsätze unterscheiden

3 Schreibe jeden Wortbeitrag aus den Sprechblasen mit einem nachgestellten Begleitsatz auf.

4 Schreibe jeden Wortbeitrag aus den Sprechblasen mit einem eingeschobenen Begleitsatz auf.

Richtig nachschlagen

Das Wörterbuch benutzen

Was weißt du schon?

- Hier hat jemand seine Lieblingstiere, deren Namen schwer zu schreiben sind, mit Bildern dargestellt.
  – Schreibe den Namen von jedem Tier einmal auf und schlage ihn anschließend im Wörterbuch nach.
  – Wie viele Namen hast du richtig geschrieben?
- Ordne die Tiere nach dem Alphabet und schreibe sie der Reihenfolge nach auf.
- Welches ist dein Lieblingstier? Wo müsste es in der alphabetischen Reihenfolge stehen? Ordne es ein.
- Erkläre, warum es wichtig ist, das Alphabet für die Arbeit mit dem Wörterbuch sicher zu beherrschen.

A B C D E F G H I J K L M N O P Q R S T U V W X Y Z

Nachschlagen im Wörterbuch

Oliver, Yasmin, Carla, Ute, Tarek, Hannah, Bekir, Kristin, Zora, Fritz, Lara, Nesrin, Andreas, Paula, Gerrit, Walter, Quentin, Daniel, Rahel, Xavier, Jennifer, Sonja, Vitali, Marek, Esther

Wörter alphabetisch ordnen

1 a) Ordne die Namen alphabetisch. Ein Buchstabe fehlt. Welcher?

b) Sortiere alle Namen in deiner Klasse nach dem Alphabet.

c) Setze das lustige Berufe-ABC fort:
aufmerksame Artisten, brave Bildhauer, clevere Chemiker, ...

2 Schreibe die folgenden Wörter in der Reihenfolge auf, in der sie im Wörterbuch stehen:
braun, das Brett, der Boxer, brennen, die Bratkartoffel

Wörter nachschlagen

3 Wie heißen die gesuchten Rätselwörter – und wie schreibt man sie richtig? Suche die Wörter in einem Wörterbuch und schreibe sie mit ihrem Artikel und der Seitenangabe auf.

	Wort	Seite
Dieses Tier hat einen sehr langen Hals.	die Giraffe	S. ......
Diese süße, weiche Nachspeise schmeckt nach Schokolade oder Vanille.	......	S. ......
So nennt man lange, dünne Nudeln.	......	S. ......
Auf diesem Gerät kann man hoch hüpfen.	......	S. ......

! Nachschlagen im Wörterbuch

- **Nomen:** Suche bei einer Pluralform* oder einer Verkleinerungsform die Form im Singular, z. B.:
  die Häuser, das Häuschen → Suchwort: *das Haus*
- **Verben:** Suche bei konjugierten Verben den Infinitiv*, z. B.:
  er hat gegessen, wir aßen → Suchwort: *essen*

Plural: Mehrzahl

Infinitiv: Grundform eines Verbs

Wörter in der Grundform nachschlagen

4 a) Schlage die Infinitive folgender Verbformen im Wörterbuch nach: *er lief, wir schliefen, du warst, ich saß*

b) Notiere zu den Verbformen die Infinitivform, die Seite im Wörterbuch und ein verwandtes Wort, z. B.:
er lief, laufen (S. ......), die Laufbahn

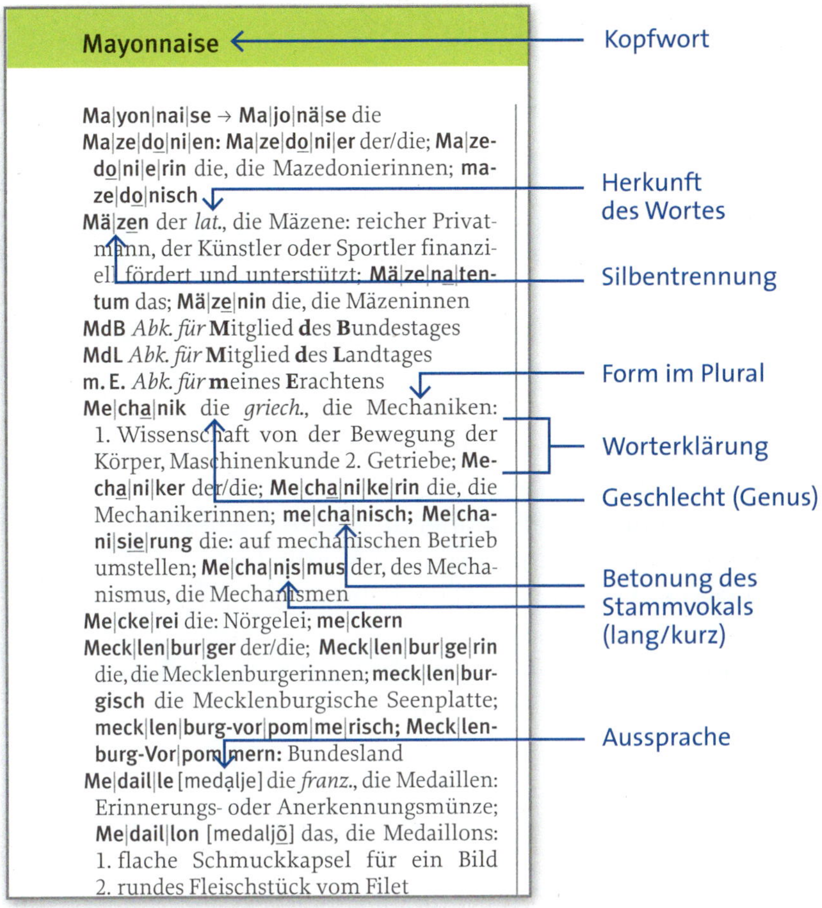
Mayonnaise

Ma|yon|nai|se → **Ma|jo|nä|se** die
Ma|ze|do|ni|en: Ma|ze|do|ni|er der/die; **Ma|ze|do|ni|e|rin** die, die Mazedonierinnen; **ma|ze|do|nisch**
Mä|zen der *lat.*, die Mäzene: reicher Privatmann, der Künstler oder Sportler finanziell fördert und unterstützt; **Mä|ze|na|ten|tum** das; **Mä|ze|nin** die, die Mäzeninnen
MdB *Abk. für* **M**itglied **d**es **B**undestages
MdL *Abk. für* **M**itglied **d**es **L**andtages
m. E. *Abk. für* **m**eines **E**rachtens
Me|cha|nik die *griech.*, die Mechaniken: 1. Wissenschaft von der Bewegung der Körper, Maschinenkunde 2. Getriebe; **Me|cha|ni|ker** der/die; **Me|cha|ni|ke|rin** die, die Mechanikerinnen; **me|cha|nisch; Me|cha|ni|sie|rung** die: auf mechanischen Betrieb umstellen; **Me|cha|nis|mus** der, des Mechanismus, die Mechanismen
Me|cke|rei die: Nörgelei; **me|ckern**
Meck|len|bur|ger der/die; **Meck|len|bur|ge|rin** die, die Mecklenburgerinnen; **meck|len|bur|gisch** die Mecklenburgische Seenplatte; **meck|len|burg-vor|pom|me|risch; Meck|len|burg-Vor|pom|mern:** Bundesland
Me|dail|le [medalje] die *franz.*, die Medaillen: Erinnerungs- oder Anerkennungsmünze; **Me|dail|lon** [medaljõ] das, die Medaillons: 1. flache Schmuckkapsel für ein Bild 2. rundes Fleischstück vom Filet

eine Wörterbuchseite untersuchen

INFO
In einem Wörterbuch kannst du:
- die Rechtschreibung kontrollieren,
- die Silbentrennung, Aussprache und Betonung prüfen,
- die Form von Plural und Genitiv finden,
- etwas über die Herkunft einiger Wörter erfahren,
- Worterklärungen nachschlagen,
- verwandte Wörter aus einer Wortfamilie finden.

TIPP
Abkürzungen im Wörterbuch
Abk. – Abkürzung
franz. – französisch
griech. – griechisch
lat. – lateinisch

5 Sieh dir die Wörterbuchseite genau an.

a) Welche Informationen über das Wort „Mayonnaise" findest du?

b) Wo erfährst du auf dieser Wörterbuchseite etwas über die Herkunft eines Wortes? Nenne die drei Wörter.

c) Was ist ein Medaillon und wie spricht man das Wort aus?

d) Arbeitet zu zweit. Welche Informationen über das Wort „Medaille" findet ihr? Schreibt sie auf.

Das habe ich gelernt

- Erstelle eine Mindmap: Das weiß ich jetzt über die Arbeit mit dem Wörterbuch.
- Erkläre einer Lernpartnerin / einem Lernpartner, wie man die Schreibung der Wörter *Bäumchen* und *ferngesehen* im Wörterbuch überprüfen kann.
- Was fällt dir noch schwer? Wie kannst du es üben?

Anwenden und vertiefen

Wörter alphabetisch ordnen

1 Schreibe folgende Wörter alphabetisch geordnet auf.

starten	schlafen	sagen	starren	staunen	schwingen
singen	sammeln	suchen	saugen	stottern	springen

Wörter nachschlagen

2 Schlage die Zweifelsfälle in den folgenden Sätzen im Wörterbuch nach und schreibe die Sätze in der richtigen Rechtschreibung auf.

Achtung: Fehler!

- Der Detektiv/Detektif löste den Fall.
- Er verlor leider sein Portmonne/Portmonee.
- Die Mannschaft hatte keine Schance/Chance.
- Aus dem Vulkan brach glühende Lava/Lawa hervor.
- In der Hitze/Hize konnten wir nicht arbeiten.
- Im Labor untersuchte er die Backterien/Bakterien.

Wörter in der Grundform nachschlagen

3 **a)** Überprüfe die Schreibung der rot markierten Verben, indem du den Infinitiv im Wörterbuch nachschlägst.

Achtung: Fehler!

- Die Pferde grasten/graßten/grahsten friedlich auf der Weide.
- Wir kammen/kahmen/kamen gestern zu spät.
- Er laß/las uns eine Geschichte vor.
- Der Fuchs schliech/schlich um den Hühnerstall.
- Durch das Tal floss/floß ein kleiner Bach.

b) Schreibe die konjugierte Verbform und den Infinitiv mit Seitenangabe auf, z. B.:
grasten – grasen (S. ...)

4 **a)** Überlege dir fünf Sportarten und schreibe sie auf.
b) Überprüfe mit Hilfe des Wörterbuchs, ob du sie richtig geschrieben hast.

Pluralformen nachschlagen

5 **a)** Schreibe zu folgenden Nomen mit ihren Artikeln die passenden Pluralformen mit ihren Artikeln auf, z. B.:
das Fass – die Fässer

das Fass	die Hand	das Rad	das Schloss	der Fluss
die Maus	der Wald	der Strauß	die Wand	

b) Überprüfe die Schreibung mit Hilfe eines Wörterbuchs und notiere die Form im Singular sowie die Seitenangabe.

Teste dich selbst!

Richtig schreiben

1 Am Meer gibt es Ebbe (das Wasser geht zurück) und Flut (das Wasser steigt an). Wissenschaftler können den Grund dafür genau erklären.

a) Lies die folgende Frage und die drei möglichen Antworten darauf. Die Texte enthalten insgesamt 16 Rechtschreibfehler.

Wo ist das Meer, wenn Ebbe ist?

A Der Mond zieht das Wasser an. Bei Ebbe steht er direkt über dem Meer und Daher fliesst das Wasser vom Strant weg in seine richtung. *(4 Fehler)*
B Ebbe und Flut werden durch die Anziehungskraft des Erdkerns Ausgelöst, die mal stärker (Ebbe) und mal schwecher (Flut) ist. Bei Ebbe ziet der Kern das Wasser so stark an, dass ein groser Teil des Meres durch viele kleine Kanäle nach unten ins Erdinnere gezogen wird. *(5 Fehler)*
C Ebbe herrscht nur, wenn die Sone starg scheint. Die kreftigen Sonnenstralen erwermen das Meer und es verdunstet. Das Verdunstete Wasser verwandelt sich wieder zurück, sobald die Sonne am Abent ihre kraft verliert. Dann ist Flut. *(7 Fehler)*

Achtung: Fehler!

b) Suche die falsch geschriebenen Wörter aus dem Text heraus und schreibe sie richtig in dein Heft.

c) Wähle fünf Fehlerwörter aus und begründe die richtige Schreibung, z. B. durch die Ableitungsprobe.

2 **a)** Nur einer der drei Textabschnitte in Aufgabe 1 enthält die richtige Antwort auf die Frage in der Überschrift des Textes. Welcher? Lies den folgenden Text und finde die Antwort heraus.

SONNE UND MOND ZIEHEN DAS WASSER AN. DER MOND IST ALLERDINGS VIEL STÄRKER, WEIL ER DER ERDE NÄHER IST. SOBALD DER MOND ÜBER DEM MEER STEHT, WIRKT ER WIE EIN MAGNET AUF DAS WASSER UND ES FLIESST IN SEINE RICHTUNG. ES LÄUFT ALSO VOM UFER WEG, ES IST EBBE. UND WENN DER MOND WEITERWANDERT, FLIESST DAS WASSER WIEDER ZURÜCK, DANN IST FLUT. HÄTTE DIE ERDE NICHT IHRE EIGENE ANZIEHUNGSKRAFT, WÜRDE DAS WASSER WAHRSCHEINLICH AUF DIREKTEM WEG HOCH ZUM MOND SAUSEN.

b) Welche der Wörter aus dem Text sind Nomen? Schreibe sie mit ihren Artikeln und in der richtigen Schreibweise in dein Heft, z. B.:
die Sonne, der Mond, …

3 Die folgenden Wörter haben entweder einen betonten langen oder einen betonten kurzen Vokal.

Vase	Hund	Vogel	Dose	Muster	Katze	Blitz
krumm	flink	Wanne	Regen	Hase	grüßen	

Schreibe folgende Tabelle in dein Heft und trage die Wörter (Nomen mit ihren Artikeln) richtig ein.

langer Vokal	kurzer Vokal
die Vase	......
......	......

4 Im folgenden Text fehlen die Kommas bei den Aufzählungen.

a) Lies den Text. Worum geht es? Nenne das Thema.

Alles fällt auf die Erde: Äpfel Birnen Pflaumen Fallschirmspringer und Bungee-Jumper. Und Onkel Henrys teure Kamera auch, wenn man sie nicht festhält. [...] Noch nie blieb ein Apfel plötzlich in der Luft stehen. Nur oben am Himmel leuchten Mond Sonne und Sterne und fallen kein bisschen herunter. Gilt die Regel vom Fallen im Weltall nicht?

b) Schreibe den Text ab und setze dabei die vier fehlenden Kommas.

5 Sven schreibt sich in einem Brief seinen Ärger über die Erwachsenen von der Seele. In seinem Brief fehlen fast alle Satzzeichen und die Anführungszeichen bei der wörtlichen Rede. Schreibe den Brief ab und ergänze dabei die fehlenden Satz- und Anführungszeichen.

Lieber Adrian, *Lünen, 14.1.2009*

mir geht es genauso wie dir. Wenn ich mir einmal einen spannenden Film im Fernsehen anschauen will, sagt meine Mutter garantiert Der Film ist nichts für dich Will ich ausnahmsweise länger aufbleiben, meint mein Vater regelmäßig Du musst morgen in der Schule ausgeschlafen sein Dann wünsche ich ihnen manchmal ihre eigenen Eltern an den Hals. Jetzt geht ihr nicht mehr aus würden die ihnen vielleicht vorschreiben.

Alles wird uns verboten. Ständig befehlen die Erwachsenen Mach jetzt deine Hausaufgaben, iss nicht so viele Süßigkeiten, räum dein Zimmer auf Ja, wir Kinder haben es schon schwer!

Für heute mache ich Schluss. Schreibe bald!

Viele Grüße

dein Sven

Wohnen

In diesem Kapitel wiederholst du:
- Sachtexte verstehen
- einen Kurzvortrag halten
- produktive Texte schreiben
- Gedichte untersuchen

1 Lies die Sprüche.

a) Versuche, den niederdeutschen und den englischen Spruch ins Hochdeutsche zu übertragen.

b) Was bedeuten die fünf Sprüche? Tauscht euch über mögliche Erklärungen aus.

Ähnlichkeiten von Sprachen erkennen

2 Früher haben die Menschen manchmal außen an ihrem Haus einen Spruch angebracht. Welchen der Sprüche würdest du für dein Haus wählen? Begründe.

seine Meinung vertreten

3 Sammle weitere Sprüche zum Thema „Haus" bzw. „Wohnen". Nutze dazu z. B. ein Lexikon für Redensarten und das Internet.

sich Informationen beschaffen

Wie Menschen wohnen

Ungefähr 6,5 Milliarden Menschen leben auf der Erde.
Alle diese Menschen brauchen ein Zuhause.
Häuser und Wohnungen sehen nicht überall gleich aus.

in einem Sachtext Informationen ermitteln

1 Lies die beiden Texte über das Wohnen im Dschungel und in der Wüste.

Ein Haus im Dach des Dschungels

Hoch über den Wipfeln des Dschungels (in Neuguinea) bauen die Korowai* ihre Häuser. Diese „Khaim“, wie sie ihre Hütten nennen, sind wie ein kleiner Mikrokosmos*: Man lebt hier nach außen geschützt, isst, schläft und kann die Umgebung gut beobachten. In 40 Meter Höhe zu wohnen, hat für die Korowai noch weitere Vorteile: Hier oben ist es nicht so heiß und es weht ein frischer Wind. Außerdem gibt es weniger Mücken, keine Bodeninsekten, giftige Spinnen oder Schlangen. Einer der wichtigsten Gründe ist die Sicherheit vor Feinden: Viele Sippen* der Korowai leben untereinander in stetigem Konflikt. Auf den Bäumen können sie sich vor feindlichen Angriffen besser verteidigen und die Gegner mit ihren Waffen erfolgreicher vertreiben.

die Korowai: Volk, das im Westen Neuguineas im tropischen Regenwald lebt
der Mikrokosmos: eine kleine Welt für sich

die Sippe: Großfamilie

Wohnen in der Jurte

Die wenigen Menschen, die in der Wüste leben, nennt man Nomaden. Sie ziehen von einem Weideplatz zum anderen, schlagen ihre Zelte auf und lassen ihr Vieh auf der spärlichen* Weide grasen. Wenn die Weide abgegrast ist,

spärlich: nur wenig vorhanden

werden die Zelte abgebrochen*. Die Nomaden beladen ihre Kamele und machen sich auf der Suche nach neuen Weiden wieder auf den Weg. […]
In Zelten leben auch Nomaden, die in Wüsten der Mongolei* leben. In diesen Wüsten kann es sehr kalt werden, bis zu – 40° C. Die Zelte haben eine Holzkonstruktion*, sind dick mit Filz* umwickelt und mit dickem Stoff umhüllt. Sie heißen bei uns Jurten, auf mongolisch „ger". In den Jurten ist es sehr gemütlich. Sie sind mit bunten Teppichen ausgelegt und in der Mitte steht ein Ofen, der mit Kameldung* beheizt wird.

die Zelte abbrechen: die Zelte abbauen
die Mongolei: Land in Asien (zwischen Russland und China gelegen)
die Holzkonstruktion: Gerüst aus Holz
der Filz: fester Stoff aus Wolle
der Dung: Kot (Mist) von Tieren

2 Wähle einen der beiden Texte aus, den du in eigenen Worten zusammenfassen möchtest.

einen Text zusammenfassen

a) Notiere Stichwörter aus dem Text.

b) Erkläre einer Lernpartnerin oder einem Lernpartner mit Hilfe der Stichwörter, was im Text steht.

3 Informiere dich über eine andere Form des Wohnens, die dich interessiert (z. B. Hausboote, Höhlenwohnungen usw.).

einen Kurzvortrag vorbereiten

a) Recherchiere in Sachbüchern aus der Bibliothek oder im Internet.

b) Stelle die wichtigsten Informationen zusammen und ordne sie in einer sinnvollen Reihenfolge.

c) Notiere Schlüsselwörter aus deinen Informationen.

d) Gib mit Hilfe deiner Schlüsselwörter die Informationen in einem Kurzvortrag wieder. Zeige Fotos oder andere Abbildungen, um deinen Vortrag anschaulich zu machen.

einen Kurzvortrag halten
→ S. 218

Hier wohne ich

1 a) Carolin und Onur haben die Straßen, in denen sie wohnen, beschrieben. Lies ihre Texte.

TIPP
C.: Carolin
S.: Schwalbenstraße

Interview mit meiner Straße: Die Schwalbenstraße in Rottenburg

- **C.:** Woher stammt dein Name? Warum heißt du Schwalbenstraße? **S.:** Der Name wurde frei erfunden.
- **C.:** Wie lange gibt es dich schon? **S.:** Ungefähr seit 1960.
- **C.:** Wie viele Häuser stehen auf dir? **S.:** 15 Wohnhäuser und eine Fabrik.
- **C.:** Wieso gibt es in diesem Dorfabschnitt lauter Straßen mit Vogelnamen? **S.:** Das hat man gemacht, damit man eine Straße leichter findet. Straßen werden zum Beispiel nach Tieren, Städten, Personen eingeteilt. In meiner Gegend haben die Straßen Vogelnamen: Schwalbenstraße, Habichtweg, Adlerstraße und so weiter. Jede Straße gibt es in einem Postleitzahlengebiet nur einmal.
- **S:** Wohnst du gerne hier bei mir? **C:** Ja, mir gefällt es gut hier. **S:** Das freut mich!

Carolin

Die Kottbusser Straße in Berlin

Seit ich auf der Welt bin, wohne ich mit meiner Familie in der Kottbusser Straße. Dort, wo ich wohne, gibt es viele verschiedene Läden. In dem Haus gegenüber ist unser Hausarzt, und wenn ich krank werde, gehe ich dorthin. Die Straße entlang gibt es zwei Reisebüros, einen türkischen Laden, einen Importladen* und vieles mehr. Jeden Dienstag und Donnerstag gibt es auch einen Markt, der bei uns um die Ecke ist. Unsere Straße ist sauber, bis auf den Hundekot. Ich wohne in einer sehr lebendigen Straße, wo viele Autos fahren. Ich habe viele Freunde, die ich meistens aus der Sandkastenzeit kenne. […] Um die Ecke gibt es einen Taxistand, die U-Bahn und eine Bushaltestelle.

Onur

der Importladen: Geschäft, in dem Waren aus dem Ausland verkauft werden

Texte zu einem Thema untersuchen und vergleichen

b) Welche Schreibideen haben die Kinder genutzt?

c) Welche der beiden Straßen kannst du dir besser vorstellen? Warum?

einen Paralleltext schreiben

TIPP
Ihr könnt eure Texte auf *www.kinderstrasse.org* veröffentlichen.

2 Beschreibe die Straße, in der du wohnst. Orientiere dich dabei an einem der beiden Texte.

3 Stellt euch gegenseitig eure Texte in der Klasse vor.

4 Lies die beiden Gedichte und vergleiche sie.

a) Worin unterscheiden sie sich?

b) Was haben sie gemeinsam?

Gedichte vergleichen

Vera Ferra-Mikura
Weil die Wände so dünn sind

Ich höre, wie mein Nachbar lacht,
ich höre, was mein Nachbar macht,
ich weiß, jetzt jagt er einen Floh,
ich weiß, jetzt spielt er Domino,
ich weiß, jetzt bläst die Nachbarin
den Staub von ihrem Immergrün*,
ich weiß, wer hustet und wer niest,
ich weiß auch, wer die Zeitung liest,
ich höre alles rundherum,
sogar den Fisch im Aquarium.
Ob mich daran vielleicht was stört?
Doch!
Dass mich jeder lauschen hört.

das Immergrün: eine Pflanze

5 Untersuche das Gedicht „Weil die Wände so dünn sind“ genauer.

ein Gedicht untersuchen

a) Wie gefällt es dir?

b) Wie wirkt das Gedicht auf dich?

c) Betrachte die Bilder und nenne die Verse, zu denen sie passen.

d) Gib dem Gedicht eine andere Überschrift.

e) Aus wie vielen Strophen und Versen besteht das Gedicht?

f) Bestimme die Reimform.

Mein Wohnhaus

Dach Dach Dach
Dach Dach Dach Dach
Dach Dach Dach Dach Dach
wir wir wir wir wir wir wir wir
wir wir wir wir wir wir
wir wir wir wir wir wir
wir wir wir wir wir wir wir wir
Kraus Kraus Kraus Kraus Kraus
Kraus Kraus Kraus
Kraus Kraus Kraus
Kraus Kraus Kraus Kraus Kraus
Aslan Aslan Aslan Aslan Aslan
Aslan Aslan Aslan
Aslan Aslan Aslan
Aslan Aslan Aslan Aslan Aslan
Praxis Dr. Maier Praxis Dr. Maier
Praxis Maier Maier
Praxis Maier Maier
Praxis Dr. Maier Maier
Praxis Dr. Maier Maier

von Max

6 Trage das Gedicht von Vera Ferra-Mikura vor.

einen Gedichtvortrag vorbereiten
→ S.107

7 Stelle dein Wohnhaus in einer besonderen Form dar, so wie im Text von Max.

ein Parallelgedicht verfassen

Mein Traumzimmer

Merkmale genau beschreiben

1 Lies den Traumzimmer-Steckbrief von Kim genau.
Wie stellst du dir Kims Traumzimmer vor? Zeichne eine Skizze.

Traumzimmer-Steckbrief von Kim

- **Name meines Traumzimmers:** *Dschungel*
- **Wichtige Einrichtungsgegenstände:**
  - *eine Hängematte als Bett*
  - *mein alter Schreibtisch mit Leopardenmuster bemalt, mein Schreibtischstuhl neu bezogen mit grünem Stoff, mein Schrank bemalt mit Schmetterlingen*
  - *jede Menge große Pflanzen*
  - *Vogelkäfige mit einem Papagei und Kanarienvögeln*
  - *Seile, die wie Lianen von der Decke herunterhängen*
  - *eine Schaukel*
- **(Farb-)Gestaltung:**
  - *Decke: blau, bemalt mit bunten Vögeln*
  - *Wände: bemalt mit großen Pflanzen und Tieren, die durch die Blätter gucken*
  - *Boden: Rollrasen*
  - *Beleuchtung: grüne und gelbe Glühbirnen*
- **Noch eine Idee:**
  - *CD mit Dschungelgeräuschen im Hintergrund spielen*

abwechslungsreiche Sprache verwenden
S. 53

2 Erstelle nun selbst einen Steckbrief für dein Traumzimmer.
Nutze die gleiche Einteilung wie Kim.
Verwende Vergleiche (*bunt wie ein Regenbogen* ...) und zusammengesetzte Adjektive (*ozeanblau* ...), um Farben, Größen und Formen zu beschreiben.

Lernergebnisse präsentieren

3 Präsentiert eure Steckbriefe im Klassenzimmer.

Freunde!

In diesem Kapitel wiederholst du:
- Sachtexte erschließen
- Diagramme untersuchen
- Erzähltexte lesen
- produktive Texte schreiben

1 Lies die Sprüche über Freundschaft.

a) Welcher gefällt dir am besten? Begründe.

seine Meinung vertreten

b) Fallen dir Situationen mit Freundinnen oder Freunden ein, die zu einem der Sprüche passen? Erzähle einer Lernpartnerin oder einem Lernpartner davon.

eigene Erlebnisse erzählen

2 Erfinde selbst einen Spruch zum Thema „Freundschaft“. Schreibe ihn in besonders schöner Schrift auf. Du kannst den Spruch an eine Freundin oder einen Freund verschenken.

einen Paralleltext schreiben

Ohne Freunde geht es nicht

Christoph Hein
Freunde

Freunde hat keiner zu viel. Selbst die reichsten Leute nicht, denn richtige Freunde sind sehr selten. Und man kann sie nicht kaufen. Einen Freund sollte jeder haben. Ein Freund, das ist der, mit dem man nicht nur über Filme und Bücher und Mode und über die Mädchen und die Jungen reden kann. Mit einem Freund kann man über das reden, worüber man eigentlich mit keinem sprechen kann. Wenn du den ganzen Tag die Tränen zurückgehalten hast, bei ihm kannst du sie loslassen. Er wird dich verstehen. Und wenn du dich in eine Situation manövriert* hast, aus der es keinen Ausweg gibt, wenn du auf deine Eltern und Lehrer und alle, die du kennst, wütend bist, wenn du nicht mehr weißt, wie du den Tag überstehen sollst, und am liebsten tot wärst, dann hast du immer deinen Freund. Der sagt dann nur: „Hey, Mann, du steckst aber ganz schön tief in der Scheiße. Komm, gehen wir ein Eis essen und lass uns miteinander reden." So einer ist das.
Freunde sind selten. Und sie können abhandenkommen*, wenn man nicht aufpasst. Wenn du einen Freund verlierst, ich meine einen wirklichen Freund, dann ist das fast so schlimm, als ob deine Mama stirbt. Du wirst es dein Leben lang nicht vergessen, und es wird dir noch wehtun, wenn du hundert Jahre alt bist. Also, geh sorgsam* mit deinem Freund um. Du brauchst ihn nämlich. Und er braucht dich. Das ist Freundschaft.

sich in eine Situation manövrieren: sich in eine Situation bringen

abhandenkommen: verloren gehen

sorgsam: liebevoll, mit großer Aufmerksamkeit und Vorsicht

einen Text erarbeiten

1 a) Lies den Text von Christoph Hein.

b) „Einen Freund sollte jeder haben." (Z. 3) Wie wird diese Aussage im Text begründet? Nenne Beispiele und notiere Stichwörter.

einen Paralleltext schreiben

2 a) Schreibe einen Paralleltext. Beachte folgende Vorgaben:
- Übernimm den Anfangssatz: *Freunde hat keiner zu viel.*
- Nenne zwei bis drei eigene Beispiele dafür, was eine Freundin / einen Freund ausmacht.
- Nenne einen Satz, den ein Freund / eine Freundin zu dir sagen soll, wenn es dir nicht gut geht.
- Übernimm den Schlusssatz: *Das ist Freundschaft.*

Texte überarbeiten

b) Überarbeitet eure Texte in der Schreibkonferenz.

Freundschaft

Als die Kinderzeitschrift GEOlino im vergangenen Jahr mehr als 900 Kinder fragte, was ihnen am wichtigsten im Leben ist, antworteten mehr als drei Viertel: Freundschaft!
Dieses Gefühl, einen Menschen zu haben, der einem seelenverwandt* ist. Mit dem man sich schlapplachen kann. Der zuhört und immer zur rechten Zeit ein Taschentuch reicht – weil er schon vor der ersten Träne sieht, dass einem zum Heulen zumute ist. „Freunde sind überlebenswichtig", sagt der Soziologe* Professor Lothar Krappmann aus Berlin. Und er kann das sogar mit Studien* belegen: Menschen, die sich regelmäßig mit Freunden treffen, leben länger und sind gesünder. Mädchen und Jungen mit engen Gefährten* haben mehr Selbstbewusstsein.

seelenverwandt sein: sich jemandem vertraut fühlen, ähnlich denken
der Soziologe: Wissenschaftler, der das Zusammenleben der Menschen erforscht
die Studie: eine wissenschaftliche Untersuchung
enge Gefährten: gute Freunde

3 a) Lies den Zeitschriftenartikel „Freundschaft".

b) Kläre unbekannte Wörter durch Nachdenken, Nachfragen oder Nachschlagen.

c) Notiere W-Fragen zum Text.

d) Setzt euch zu zweit zusammen. Stellt euch gegenseitig eure Fragen und beantwortet sie.

einen Sachtext erschließen

4 a) Wähle eine Information aus diesem Text aus, die für dich persönlich am wichtigsten oder am erstaunlichsten ist.

b) Erkläre einer Lernpartnerin oder einem Lernpartner, warum das so ist.

Informationen begründet auswählen

5 Führt eine Lesekonferenz durch. Vergleicht den Zeitschriftenartikel oben mit dem Text von Christoph Hein auf Seite 190. Welche Unterschiede und welche Gemeinsamkeiten stellt ihr fest? Notiert sie in Stichwörtern.

Texte vergleichen

6 Das Wort „überlebenswichtig" hat der Soziologe Lothar Krappmann sich ausgedacht.

überleben
lebenswichtig

a) Überlegt zu zweit, was die Wortschöpfung bedeutet.

b) Formuliere einen Lexikoneintrag für die Wortschöpfung.

Sprache untersuchen

Wie Freunde sein sollten

Über das Geheimnis der Beliebtheit

sich scharen: sich versammeln

Wenn Lukas auf den Schulhof kommt, schart* sich die halbe Klasse um ihn. Frieda steht oft am Rand und rätselt, weshalb kaum jemand sie beachtet.
Liegt es daran, dass sie keine Markenklamotten trägt, keine hübschen Locken und weniger Taschengeld hat? Von wegen! Solche Äußerlichkeiten zählen bei den Kindern weit weniger als gedacht, sagen Berliner Forscher.
Sie haben 234 Mädchen und Jungen befragt und herausgefunden: Beliebt ist […], wer fair und freundlich ist und viele Ideen hat, für die er Mitstreiter sucht. Denn gemeinsame Unternehmungen schweißen zusammen.
Wer also Freunde sucht, sollte sich über seine Stärken Gedanken machen und darüber, wo er seine Talente und Ideen einbringen kann […].

einen Sachtext erschließen

1 **a)** Lies den Zeitschriftenartikel.

b) Kläre die Bedeutung der markierten Wörter durch Nachdenken, Nachfragen oder Nachschlagen und umschreibe sie mit eigenen Worten.

die eigene Meinung begründen

c) Notiere Informationen aus dem Text, die du erstaunlich findest. Sprich darüber mit einer Lernpartnerin oder einem Lernpartner und begründe deine Auswahl.

2 **a)** Lies die Schüleraussagen aus einer fünften Klasse. Welche Fragen wurden den Schülern wohl gestellt?

Freundschaften in der Klasse 5c

Lena: Sandra und Lisa, weil sie nett sind und witzig.
Michel: Benni und Alex, weil wir dieselben Hobbys haben.
Luise: Sandra, weil man sich gut auf sie verlassen kann.
Marvin: Patric, Tobias, Nico und Eric, weil ich sie seit der Geburt kenne und Tobias seit der 3. Klasse.
Susanne: Marie und Jenny, weil sie alles mitmachen.
Kevin: Chris, weil er mein erster Freund war.
Artem: Benni, Michel und Alex, weil wir viel unternehmen.
Ibrahim: Philipp, weil er cool ist und gut drauf ist.
Matthias: Luise, weil sie mir hilft.
Roland: Michel, einfach so.

b) Welche Aussagen würdest du für deine eigenen Freunde auswählen?

3 a) „Gemeinsame Unternehmungen schweißen zusammen." Überlegt zu zweit, welche der Schüleraussagen aus der 5c am besten zu diesem Satz aus dem Zeitschriftenartikel (Seite 192, Z. 10 f.) passen.

Texte zueinander in Beziehung setzen

b) Welche Eigenschaften sind am wichtigsten für einen guten Freund? Diskutiert darüber in der Kleingruppe.

diskutieren
S. 205

4 Lies die Vorgaben im Fragebogen und sieh dir die Umfrage-Ergebnisse einer 5. Klasse an.

ein Diagramm untersuchen

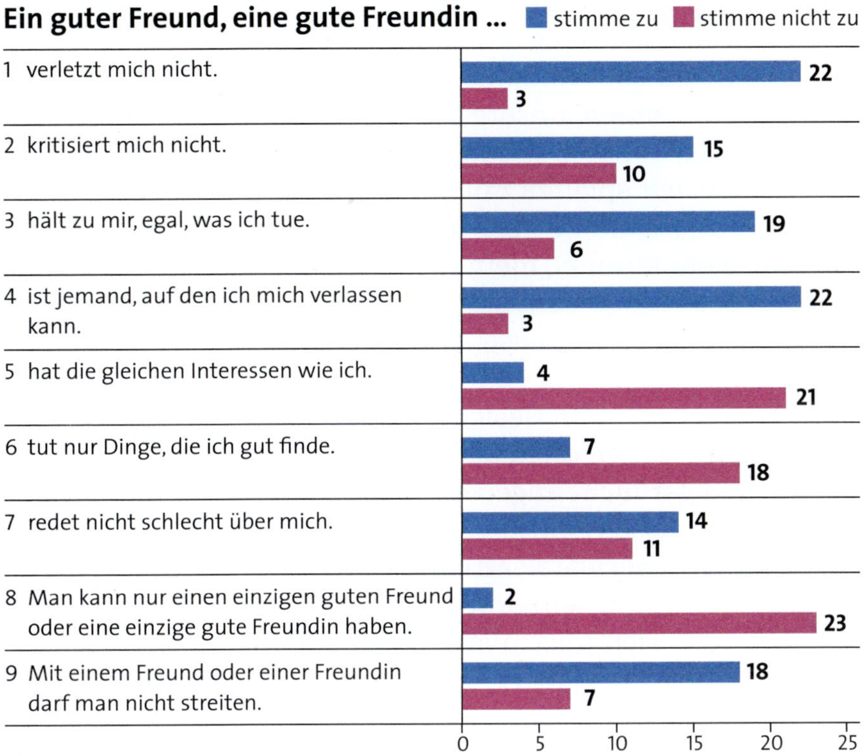

a) Erkläre, worum es in der Umfrage ging und welche Ergebnisse herauskamen.

b) Führt in eurer Klasse eine Umfrage dazu durch.

eine Umfrage durchführen

c) Stellt die Ergebnisse eurer Umfrage in Gruppenarbeit in einem Balken- oder in einem Säulendiagramm dar.

d) Welche Gemeinsamkeiten und welche Unterschiede zum Fragebogen oben stellt ihr fest?

Ergebnisse auswerten

5 a) Sieh dir den Schülertext an und bestimme, um welchen „Bauplan" es sich handelt.

b) Schreibe einen Paralleltext.

F AIR
R ASANT
E HRLICH
U ...
N ...
D ...

einen Paralleltext schreiben

Wenn's plötzlich kracht

Sharon Creech

Warum ist Bailey plötzlich so gemein?

Die 12-jährige Rosie und ihr Freund Bailey sind unzertrennlich, seit sie denken können. Doch neuerdings läuft alles schief zwischen ihnen.

Warum ich Bailey eigentlich mag: Bailey war schon immer da, er ist im Nachbarhaus auf die Welt gekommen, eine Woche nach mir, wir sind miteinander aufgewachsen und waren immer zusammen, unsere Mütter zusammen, ich und Bailey zusammen, auf dem Rasen, auf der Veranda*, auf dem Fußboden, wir spielten mit Töpfen und Pfannen, mit Matsch und Würmern, im Schnee, im Regen und in Pfützen. [...]
Er war mein Kumpel, mein Freund. Wir gingen gemeinsam in den Zoo, in den Park und feierten gemeinsam Geburtstag. Und wie er lächelte, dieser Bailey! Er lächelte fast immer, wedelte mit den Händen herum, wischte durch die Luft. Sommersprossen im Gesicht, weiche strubbelige Haare, und ganz ruhig war er, mein Bailey, aber auch wieder nicht zu ruhig und gar nicht angeberisch oder egoistisch oder böse, jedenfalls nie so richtig.
Ich tat oft so, als wäre er mein Bruder – nur dass er oft noch viel besser war als ein Bruder, weil ich ihn mir ausgesucht hatte und er sich mich. Warum ist er dann jetzt plötzlich so gemein? Warum sagt er: „Rosie, spiel dich nicht so auf!" Und warum sagt er es mit einer eiskalten Stimme und knallt die Tür hinter mir zu, als wäre ich niemand?

die Veranda: windgeschützter Platz an einem Haus, oft im Eingangsbereich

1 **a)** Lies den Text.

b) Erkläre die Bedeutung der folgenden Wörter aus dem Text in eigenen Worten:
unzertrennlich (Z. 1), *Kumpel* (Z. 11), *strubbelig* (Z. 15), *egoistisch* (Z. 17), *sich aufspielen* (Z. 22)

c) Was könnte passiert sein? Notiere deine Vermutungen.

2 Schreibe einen Tagebucheintrag von Bailey oder einen Brief von Rosie an Bailey. Links findest du Hilfen.

3 Wie können Freunde sich nach einem Streit versöhnen? Notiere alle deine Ideen in einer „Versöhnungs-Liste".

HILFEN
- So könnte der **Tagebucheintrag** beginnen: *Heute habe ich ihr gesagt: „Rosie, spiel dich nicht so auf!" Es fing damit an, dass ...*
- So könnte der **Brief** beginnen: *Hallo Bailey, zuerst war ich wütend und wollte nie mehr mit dir reden. Dann ...*

Rekorde

Michail Krausnik

Leistungsspitze

Stets schneller, höher, weiter
strebt alles hierzuland*.
Man misst die Spitzenleistung
mit Stoppuhr oder Band.
Nur der Rekord
im Tiefsprungsport
ist heut noch unbekannt.

In diesem Kapitel wiederholst du:
- Gedichte untersuchen
- Sachtexte erschließen
- Erzähltexte lesen
- Tabellen erschließen

hierzuland: in diesem Land

ein Gedicht erschließen

1 Lies das Gedicht.

a) Wie findest du das Gedicht? Nenne passende Adjektive, z. B. *lustig, nachdenklich, traurig, witzig, spöttisch* und begründe deine Meinung.

b) Was bedeutet der erste Satz? Gib mit eigenen Worten wieder, was hier gesagt wird.

c) Was soll mit dem Text ausgesagt werden? Notiere deine Gedanken. Gehe auch darauf ein, wie der letzte Satz gemeint sein könnte.

d) Welche Wörter und Wendungen aus dem Gedicht passen zur Kapitelüberschrift „Rekorde“? Schreibe sie auf.

ein Gespräch über ein Thema führen

2 Tauscht euch in Kleingruppen über das Thema „Rekorde“ aus.

a) Was sind für euch Rekorde?

b) In welchen Bereichen des Lebens gibt es Rekorde?

c) Habt ihr selbst schon einmal einen Rekord aufgestellt oder einen Rekordversuch unternommen? Berichtet.

d) Wozu sind Rekorde nützlich, wo seht ihr Probleme?

Schneller, höher, weiter

1 Betrachte das Foto und lies die Texte.

Zeit der Rekorde

Bei den Olympischen Spielen treffen sich Sportlerinnen und Sportler der Welt alle vier Jahre, jeweils im Sommer und im Winter.
Zu den berühmtesten Olympia-Siegerinnen gehört die US-amerikanische Leichtathletin Wilma Rudolph. Sie wurde zum Vorbild für eine ganze Generation von Leistungssportlern und ebnete* für viele schwarze Athletinnen den Weg.

INFO
Zum Bereich **Leichtathletik** zählen die Sportarten Laufen, Springen und Werfen.

den Weg ebnen: es möglich machen, dass sich etwas Neues durchsetzt

Kurzbiografie: Wilma Rudolph

eine Kurzbiografie lesen

INFO
Eine **Biografie** ist die Beschreibung des Lebens einer (berühmten) Person.

1940	Am 23. Juni wird Wilma Rudolph in Tennessee, USA geboren.
1944	Sie erkrankt an Kinderlähmung, das rechte Bein und der rechte Fuß bleiben gelähmt.
1947	Wilma lernt, mit Hilfe einer Krücke zu laufen.
1951	Wilma ist geheilt und lernt Basketball spielen. Ihre Laufbegabung wird entdeckt.
1956	Wilma Rudolph gewinnt bei den Olympischen Spielen in Melbourne/Australien die Bronzemedaille in der 4 × 100-m-Staffel.
1957	Sie beginnt, an der Tennessee University zu studieren.
1960	Wilma Rudolph gewinnt bei der Olympiade in Rom 3 × Gold für die USA.
1961	Sie läuft Weltrekord im 100-Meter-Sprint in 11,2 Sekunden.
1962	Wilma zieht sich aus dem Wettkampfsport zurück. Sie heiratet, bekommt vier Kinder und unterrichtet Sport.
1994	Am 12. November stirbt Wilma Rudolph in Tennessee.

Funktion und Inhalt eines Sachtextes erfassen

a) Worüber erfährst du etwas auf dieser Seite? Welche Funktion haben die beiden Texte für die Leserinnen und Leser?

b) Welche Informationen findest du besonders bemerkenswert? Suche Textstellen heraus. Begründe deine Auswahl.

2 **a)** Stelle eine Sportlerin oder einen Sportler vor, deren Leistung dich beeindruckt. Fertige dazu eine Kurzbiografie an.

b) Schreibe auch eine Begründung deiner Auswahl auf.

einen Paralleltext schreiben

3 Im Fußball „regnet“ es Rekorde – täglich gibt es neue Meldungen, z. B. über Tore, Stadiongrößen oder Zuschauerzahlen.

a) Welche weiteren Fußballrekorde fallen dir ein? Nenne Beispiele.

b) Überfliege die folgenden Überschriften und Texte. Zu welchem der Bereiche gehören die Rekorde?

Tabellen lesen

Erfolgreichste WM-Torschützen* aller Zeiten (bis 2006)

Rang	Spieler	Land	Tore	Tore pro Turnier
1.	Ronaldo		15	1998 (4), 2002 (8), 2006 (3)
2.	Gerd Müller		14	1970 (10), 1974 (4)
3.	Just Fontaine		13	1958 (13)
4.	Pelé		12	1958 (6), 1962 (1), 1966 (1), 1970 (4)
5.	Jürgen Klinsmann		11	1990 (4), 1994 (5), 1998 (2)

WM-Torschütze: Fußballer, der bei der Weltmeisterschaft (WM) ein Tor schießt

- **Jüngster WM-Torschütze:** Pelé 1958 mit 17 Jahren und 239 Tagen gegen Wales
- **Schnellstes WM-Tor:** Fabinho Fabio Rodrigues da Silva im U17-Spiel* gegen Neuseeland 2007, nach 9 Sekunden
- **Die torreichste WM:** 1954 in der Schweiz mit 5,38 Toren pro Spiel
- **Die torärmste WM:** 1990 in Italien mit 2,21 Toren pro Spiel
- **WM-Spiel mit den meisten Toren in der regulären Spielzeit*:** Österreich – Schweiz 7:5 (1954)
- **Höchster WM-Sieg:** Ungarn – El Salvador 10:1 (1982)

Sachtexte lesen

U17-Spiel: Fußballturnier für Jugendliche unter 17 Jahren

die reguläre Spielzeit: die festgelegte Dauer eines Fußballspiels (90 Minuten)

c) Welche der Informationen waren neu für dich? Welche findest du besonders beeindruckend? Begründe.

d) Stellt euch gegenseitig Fragen zur Tabelle und den Fußballrekorden auf dieser Seite, z. B.:
Wie viele Tore schoss Klinsmann in der WM 1990?
Wer musste 1954 sieben Gegentore einstecken?

Unglaubliche Rekorde

Vermutungen zum Textinhalt anstellen und überprüfen

einen Text überfliegen

1 Lies die Überschriften der drei folgenden Texte.

a) Welcher Text interessiert dich besonders? Warum?

b) Stelle Vermutungen an, worum es in dem Text geht. Überprüfe sie durch Überfliegen des Textes.

Der Berg mit dem längsten Namen

steht in Neuseeland. In der blumigen* Sprache der Maori* heißt er: *Taumatawhakatangihangakoauauotamateaturipukakapikimaungahoronukupokaiwhenuakitanatahu*.
Ins Deutsche übersetzt heißt das so viel wie „Der Vorsprung des Berges, wo Tamatea, der Mann mit den großen Knien, der rutschte, kletterte und die Berge verschlang und der durch das Land reiste, für seine Liebste Flöte spielte."
Ich finde, dass wir ständig in Zeitnot befindlichen West-Menschen* wohl einfach „Tamatea" oder, wenn es sein muss, „Tamateas Berg" sagen würden. Und ehrlich gesagt, das tut es doch auch*. Oder?

blumig: mit vielen Bildern und Beispielen
die Maori (Plural): Ureinwohner Neuseelands

West-Menschen: Menschen, die in Westeuropa oder den USA leben
Das tut es doch auch: Das geht doch genauso gut.

Das schnellste Auto der Welt

Das absolut schnellste Auto der Welt ist der Thrust SSC aus Großbritannien. Dieses Auto hat keinen Motor, sondern zwei Düsenantriebe. Es sieht aus wie eine große Zigarre.
Der Engländer Andy Green stellte 1997 mit diesem Düsenauto den bisher ungeschlagenen Geschwindigkeitsrekord auf vier Rädern auf: 1.228 km/h. Das ist schneller als ein Passagierflugzeug.

Weltrekord im Fahrrad-Rückwärts-Geigen

Christian Adam hat einen neuen Weltrekord aufgestellt. In einem Schweizer Autobahntunnel radelte er in 5 Stunden und 9 Minuten 60,45 km rückwärts und spielte dabei auf der Violine Johann Sebastian Bach*. Den Notenständer hatte er dort montiert*, wo „normale“ Fahrradfahrer ihren Sattel haben. Und die Musik klang im Autobahntunnel erstaunlich gut.

Johann Sebastian Bach: deutscher Komponist/Musiker (1685–1750)
montiert: befestigt, angebracht

einen Text begründet auswählen

2 a) Wähle deinen Lieblingstext. Vergib „Noten“ von 1 bis 5 nach
- Lesespaß,
- Verständlichkeit,
- Informationswert.

b) Begründe deine Bewertung am Text.

einen Text vortragen

3 Stell dir vor, du wärst Nachrichtensprecherin/-sprecher im Fernsehen.

a) Was musst du beim Vorlesen beachten? Sammelt Ratschläge.

b) Trage deinen Lieblingstext als Nachricht vor. Übe mit einer Lernpartnerin / einem Lernpartner.

einen Sachtext untersuchen

4 Der erste Text enthält eine persönliche Meinung des Autors.

a) Suche die Textstelle. Woran hast du sie erkannt?

b) Tausche dich mit anderen darüber aus, was der Witz daran ist.

schriftlich Stellung nehmen

5 Sammle aus Zeitungen oder dem Internet weitere unglaubliche Rekordmeldungen. Schreibe dazu deine persönliche Meinung auf.

einen Paralleltext schreiben

6 Denke dir selbst einen unglaublichen Rekord aus und schreibe einen kurzen Bericht darüber, z. B.:
- *Weltrekord im Elefantenheben*
  Der Schüler Max K. aus Krefeld hat im internationalen Elefantenheben in ...
- *Landesmeister im Wurstbrotschnellessen gekürt*

...

TIPP
Ihr könnt aus euren Berichten eine Wandzeitung für eure Klasse erstellen.

„Sauschnell“

Vermutungen zum Textinhalt anstellen

1 a) Lies die Überschrift des folgenden Textes. Was stellst du dir vor?

Friedrich Wilhelm Brendel

Das Rennschwein

die Gesellschaft: *hier:* Gruppe von Leuten

In einer Gesellschaft* in England wurde einmal vom Pferderennen gesprochen. Da behauptete jemand, ein Schwein könnte mit dem besten Hunde um die Wette laufen. Dies wollte niemand glauben und es kam zu einer Wette.

sich etwas erbeten: (*Präteritum* erbat) um etwas bitten
die Frist: Zeit
die Vorkehrung: Vorbereitung
hierauf: daraufhin, danach
der Bau: Größe und Gewicht
Quartier haben: wohnen, untergebracht sein
der Trog: Gefäß mit Futter für Tiere
die Kost: Futter, Essen
entgegengesetzt: am anderen Ende, gegenüber

Der, welcher die Behauptung aufgestellt hatte, erbat* sich einige Wochen Frist*, um die nötigen Vorkehrungen* zu treffen. Er wählte hierauf* zwei Schweine von gleichem Bau* und Alter, welchen man eine große Schnelligkeit zutrauen konnte. An einem Ende der bestimmten Rennbahn wurde in aller Eile ein Stall erbaut, in welchem die Schweine ihr Quartier hatten*. Am anderen Ende der Rennbahn war ihr Trog*, wo sie zu festgesetzten Zeiten mit guter Kost* gefüttert wurden.

Nach wenigen Tagen wussten die Schweine, wo sie Fressen bekamen, und stürzten in aller Eile nach dem entgegengesetzten* Ende der Rennbahn, wenn der Stall geöffnet wurde. Der festgesetzte Tag des Wettrennens erschien und mit ihm eine Menge Zuschauer. Die Schweine schrien im Stalle, denn man hatte sie den ganzen Tag lang hungern lassen; neben dem Stalle stand der wettrennende Hund.

lange entbehrt: lange vermisst

Auf ein gegebenes Zeichen wurde die Stalltür geöffnet und in demselben Augenblicke auch der Hund losgelassen. Mit einer unglaublichen Schnelligkeit rannten die Schweine zum lange entbehrten* Futter und ließen zum Erstaunen der Zuschauer den Hund weit hinter sich zurück.

Vermutungen überprüfen

b) Welche deiner Vermutungen treffen zu?

Überschriften für Textabschnitte finden

2 a) Ordne den vier Textabschnitten diese Überschriften zu:
Ein erstaunlicher Sieg – Der Tag des Wettrennens – Die Wette – Nötige Vorkehrungen für die Wette

den roten Faden erkennen

b) Welche der Überschriften gehören zu Einleitung, Hauptteil und Schluss der Erzählung?

den Text genau verstehen

3 a) Warum wird die Wette gewonnen? Tauscht euch darüber in einer Lesekonferenz aus und nennt Textstellen.

b) Erzählt den Text in eigenen Worten nach.

Teste dein Wissen!

Lernstandstest

1 **a)** Lies den folgenden Text über die Entstehung des Geldes.

Die Geschichte des Geldes

1 Geld gibt es schon seit Menschengedenken. Keiner konnte bislang wirklich feststellen, wann und wo es genau seinen Ursprung nahm. Die Erfindung des Geldes hing damit zusammen, dass die Menschen sesshaft wurden. Zuvor waren sie auf der Suche nach Nahrung von Ort zu Ort gezogen, denn sie versorgten sich selbst mit allem, was sie brauchten. Als sie sich an einem einzigen Ort niederließen und dort auch nicht wieder wegwollten, änderte sich das.

2 Die Menschen begannen nun, Dinge, von denen sie mehr hatten, als sie brauchten, gegen solche einzutauschen, die sie nicht hatten, aber brauchten.
Das funktionierte gut, solange […] noch keine größeren Betriebe oder gar eine Industrie vorhanden waren. Seit es aber Menschen gab, die z.B. ausschließlich ein Handwerk ausübten, konnten sie sich nicht mehr ganz selbst versorgen. Sie brauchten vor allem Nahrungsmittel zum Überleben. Mit dem direkten Tauschen klappte es immer weniger: Ein Schuster brauchte jeden Tag Brot, aber ein Bäcker nicht täglich ein Paar Schuhe.

3 Es entwickelte sich eine andere Art des Handels und damit wurde ein einheitliches Zahlungsmittel notwendig. Das Geld war damals noch nicht das Geld, das wir heute kennen. Es dienten die unterschiedlichsten Dinge als Zahlungsmittel: Muscheln, Tiere, Bernstein, Tee, Gewürze, Gold, Silber und Edelsteine.
Den Vogel schossen die Einheimischen der Insel Yap im Westpazifik ab. Ihr „Kleingeld“ bestand aus Steinscheiben, deren Durchmesser bis zu vier Meter betrug.
Die Zahlungsmittel galten entweder als besonders wertvoll oder sie waren selten. Letzten Endes waren sie aber ziemlich unbequem. Denn wer hatte schon ständig eine Kuh unter dem Arm, eine Tüte Muscheln bei sich oder rollte eine Steinscheibe vor sich her, um etwas bezahlen zu können.

4 Die entscheidende Idee hatte man vor ungefähr 2700 Jahren. Man teilte Gold und Silber in unterschiedlich große Scheiben und markierte sie mit einem Stempel. Dabei war genau festgelegt, wie viel Gewicht ein Stück hatte. Wer handeln wollte, wusste sofort, welchen Wert er in der Hand hatte. Es ist unbekannt, wer zum ersten Mal solche Münzen geprägt hat, aber wir wissen ziemlich genau, wann und wo dies geschehen ist: ungefähr 700 vor Christus in Lydien, einem Reich, das im Westen der heutigen Türkei liegt. [...]

b) Welche Überschrift passt am besten zu den Textabschnitten? Notiere den richtigen Buchstaben.

Abschnitt 1 (Z.1–7)	A	Alles über das Geld
	B	Geld wird noch nicht gebraucht
	C	Die Erfindung des Geldes
	D	Manche Leute brauchen kein Geld
Abschnitt 2 (Z.8–17)	A	Tauschhandel
	B	Brot für Schuhe
	C	Wie wertvoll sind Schuhe?
	D	Die Handwerker und das Geld
Abschnitt 3 (Z.18–30)	A	Die Insel Yap im Westpazifik
	B	Kleingeld mit großem Durchmesser
	C	Unbequeme Zahlungsmittel
	D	Eine Tüte Muscheln oder eine Kuh
Abschnitt 4 (Z.31–38)	A	Wertvolles Geld
	B	Wie viel ist Geld wert?
	C	Die Entdeckung der ersten Münzen
	D	Die ersten Münzen

2 Richtig oder falsch? Schreibe die Großbuchstaben in dein Heft und notiere ein + (richtig) oder ein – (falsch) dahinter.

A Man weiß genau, wer das Geld erfunden hat.
B Als die Betriebe größer wurden, funktionierte der Tauschhandel nicht mehr gut.
C Die ersten Zahlungsmittel waren wertvolle oder seltene Dinge.
D Das Bezahlen mit Münzen war für die Kaufleute unpraktisch.
E Vor 2700 Jahren war der Wert des Geldes durch sein Gewicht festgelegt.
F Das Reich Lydien liegt im Osten der heutigen Türkei.

3 Welche Bedeutung trifft im Text zu? Schreibe die gesuchten Wörter in dein Heft und notiere den entsprechenden Großbuchstaben dahinter.

sesshaft werden (Z. 4):	
A lange auf einem Platz sitzen	**C** in einer Gruppe leben
B an einem Ort leben	**D** vertrieben werden
die Einheimischen (Z. 23):	
A Stadtbewohner	**C** Hausbesitzer
B Ureinwohner	**D** Besucher
das Reich (Z. 38)	
A Land (eines Herrschers)	**C** Landschaft
B Gegend	**D** Hauptstadt

4 Was erfährt man aus dem Text?
Schreibe die Antworten auf die folgenden Fragen in dein Heft und notiere die entsprechenden Zeilenangaben dazu.

a) *Warum brauchten Menschen ganz früher keine Zahlungsmittel?*
b) *Warum funktionierte später der direkte Tauschhandel nicht mehr?*
c) *Warum wurden beispielsweise Gold, Silber und Edelsteine als „Geld" benutzt?*
d) *Wie wurde vor rund 2700 Jahren der Wert des „Geldes" festgelegt?*

5 Erkläre mit eigenen Worten die unterstrichenen Wörter der folgenden Textstellen. Schreibe die „übersetzten" Sätze in dein Heft.

a) *Geld gibt es schon seit Menschengedenken.* (Z. 1)
b) *Keiner konnte bislang wirklich feststellen, wann und wo es genau seinen Ursprung nahm.* (Z. 1 f.)
c) *... damit wurde ein einheitliches Zahlungsmittel notwendig.* (Z. 18 f.)

6 Im Text „Die Geschichte des Geldes“ (S. 201–202) kommen drei weitere Nomen aus dem Wortfeld „Geld“ vor.

a) Trage sie (mit Zeilenangaben) in einen Cluster ein.

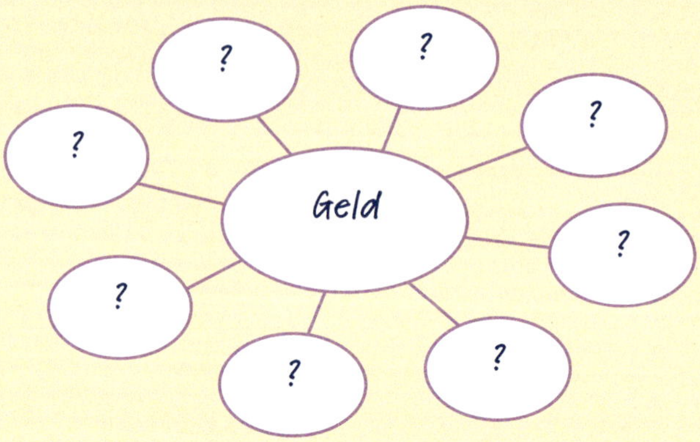

b) Ergänze mindestens fünf weitere Wörter für Geld. Es können auch umgangssprachliche Ausdrücke sein.

7 **a)** Suche die Fehler im folgenden Text. Schreibe die korrigierten Fehlerwörter in dein Heft.

b) Die Fehler im Text gehören alle zu einem bestimmten Bereich der Rechtschreibung. Um welchen Fehlerschwerpunkt handelt es sich?

Das Geld von heute

Papiergeld und münzen sind auch fast schon wieder schnee von gestern. Seit einigen jahren zahlen viele von Uns mit einer Neuen form des Geldes: dem so genannten Plastik Geld. Damit ist das zahlen mit einer Kredit Karte gemeint, die aus Plastik besteht. Die Karte wird mit einem Magnet Streifen durch einen Elektronischen Apparat gezogen, der mit der jeweiligen bank verbunden ist, man Unterschreibt einen Kontrollzettel und hat schon bezahlt.
Die Bank besorgt sich das ausgegebene Geld dann vom Konto bei der jeweiligen Hausbank wieder.

8 Schreibe ein Märchen zum Thema „Geld“. Es sollte typische Märchenmerkmale enthalten.

Wissen und Können

Sprechen und Zuhören

Diskutieren S. 15 ff.

Mehrere Personen tauschen sich zu einer Frage aus. Sie können dabei unterschiedliche **Meinungen vertreten.**

Diskussionsfrage: „Sollte in unserer Schule eine Cafeteria eingerichtet werden?"

- **Bilde dir eine eigene Meinung** und drücke sie in einem Satz aus, z. B.:
  „Ich bin für die Einrichtung einer Cafeteria."
- **Begründe** deine Meinung, z. B.:
  *„Ich bin für die Einrichtung einer Cafeteria, **weil** man sich dort entspannen kann."*
- **Unterstütze** deine Begründung **mit Beispielen,** z. B.:
  *„Man kann sich **beispielsweise** in der Pause nach einer Klassenarbeit in die Cafeteria zurückziehen und in Ruhe etwas trinken."*
- **Gehe** in der Diskussion **auf die Meinungen der anderen ein,** z. B.:
  „Was Meike gesagt hat, finde ich gut, weil ..."

Gesprächs- und Diskussionsregeln

- Sprich laut und deutlich, damit die anderen dich verstehen.
- Bleibe sachlich und höflich.
- Lass andere zu Wort kommen und ausreden.
- Knüpfe an die Beiträge der anderen an, z. B.:
  „Wie Erkan gerade gesagt hat, gibt es auch Gründe, die dagegen sprechen."
- Frage nach, wenn du etwas nicht verstanden hast, z. B.:
  „Entschuldige, ich habe das eben nicht verstanden. Könntest du es bitte noch einmal erklären?"

Spiegeln S. 10

Dies ist eine Übung, mit der man das Sprechen und das Zuhören trainieren kann. Dabei wiederholt man mit eigenen Worten, was der andere gesagt hat, bevor man seine Meinung äußert, z. B.:
„Du schlägst also vor, dass wir ..."

Redebeiträge vorbereiten S. 8 ff.

Notiere in **Stichwörtern**

- deine Vorschläge / deine Ideen / deine Meinung,
- überzeugende Begründungen (mit Beispielen) für deine Meinung.

Überlege dir eine **Einleitung,** die neugierig macht, und einen **Schlusssatz** zur Abrundung.

Präsentieren S. 77 ff.

Ein vorbereitetes Thema wird mit Worten und Bildern/Gegenständen vorgestellt (**präsentiert**), z. B. in einem Kurzvortrag.

Schreiben

Berichten
S. 41 ff.

Ein **Bericht** informiert **genau, knapp** und **sachlich** über ein zurückliegendes Ereignis oder ein Geschehen. Er gibt meist Antwort auf folgende W-Fragen:

- **Was** ist geschehen? (Ereignis) → *Ein Unfall ereignete sich ...*
- **Wo** ist es passiert? (Ort) → *an der Kreuzung Bergweg und Müllerstraße*
- **Wann** ist es geschehen? (Zeit) → *gestern Nachmittag um 15.00 Uhr*
- **Wer** war daran beteiligt? (Personen) → *Beteiligt waren ein Fahrradfahrer und ein Autofahrer. Eine Fußgängerin hat den Unfall beobachtet.*
- **Wie** ist es geschehen? (Verlauf/Einzelheiten) → *Der Autofahrer hat dem Radfahrer die Vorfahrt genommen, als er in die Müllerstraße einbiegen wollte.*
- **Warum** ist es passiert? (Ursache) → *weil der Autofahrer den Fahrradfahrer nicht gesehen hat*
- **Welche Folgen** hatte das Ereignis? → *Der Radfahrer wurde nur leicht verletzt.*

Ein **Bericht** steht meist im **Präteritum** (Vergangenheit).

Beschreiben
S. 49 ff.

In einer **Beschreibung** wird ein Gegenstand, ein Weg, ein Vorgang, ein Tier oder eine Person so dargestellt, dass die Leserin / der Leser eine genaue Vorstellung davon bekommt.
Beschreibungen müssen **sachlich** und **genau** sein und auf alle wichtigen Merkmale der beschriebenen Sache eingehen.
Beschreibungen stehen im **Präsens** (Gegenwart).

Die **Gegenstandsbeschreibung** enthält genaue Angaben zu diesen Merkmalen:

- Name/Art des Gegenstandes
- Größe/Form/Gestalt
- Farbe/Material
- Einzelheiten
- Funktion
- besondere Kennzeichen

Die **Wegbeschreibung** enthält genaue Angaben zu folgenden Dingen:

- Ausgangspunkt des Weges
- Zielpunkt des Weges
- Richtungen und Richtungsänderungen
- wichtige Orientierungspunkte

Erzählen
S. 21 ff.

Beim **Erzählen** wird ein wirkliches oder erdachtes Geschehen wiedergegeben.
Es gibt verschiedene **Erzählformen:**

- Der **Ich-Erzähler** ist auch als Figur an der Handlung beteiligt und erzählt das Geschehen aus der Sicht seiner Figur, z. B.:
  Ich sah plötzlich den Hund auf mich zu rennen.
- Der **Er/Sie-Erzähler** erzählt das Geschehen in der 3. Person (*er/sie*), z. B.:
  Er sah plötzlich den Hund auf sich zurennen.

Eine Erzählung hat meist folgenden Aufbau (roten Faden):

- eine **Einleitung,** die das Interesse der Leserinnen und Leser weckt,
- einen **Hauptteil** mit Erzählschritten und **Höhepunkt** (spannendste Stelle),
- einen **Schluss** mit offenem oder geschlossenem Ausgang.

Erzählungen werden meist im **Präteritum** geschrieben.

Lesen – Umgang mit Texten und Medien

der Sachtext

S. 67 ff.

Das sind Texte, die wichtige Informationen enthalten. Es gibt verschiedene **Formen von Sachtexten,** z. B.:

- Lexikonartikel
- Zeitungsartikel
- Sach- oder Fachbuchtexte
- Berichte (Zeitungsbericht, Unfallbericht, ...)
- Anleitungen / Beschreibung eines Vorgangs (Gebrauchsanleitung, Kochrezept, ...)
- Beschreibungen (Wegbeschreibung, Gegenstandsbeschreibung, ...)

Sachtexte erschließen:

- Lies die Überschrift und sieh dir die Bilder an. Stelle Vermutungen an, worum es in diesem Text gehen könnte.
- Verschaffe dir einen Überblick darüber, worum es in dem Text geht. Überprüfe, welche deiner Vermutungen zutreffen.
- Lies den Text jetzt ein zweites Mal abschnittsweise durch.
  - Kläre unbekannte oder schwer verständliche Wörter.
  - Markiere wichtige **Schlüsselwörter** im Text. Das sind die Wörter, die zum Verstehen des Textes besonders wichtig sind.
  - Stelle W-Fragen an den Text und beantworte sie.
  - Gib jedem Textabschnitt eine passende Überschrift.

Tabellen und Diagramme

S. 73 ff.

Eine **Tabelle** ist eine geordnete Übersicht von Informationen, z. B. von Daten oder Zahlen. Tabellen bestehen aus **Spalten** und **Zeilen.**
Eine Spalte verläuft von oben nach unten, eine Zeile von links nach rechts.

Tabellen erschließen:

- Stelle fest, worüber die Tabelle informiert. Hierbei hilft dir die Überschrift.
- Verschaffe dir einen Überblick darüber, welche Informationen die Spalten und die Zeilen enthalten.
- Vergleiche die Angaben in der Tabelle miteinander.
- Notiere deine Beobachtungen: Was fällt dir besonders auf?

Diagramme erschließen:

- Stelle fest, um welche Art von Diagramm es sich handelt, z. B.: *Säulendiagramm, Balkendiagramm, Kurvendiagramm, Kreisdiagramm*
- Benenne das Thema des Diagramms. Die Überschrift hilft dir dabei, wenn es eine gibt.
- Verschaffe dir einen Überblick über den Aufbau des Diagramms und über die Informationen, die es enthält.
- Untersuche, welche Angaben gemacht werden, z. B.: *g = Gramm → Angaben über Gewicht, h = Stunde → Angaben über Zeit, € = Euro → Angaben über Geld*
- Vergleiche die Angaben im Diagramm und halte fest, was dir auffällt.
- Stelle W-Fragen an das Diagramm und beantworte sie mit Hilfe der Informationen aus dem Diagramm.

die Erzählung

S. 95 ff.

Erzählungen sind meist kürzere Geschichten, in denen von Ereignissen erzählt wird, die tatsächlich passiert sind oder die erfunden sein können.
Oft werden darin auch die Gedanken und Gefühle von Figuren wiedergegeben.

Autor und Erzähler
Es ist wichtig, zwischen Autorin/Autor (Verfasserin/Verfasser eines Textes) und Erzählerin/Erzähler zu unterscheiden. Ein männlicher Autor, der 50 Jahre alt ist, kann z. B. ein kleines Mädchen als Erzählerin erfinden.

Erzählschritte
Dies sind die aufeinanderfolgenden Schritte des Geschehens in einem Erzähltext.

Figuren
So nennt man Personen, die in literarischen Texten vorkommen bzw. handeln. Sie haben bestimmte Eigenschaften und Absichten.
Auch Tiere oder Gegenstände können handelnde Figuren in Erzähltexten sein, z. B. in Fabeln.

das Märchen

S. 85 ff.

Das **Märchen** ist eine besondere Form der Erzählung. Märchen wurden früher mündlich weitererzählt. Es sind frei erfundene Geschichten, die ganz bestimmte Merkmale haben:

- Märchen haben oft einen festgelegten Anfang (*Es war einmal ...*) und Schluss (*Und wenn sie nicht gestorben sind, dann leben sie noch heute.*)
- Schauplatz und Zeitpunkt der Handlung sind nicht genau angegeben, z. B.: *Hinter den sieben Bergen, vor vielen Jahren*
- In der Märchenwelt leben z. B. Holzfäller, Schneider oder Königinnen zusammen mit Fantasiefiguren wie Hexen oder Zwergen.
  Typische Märchenfiguren sind z. B.:
  die Königin, der König, die Prinzessin, der Prinz, die Hexe, die Fee, der Zwerg, der Riese, der Zauberer, sprechende Tiere
- Die Hauptfigur muss oft (drei) Mutproben/Prüfungen bestehen, z. B.: *Brot aus dem Backofen holen / die Äpfel vom Baum schütteln / die Kissen schütteln in dem Märchen „Frau Holle“*
- Die Märchenfiguren sind oft auf wenige Eigenschaften festgelegt, z. B.: *die gute Fee – die böse Hexe, das fleißige Mädchen – das faule Mädchen*
- Das Gute wird im Märchen belohnt, das Böse bestraft.

das Gedicht

S. 105 ff.

Ein Gedicht besteht aus mehreren **Versen** (Zeilen), die meist in **Strophen** (Abschnitten) zusammengefasst sind. Oft, aber nicht immer, reimen sich die Verse.

Beim **Paarreim** reimen sich zwei aufeinanderfolgende Verse, z. B.:
Er zaust die Amsel auf der Hecke.
Er jagt ein paar Blätter um die Ecke.

Von einem **Parallelgedicht** spricht man, wenn man zu einer Gedichtvorlage ein ähnliches Gedicht mit gleichem Bauplan (Aufbau) schreibt.

Über Sprache nachdenken

Die Wortarten

das Adjektiv (das Eigenschaftswort)

→ S. 125 ff.

Es beschreibt Eigenschaften und Merkmale von Nomen genauer, z. B.:
*das **dicke** Buch, die **gefährliche** Schlange*

Adjektive lassen sich bis auf wenige Ausnahmen steigern.
- Grundform des Adjektivs ist der **Positiv,** z. B.:
  Das Kleid ist schön.
- Der **Komparativ** ist die Vergleichsform, z. B.:
  Dieses Kleid ist schöner als das andere.
- Die zweite Form der Steigerung ist der **Superlativ,** z. B.:
  Das rote Kleid ist am schönsten.

Achtung! Diese Adjektive lassen sich nicht sinnvoll steigern:
tot, schwanger, hölzern

Zusammengesetzte Adjektive sind oft genauer und anschaulicher, z. B.:
blutrot, federleicht, dunkelblau

der Artikel (der Begleiter)

→ S. 118

Er ist das wichtigste Begleitwort des Nomens. Am Artikel kann man das Geschlecht (Genus) eines Nomens erkennen.
Es gibt **bestimmte** Artikel (*der, die, das*) und **unbestimmte** Artikel (*ein, eine, ein*).
Im **Plural** (Mehrzahl) heißt der bestimmte Artikel immer *die*.

die Konjunktion (das Bindewort)

→ S. 8

Konjunktionen verbinden Satzteile oder Teilsätze miteinander, z. B.:
Es gab Donner und Blitz.
Er konnte an der Wanderung nicht teilnehmen, weil er sich den Fuß verstaucht hatte.
Die häufigsten Konjunktionen sind *und, oder, weil, da, nachdem.*

das Nomen (das Hauptwort, das Namenwort)

→ S. 116 ff.

Nomen bezeichnen
- Lebewesen, z. B.: *der Schüler, die Frau, das Kaninchen*
- Gegenstände, z. B.: *der Stuhl, die Uhr, das Haus*
- Gefühle, z. B.: *der Mut, die Angst, der Wunsch*
- Zustände, z. B.: *die Ausweglosigkeit, die Not*

Nomen werden **großgeschrieben.**

Bei den Nomen gibt es drei **Geschlechter** (Genus, Plural: Genera):
männlich (maskulin) → z. B.: *der Papagei*
weiblich (feminin) → z. B.: *die Katze*
sächlich (neutral) → z. B.: *das Pferd*

das Nomen im Satz

S. 141 ff.

Nomen stehen im Satz in einem bestimmten **Fall.** Der Fall ist meist an der Endung und dem Artikel (Begleiter) des Nomens zu erkennen.

Satz	**Fall**	**Fragewörter**	**Singular**	**Plural**
Der Hund bellt.	Nominativ / 1. Fall	**Wer oder was** bellt?	*der Hund*	*die Hunde*
Der Mann nahm sich des Hundes an.	Genitiv / 2. Fall	**Wessen** nahm sich der Mann an?	*des Hundes*	*der Hunde*
Der Hund gehört dem Kind.	Dativ / 3. Fall	**Wem** gehört der Hund?	*dem Kind*	*den Kindern*
Der Hund frisst den Knochen.	Akkusativ / 4. Fall	**Wen oder was** frisst der Hund?	*den Knochen*	*die Knochen*

die Präposition (das Verhältniswort)

S. 60

Sie gibt das Verhältnis zwischen Gegenständen und/oder Personen an:
- **Raum** (*Wo?*): *Das Auto steht **in** / **vor** / **neben** / **hinter** / **außerhalb** der Garage.*
- **Zeit** (*Wann?*): *Er fährt **gegen** Abend. Er bleibt **bis** 20 Uhr. Er fährt **nach** ihr los.*

das Pronomen (das Fürwort)

S. 121 ff.

Das Pronomen (Fürwort) ist ein Stellvertreter oder Begleiter; es vertritt oder begleitet ein Nomen.

- **das Personalpronomen** (das persönliche Fürwort)

Singular	1. Person 2. Person 3. Person	*ich* *du* *er/sie/es*
Plural	1. Person 2. Person 3. Person	*wir* *ihr* *sie*

Beispiele: *Der Feuerwehrmann löscht das Feuer.*
Er löscht das Feuer.
Nina und Zoltan spielen Fußball.
Sie spielen Fußball.

- **das Possessivpronomen** (das besitzanzeigende Fürwort)

mein, dein, sein, ihre
unser, euer, ihr
Das Possessivpronomen zeigt eine Zugehörigkeit oder einen Besitz an, z.B.:
Das Fahrrad gehört Carla. Es ist ihr Fahrrad.
Dort drüben steht unser Auto.

das Verb (das Tätigkeitswort)

→ S. 130 ff.

Es gibt an, was jemand **tut** (*er trinkt*) oder was **geschieht** (*es regnet*).

Wenn man ein Verb im Satz verwendet, bildet man aus dem **Infinitiv** (Grundform) die Personalform, z. B.:

Infinitiv:	*zeichnen*
Personalform:	*er zeichnet* (= 3. Person im Singular)

Verben im **Präsens** (Gegenwart) drücken aus,
- **was gerade geschieht,** z. B.:
  Johannes schreibt eine Mail.
- **was immer geschieht** (jetzt und in der Zukunft), z. B.:
  Jeden Abend geht er schwimmen.
- **was in der Zukunft geschieht** (mit Zeitangabe), z. B.:
  Morgen hält sie einen Kurzvortrag.

1. Person Singular	*ich lerne*	1. Person Plural	*wir lernen*
2. Person Singular	*du lernst*	2. Person Plural	*ihr lernt*
3. Person Singular	*er/sie/es lernt*	3. Person Plural	*sie lernen*

Verben im **Präteritum** (Vergangenheit) drücken aus, **was in der Vergangenheit geschehen ist.**
Das Präteritum verwendet man meist beim schriftlichen Erzählen und Berichten.

1. Person Singular	*ich lachte*	1. Person Plural	*wir lachten*
2. Person Singular	*du lachtest*	2. Person Plural	*ihr lachtet*
3. Person Singular	*er/sie/es lachte*	3. Person Plural	*sie lachten*

Achtung: Bei einigen Verben verändert sich im Präteritum der Stammvokal, z. B.:
rufen – ich rief, schlafen – er schlief, denken – sie dachte.
Diese Verben nennt man **unregelmäßige** oder **starke** Verben.

Verben im **Perfekt** drücken etwas aus, **was in der Vergangenheit geschehen ist,** besonders beim mündlichen Erzählen.

1. Person Singular	*ich habe gedacht*	1. Person Plural	*wir haben gedacht*
2. Person Singular	*du hast gedacht*	2. Person Plural	*ihr habt gedacht*
3. Person Singular	*er/sie/es hat gedacht*	3. Person Plural	*sie haben gedacht*

Die Befehlsform des Verbs heißt **Imperativ,** z. B.:

Imperativ Singular:	*Schweig!* (gemeint ist eine einzelne Person)
Imperativ Plural:	*Schweigt!* (gemeint sind mehrere Personen)

Achtung: Der Stammvokal kann sich im Imperativ ändern, z. B.:
geben – Gib!   sehen – Sieh!   essen – Iss!

Wortbildung und Wortbedeutung

der Vergleich → S. 54; 127

Vergleiche werden häufig beim Beschreiben und Erzählen oder in Gedichten verwendet, damit sich die Leserinnen und Leser etwas besser vorstellen können. Ein Vergleich drückt aus, ob zwei Dinge **gleich, ähnlich** oder **unterschiedlich** sind. Das geschieht mit Hilfe der Vergleichswörter *wie* oder *als*, z. B.:

- *genau so schön wie der Sommerhimmel* (gleich),
- *fast so leicht wie eine Feder* (ähnlich),
- *größer als ein Haus* (unterschiedlich).

Tipp: Achte auf die Verwendung der richtigen **Vergleichswörter:**
Grundform + ***wie***
Steigerung + ***als***

die Wortfamilie → S. 153; 162

Darunter versteht man eine Gruppe verwandter Wörter.
Die Wörter einer Wortfamilie werden im Wortstamm meist gleich oder ähnlich geschrieben, z. B.:

- *die Zahl, der Zähler, bezahlen, unbezahlbar*
- *fahren, das Fahrgestell, das Gefährt, das Fahrrad, befahren, die Fähre*

das Wortfeld → S. 35

Wörter mit ähnlicher Bedeutung bilden ein **Wortfeld,** z. B.:
Wortfeld ***sehen:*** *schauen, betrachten, glotzen, beobachten, ansehen, blicken, anstarren*

Die Wörter aus einem Wortfeld unterscheiden sich in ihrer Bedeutung, z. B.:

- *ein Bild betrachten*
- *eine Person genau ansehen*
- *Einzelheiten entdecken*

die Zusammensetzung → S. 54; 119 f.

Durch das **Zusammensetzen** von Wörtern entstehen neue Wörter.
Man unterscheidet in zusammengesetzten Wörtern **Bestimmungswort** und **Grundwort.**
Das **Grundwort** bestimmt die Wortart, das Geschlecht (Genus), den Artikel, z. B.:

Bestimmungswort	**+**	**Grundwort**	**=**	**Zusammensetzung**
der Honig	+	*die Biene*	=	*die Honigbiene*
(Nomen, männlich)		(Nomen, weiblich)		(Nomen, weiblich)
die Biene	+	*fleißig*	=	*bienenfleißig*
(Nomen)		(Adjektiv)		(Adjektiv)

Sätze und Satzglieder

die Satzarten
→ S. 138 f.

Hauptsätze nennt man vollständige Sätze, die allein stehen können, z. B.:
Wir fahren in die Stadt.

Es gibt verschiedene Satzarten:
- **Aussagesatz,** z. B.:
  Draußen ist es dunkel. → Nach einem Aussagesatz steht ein **Punkt.**
  Wenn man den Satz spricht, senkt sich am Ende die Stimme.
- **Fragesatz,** z. B.:
  Ist dir auch kalt? → Nach dem Fragesatz steht ein **Fragezeichen.**
  Wenn man den Satz spricht, hebt sich am Ende die Stimme.
- **Aufforderungs-, Befehls- und Ausrufesatz,** z. B.:
  Schließe endlich das Fenster! → Er endet mit dem **Ausrufezeichen.**
  Wenn man den Satz spricht, wird die Stimme am Ende lauter.

die Satzglieder
→ S. 139 ff.

Wörter oder Wortgruppen im Satz, die bei der **Umstellprobe** immer zusammenbleiben, sind **Satzglieder,** z. B.:

Der Unterricht war heute ziemlich interessant.
Heute war der Unterricht ziemlich interessant.
Ziemlich interessant war ...

- **Das Prädikat** (die Satzaussage):

Es wird mit der Frage „Was tut / tun ... ?" oder „Was geschieht?" erfragt, z. B.:
Mein Vater arbeitet im Garten. → ***Was tut** mein Vater im Garten?*
→ *Er arbeitet im Garten. = Prädikat*

Das Prädikat steht im Aussagesatz an zweiter Satzgliedstelle, z. B.:

Mein Vater	*arbeitet*	*im Garten.*
1. Satzglied	2. Satzglied	3. Satzglied

Das Prädikat kann mehrteilig sein, z. B.:
Mein Vater hat im Garten gearbeitet.

- **Das Subjekt** (der Satzgegenstand):

Dieses Satzglied sagt etwas darüber aus, **wer** oder **was** etwas tut.
Das **Subjekt** erfragt man mit *Wer?* oder *Was?,* z. B.:
Mein Vater arbeitet im Garten. → ***Wer** arbeitet im Garten?*
→ *Mein Vater arbeitet im Garten.* = Subjekt

Das Subjekt steht im **Nominativ** (1. Fall).

- **Die Objekte** (die Satzergänzungen):

Das **Akkusativ-Objekt** erfragt man mit *Wen?* oder *Was?,* z. B.:
Mein Vater singt ein Lied. → ***Was** singt mein Vater?*
→ *Mein Vater singt ein Lied.* = Akkusativ-Objekt

Das Satzglied, das man mit *Wem?* erfragt, ist das **Dativ-Objekt,** z. B.:
Mein Vater gibt uns ein Buch. → ***Wem** gibt mein Vater ein Buch?*
→ *Mein Vater gibt uns ein Buch.* = Dativ-Objekt

Richtig schreiben

Rechtschreibhilfen

die Fehleranalyse
→ S. 171 f.

Dies ist eine Methode, die dir hilft, deine Rechschreibfähigkeiten zu verbessern:
- Lege eine Tabelle mit drei Spalten an.
- Schreibe in die 1. Spalte jeweils deine Fehlerwörter in der richtigen Schreibweise. Unterstreiche die korrigierte Stelle im Wort.
- Begründe in der 2. Spalte, wo der Fehler liegt.
- Notiere in der 3. Spalte Regeln und Tipps, die dir helfen, das Wort künftig richtig zu schreiben.

korrigiertes Fehlerwort	Warum ist es falsch?	Wie vermeide ich den Fehler?
winterlich	Es ist ein Adjektiv und wird kleingeschrieben.	Ich erkenne das Adjektiv an dem Suffix (der Nachsilbe) *-lich*.

im Wörterbuch nachschlagen
→ S. 177 ff.

Du kannst Fehler vermeiden, wenn du schwierige Wörter in einem **Rechtschreibwörterbuch** nachschlägst. Darin sind die Wörter **nach dem Alphabet geordnet** aufgeführt.
- Schlage das Wörterbuch an der Stelle auf, wo du den Anfangsbuchstaben des gesuchten Wortes vermutest.
- Auf jeder Doppelseite eines Wörterbuches stehen oben links und oben rechts fett gedruckte **Kopfwörter,** die angeben, welches der erste und welches der letzte Eintrag auf der Doppelseite ist.
- Da es viele Wörter mit dem gleichen Anfangsbuchstaben gibt, musst du meist noch den 2. oder sogar 3. Buchstaben dazunehmen.
- Den alphabetisch aufgelisteten Wörtern sind oft weitere Wörter untergeordnet, z. B. Ableitungen von diesem Wort oder Zusammensetzungen, die dieses Wort enthalten.

Beachte dabei:
- Verben sind im Wörterbuch im Infinitiv (Grundform) verzeichnet, z. B.: *Er fährt schnell.* → Suche nach dem Wort *fahren*.
- Bei zusammengesetzten Nomen musst du manchmal mehrmals nachschlagen, z. B.: *Apfelkuchen* → Suche nach *Apfel* und nach *Kuchen*.

Wörterlisten
→ S. 152; 155; 158

Mit Wörterlisten kannst du regelmäßig deine Rechtschreibsicherheit trainieren. Du trägst in diese Listen schwierige Wörter ein, die du dir merken willst oder die du noch üben musst (Lernwörter).

das Partnerdiktat

→ S. 155

- Lies zuerst den gesamten Diktattext durch und präge dir schwierige Wörter ein.
- Lass dir die erste Hälfte des Textes von einer Lernpartnerin / einem Lernpartner diktieren.
- Tauscht bei der zweiten Texthälfte die Rollen.
- Überprüfe deinen Text auf Rechtschreibfehler.
- Tauscht eure Texte aus und korrigiert sie gegenseitig.
- Verbessere deine Fehler.

sprechschwingendes Schreiben

→ S. 148

Diese Methode hilft dir, die einzelnen Silben eines Wortes zu erkennen.

- **Schwinge** die Silben des Wortes beim Sprechen deutlich und zeichne mit einer Armbewegung die **Silbenbögen** in die Luft.
- Schreibe jede einzelne Silbe mit Schwung auf.
- Prüfe mit Silbenbögen die Schreibweise, z. B.:
  Son-nen-blu-men-strauß

Rechtschreibproben

die Ableitungsprobe

→ S. 162

Wenn du nicht sicher bist, wie ein Wort geschrieben wird (z. B. mit *e* oder mit *ä*, mit *eu* oder *äu*), dann suche ein verwandtes Wort, z. B.:
gefährlich → Gefahr; Mäuse → Maus

die Artikel- oder Pluralprobe

→ S. 117

Wörter, vor die du einen **Artikel** (Begleiter) oder die du in den **Plural** (Mehrzahl) setzen kannst, werden großgeschrieben. Es sind **Nomen,** z. B.:
g/Gefahr → die Gefahren (Pl.) → die Gefahr

die Steigerungsprobe

→ S. 127

Lässt sich ein Wort steigern, ist es meist ein **Adjektiv** (Eigenschaftswort) und wird kleingeschrieben, z. B.:
schnell – schneller – am schnellsten

die Verlängerungsprobe

→ S. 159

Am Wortende (im Auslaut) klingen *d-t, b-p* und *g-k* gleich.
Wenn du Wörter mit diesen Lauten am Ende verlängerst und deutlich sprichst, hörst du, welchen Buchstaben du schreiben musst, z. B.:
der Wald – die Wälder; der Rat – raten; der Stab – die Stäbe; plump – plumpe; der Zwerg – die Zwerge; der Tank – tanken

richtig abschreiben

S. 156

- **Lies** das Wort **genau** und überlege, was dir an diesem Wort **schwierig** erscheint.
- **Gliedere** das Wort in Teile. Präge dir die schwierigen Wortteile ein.
- Schreibe das Wort jetzt **auswendig** auf.
- **Kontrolliere** deine Schreibung, indem du genau mit der Vorlage vergleichst.

Rechtschreibregeln

kurze Vokale

S. 157 f.

- Nach **betontem kurzem** Vokal folgen meist zwei oder mehr Konsonanten (Mitlaute).
- In den meisten Fällen kann man sie beim Hören gut unterscheiden, z. B.: *das Heft, die Kante, der Kasten, die Silbe*
- Hört man nach einem betonten kurzen Vokal nur einen Konsonanten, wird dieser meist verdoppelt, z. B.: *der Löf-fel, die Eb-be, das Was-ser*

lange Vokale

S. 150 ff.

Meist werden lang gesprochene Vokale nicht besonders gekennzeichnet, z. B.: *der Hase, das Rad, der Hof, rasen, lesen, rufen*
Vor *l, m, n, r* folgt auf den lang gesprochenen Vokal ein *h* („Dehnungs-*h*"), z. B.: *das Mehl, lahm, die Sahne, das Rohr*
In einigen Wörtern wird der lang gesprochene Vokal verdoppelt, z. B.:

aa	ee	oo
der Aal, der Saal	*leer, das Meer*	*das Boot, das Moos*

Diese Lernwörter musst du dir besonders einprägen.

Ein Sonderfall ist der **lang gesprochene *i*-Laut:**

- Viele Wörter mit lang gesprochenem *i*-Laut werden mit ***ie*** geschrieben, z. B.: *die Wiese, das Tier, das Bier, die Miete, lieben, siegen, schliefen, wiegen*
- Nur in den Pronomen *ihm, ihr, ihn, ihre* wird der *i*-Laut als ***ih*** geschrieben.
- Sehr selten sind Wörter mit *-ieh*, z. B.: *das Vieh, zieht, sieht, geschieht*
- In Fremdwörtern wird der *i*-Laut oft mit einfachem *i* geschrieben, z. B.: *die Maschine, die Mandarine, das Klima, das Motiv*

die *s*-Laute

S. 156

- Ein **stimmhaftes *s*** wird immer *s* geschrieben, z. B.: *die Rose, die Bluse, der Riese, lesen*
- Ein *ß* steht **nur nach einem langen Vokal** oder **Diphthong (Doppellaut),** z. B.: *die Soße, außen, weiß, heiß, der Gruß, schließen*
- Ein *ss (stimmlos)* steht **nur nach einem kurzen Vokal,** z. B.: *der Pass, die Hunderasse, messen, das Schloss*

die Großschreibung

→ S. 116; 163 f.; 167 ff.

Groß schreibt man
- alle **Nomen,** z. B.:
  die Puppe, der Bär, das Auto, die Leistung
- alle **Satzanfänge,** z. B.:
  Bei diesem Wetter gehe ich nicht ins Schwimmbad.
- alle **Namen** von Personen und Orten, z. B.:
  Johannes, Alina, Joshua, Wiesbaden, Grönland

die Kleinschreibung

→ S. 121 ff.; 165 f.

Klein schreibt man
- alle **Verben,** z. B.: *malen, tanzen, faulenzen*
- alle **Adjektive,** z. B.: *schön, eisig, diebisch, freundlich*
- ebenfalls alle zusammengesetzten Adjektive, z. B.:
  federleicht, kugelrund, kinderfreundlich
- alle **Personalpronomen** (persönliche Fürwörter), z. B.:
  ich, du, er/sie/es, wir, ihr, sie, mich, dich
- alle **Possessivpronomen** (besitzanzeigende Fürwörter), z. B.:
  mein, dein, sein, ihr, euer, ihr
- Eine Sonderreglung gibt es bei den Anredepronomen in Briefen und Mails:
  - Das ***Sie*** – für Personen, die man nicht duzt – wird immer großgeschrieben.
  - Die vertraute Anrede ***du*** kann man in Briefen groß- oder kleinschreiben.

die Worttrennung am Zeilenende

Mehrsilbige Wörter trennt man nach Sprechsilben, die man beim langsamen und betonten Sprechen hören kann, z. B.:
die Pus-te-blu-me
Im Wörterbuch sind Trennungen durch Längsstriche markiert, z. B. *Pus|te|blu|me.*

das Komma bei Aufzählungen

→ S. 174

Zwischen den Teilen einer Aufzählung stehen Kommas, aber nicht, wenn sie durch ***und*** bzw. ***oder*** verbunden sind, z. B.:
Er kaufte Tassen, Teller, Gläser.
Sollte er Tassen, Teller oder Gläser kaufen?

die Zeichensetzung bei der wörtlichen Rede

→ S. 175

Was jemand denkt oder sagt, wird durch **Anführungszeichen** gekennzeichnet.
- Der **vorangestellte Begleitsatz** endet mit einem Doppelpunkt, z. B.:
  Er sagte laut: „Das gibt es doch nicht!“
- Der **nachgestellte Begleitsatz** wird durch ein Komma von der wörtlichen Rede abgetrennt, z. B.:
  „Das gibt es doch nicht!“, sagte er laut.
- Der **eingeschobene Begleitsatz** wird durch Kommas von der wörtlichen Rede abgetrennt, z. B.:
  „Mensch“, sagte er laut, „das gibt es doch nicht!“

Methoden und Arbeitstechniken

Informationen beschaffen und auswerten S. 78 ff.

Wenn du zu einem Thema (z. B. für einen Kurzvortrag) Informationen suchst, kannst du

- in einer **Bibliothek** suchen,
- **eine Expertin / einen Experten** befragen (z. B. Eltern, Lehrerin/Lehrer, Freundin/Freund),
- im **Internet** mit Hilfe von Suchmaschinen (z. B. „Google“ oder „Blinde Kuh“) zu deinem Thema **recherchieren,** indem du deinen **Suchbegriff** eingibst,
- dich in verschiedenen **Lexika** informieren.

Du musst alle Informationen auswerten.

- Lies die Texte und verschaffe dir einen Überblick über ihre Inhalte.
- Überlege, welche Fragen zum gewählten Thema du beantworten möchtest.
- Suche dir die Abschnitte heraus, die wichtige Informationen zu deinem Thema enthalten.
- Schreibe die wichtigsten Informationen in Stichwörtern auf.
- Prüfe, welche Fragen in diesen Texten nicht beantwortet werden, und suche – wenn nötig – weitere Informationen.

der Kurzvortrag S. 77 ff.

Ein gelungener Vortrag muss gut vorbereitet werden.

- Notiere das, was für deinen Vortrag wichtig ist, in **Stichwörtern,** z. B. auf Karteikarten.
- Bringe die Stichwörter in **eine sinnvolle Reihenfolge.**
- Überlege dir eine passende **Einleitung,** die dein Publikum neugierig macht.
- Überlege dir einen passenden **Schluss** für deinen Vortrag.
- Bereite **Anschauungsmaterial** vor (z. B. mitgebrachte Bilder, Folie, Tafelanschrieb, Gegenstände).

der Cluster S. 12; 26

Er hilft dir, Ideen zu einem bestimmten Thema zu finden.

- Schreibe das Thema (den Oberbegriff) in die Mitte eines Blattes.
- Notiere jetzt wichtige Gedanken / Angaben / Merkmale zu dem Thema und verbinde sie durch Linien mit dem Clustermittelpunkt.

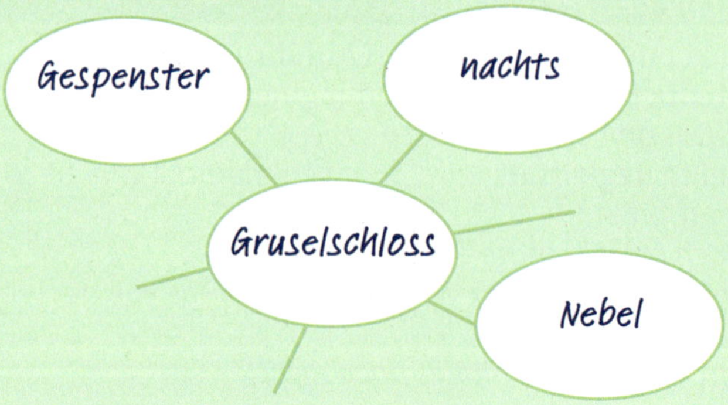

die Mindmap (die Gedankenlandkarte)

→ S. 63; 92

In einer Mindmap ordnest du deine Ideen.
- Schreibe in die Mitte deines Blattes dein Thema (den Oberbegriff).
- Ergänze jetzt um das Thema Schlüsselwörter.
- Erweitere diese Schlüsselbegriffe um Unterbegriffe, sodass Beziehungen deutlich werden.

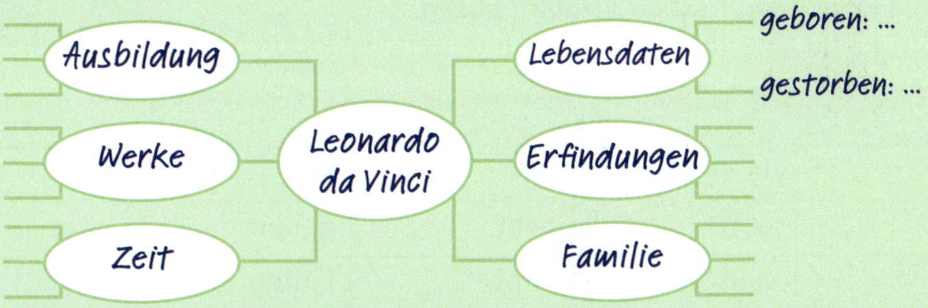

das Portfolio

→ S. 31; 39

Ein Portfolio ist eine Mappe, mit der du zeigst, was du (z. B. im Fach Deutsch) über einen bestimmten Zeitraum oder zu einem bestimmten Thema gelernt hast. Du kannst damit anderen erklären oder für dich selbst festhalten, wie du gelernt hast, welche Ergebnisse dabei herauskamen und wie du diese einschätzt.
In diese Mappe kannst du folgende Dinge abheften:
- besondere Arbeiten, Übungen, Unterrichtsergebnisse,
- deine persönliche Einschätzung, was du bei einzelnen Unterrichtsthemen schon gut kannst oder noch lernen musst.

die Schreibkonferenz

→ S. 38 f.

- Schreibt eure Texte auf Papier mit breitem Rand („Korrekturrand“).
- Setzt euch zu dritt oder zu viert zusammen.
- Einige dich mit den anderen, wer welche „Überprüfungspunkte“ übernimmt.
- Eine/r von euch liest seinen/ihren Text vor. Die anderen hören gut zu.
- Die Zuhörer/innen sagen, was ihnen gut gefallen hat. Bei Unklarheiten fragen sie nach.
- Anschließend wird das Blatt in der Schreibkonferenz herumgegeben. Alle Mitglieder notieren Verbesserungsvorschläge auf dem Korrekturrand.
- Reihum lesen nun auch die anderen ihre Texte vor.
- Jeder schreibt seinen Text ins Reine und arbeitet dabei die Vorschläge ein.
- Überprüfe zum Schluss noch einmal Rechtschreibung und Zeichensetzung.

unbekannte und schwierige Wörter klären

→ S. 70; 97

Es gibt mehrere Möglichkeiten, unbekannte Wörter im Text zu klären:
- **Nachdenken:** Suche nach Hinweisen im Text und versuche, das Wort aus dem Textzusammenhang heraus zu verstehen.
- **Nachfragen:** Frage bei jemandem (Lehrer/Eltern/Mitschüler) nach.
- **Nachschlagen:** Benutze ein Wörterbuch oder Lexikon und schlage die Wortbedeutung nach. Prüfe bei mehreren Bedeutungserklärungen, welche im Text zutrifft.

Lösungen der Tests

Teste dich selbst! Wege beschreiben
Seite 65

1 a) *Diese Verben könntest du genannt haben:*
loslaufen, einbiegen, überqueren, hinuntergehen, hindurchgehen, sich nähern

1 b)

	du	ihr	Sie	man
gehen	gehst	geht	gehen	geht
laufen	läufst	lauft	laufen	läuft
überqueren	überquerst	überquert	überqueren	überquert
abbiegen	biegst ab	biegt ab	biegen ab	biegt ab

1 c)
gehen – Geh(e)! Geht!
laufen – Lauf! Lauft!
überqueren – Überquer(e)! Überquert!
abbiegen – Bieg(e) ab! Biegt ab!

2 *So könnte deine Beschreibung lauten:*
Der Einbrecher kam von der Wiesenstraße, dann ging er links in den Buchenweg. Anschließend überquerte er die Waldstraße und bog wieder links in den Waldweg ein. Bei Hausnummer 2 kletterte der Dieb über die Mauer und lief über das Tulpenbeet und die Wiese zum Haus. Am Haus klettere er dann auf den Balkon und brach über das Balkonfenster in das Haus ein. Er durchschritt die Diele und ging ins Wohnzimmer. Zuletzt öffnete der Einbrecher den Wohnzimmerschrank und stahl wertvolle Gegenstände.

Teste dich selbst! Gegenstände beschreiben
Seite 66

1 a) und b) *So könnte dein ausgefüllter Schreibplan aussehen:*
Art der Figur: Gartenzwerg
Größe: ca. 20 cm groß
Form: länglich, schmal / abgerundet
Gewicht: ca. 500 g
Farben: blaue Zipfelmütze, weißer Bart, rotes T-Shirt, schwarzer Gürtel, grüne Hose, braune Schuhe
besondere Merkmale: schwarze Brille, gelbe Gießkanne
Material: Plastik/Keramik
Materialbeschaffenheit: glänzend/lackiert

2 *So könnte deine Beschreibung lauten:*
Gartenzwerg 1 ist etwa 20 cm groß und 500 g schwer. Er hat eine längliche, schmale Form und besteht aus glänzendem (lackiertem) Plastik (Keramik).
Der Gartenzwerg hat einen weißen Vollbart und trägt eine Brille. Auf seinem Kopf sitzt eine blaue Zipfelmütze. Er trägt eine grüne Hose, ein rotes T-Shirt mit einem schwarzen Gürtel und braune Schuhe. In der Hand hält er eine gelbe Gießkanne.

Teste dich selbst! Literarische Texte lesen und verstehen
Seite 113

1
A: Schildkröte und Elefant
B: Ein unerwarteter Vorschlag
C: Schildkröte und Nashorn
D: Der Wettkampf
E: Das Ende des Tauziehens
F: Die starken Tiere treffen sich

2 *Diese Aussagen sind richtig:*
- Die Schildkröte zieht nicht mit am Strick.
- Weder der Elefant noch das Nashorn gewinnt den Wettkampf.

3 a)
- verächtlich (Z. 6): voller Verachtung
- sich mit einer Sache brüsten (Z. 16 f.): mit etwas angeben
- jemandem beipflichten (Z. 50): jemandem zustimmen

3 b) *So könnte deine Antwort lauten:*
verständnisvoll sein: verstehen, wie eine andere Person sich fühlt oder denkt / sich in die Situation eines anderen hineinversetzen

4 *So könnte deine Antwort lauten:*
Damit ist gemeint, dass der Wettkampf die Ansichten des Elefanten völlig durcheinandergebracht hat. Bis zum Wettkampf war er der Meinung, das stärkste Tier zu sein. Der Schildkröte gelingt es durch ihren Trick, Elefant und Nashorn hereinzulegen. So glaubt der Elefant am Ende, die Schildkröte habe den Wettkampf gewonnen. Da dies schon so unglaublich ist, wundert sich der Elefant auch nicht mehr darüber, dass das Nashorn ihm ausnahmsweise einmal zustimmt.

5 *So könnte deine Antwort lauten:*
Der Elefant und das Nashorn sind große und kräftige Tiere. Sie halten sich beide für besonders stark. Die Schildkröte ist zwar klein und schwach, aber es gelingt ihr doch, die beiden anderen auszutricksen. Weil sie schlauer als die anderen beiden ist, ist sie für mich die „Gewinnerin" des Wettkampfes.

Teste dich selbst! Wörter und Sätze
Seite 145

1 a) *Folgende Verbformen sind richtig:*
Wir sehen, er sah, du hast gesehen, wir gehen.
Sie halten, ich hielt, er hat gehalten, Sie falten.
Sie beißen, sie biss, er hat gebissen, Sie hießen.

1 b) *Verbesserung der falschen Verbformen:*
~~er gah~~ – er ging, ~~du hast gegehen~~ – du bist gegangen
~~ich fielt~~ – ich faltete, ~~er hat gefalten~~ – er hat gefaltet
~~sie hiss~~ – sie hieß, ~~er hat gehissen~~ – er hat geheißen

1 c)
Präsens: wir sehen, wir gehen, Sie halten, Sie falten, Sie beißen
Perfekt: du hast gesehen, du bist gegangen, er hat gehalten, er hat gefaltet, er hat gebissen, er hat geheißen
Präteritum: er sah, er ging, ich hielt, ich faltete, sie biss, Sie hießen, sie hieß

2 lachen, lachen, freut, lachen, ausschüttet, bewegt, zucken, bebt, hüpft, werden ... durchgeknetet, (werden) ... gefördert, schlägt, steigt, wird ... versorgt, stabilisiert, stärkt

Seite 146

3 a) und b)

Singular (Einzahl)	Plural (Mehrzahl)
das Brot	die Brote
die Kerze	die Kerzen
das Obst	---
---	die Leute
das Wasser	---
das Glas	die Gläser
die Maus	die Mäuse
das Blatt	die Blätter
---	die Ferien
der Mensch	die Menschen
die Katze	die Katzen
die Tür	die Türen
die Milch	---
das Glück	---

Singular (Einzahl)	**Plural (Mehrzahl)**
die Karte	die Karten
das Buch	die Bücher
der Hut	die Hüte
das Märchen	die Märchen

3 c) das Obst, das Wasser, das Glück, die Milch

3 d) die Leute, die Ferien

4

Artikel	**Nomen**	**Personal-pronomen**	**Verben**	**Adjektive**
ein	*Buch*	*ich*	*lese*	*dickes*
die	*Geschichte*	*es*	*ist*	*interessant*
	Gespenster	*du*	*magst*	*lustig*
	Elfen	*wir*	*spielen*	*spannend*
eine	*Hexe*	*es*	*müssen*	*alte*
eine	*Rolle*		*stellen*	*kluge*
	Klassenbücherei			

5
Nach dem Nominativ fragt man mit *Wer?* oder *Was?*
Nach dem Akkusativ fragt man mit *Wen?* oder *Was?*
Singular ist ein anderes Wort für *Einzahl*.
Plural ist ein anderes Wort für *Mehrzahl*.

6 a) Zum Geburtstag habe ich mir eine Maus gewünscht.

6 b) *Der Satz lässt sich dreimal umstellen:*
Ich verstehe jetzt die Aufregung.
Die Aufregung verstehe ich jetzt.
Ich verstehe die Aufregung jetzt.

6 c)
eine Maus = Akkusativ-Objekt (Wen? oder Was?)
Oma = Subjekt (Wer?)
verstehe = Prädikat
ich = Subjekt (Wer?)
die Aufregung = Akkusativ-Objekt (Wen? oder Was?)
Sie = Subjekt (Wer?)
mich = Akkusativ-Objekt (Wen? oder Was?)
Sie = Subjekt (Wer?)
will = Prädikat
ich = Subjekt (Wer?)

Teste dich selbst! Eigene Fehler verstehen
Seite 171

1 *So lautet die richtige Schreibung der Wörter:*
manchmal, reden, geizig, daran, irgend
Lösungswort: STERN

2 a–d) *Diese Informationen sind in der Tabelle zu ergänzen:*

korrigiertes Wort	Warum ist das Wort falsch?	Wie könnte man den Fehler vermeiden?
die Geschwindigkeit	**Groß-/Kleinschreibung nicht beachtet** Es ist ein Nomen und muss großgeschrieben werden.	auf Begleitwörter oder das Suffix *-keit* achten
betrunken	**ähnlich klingende Konsonanten wurden nicht unterschieden** Das Wort muss mit *k* geschrieben werden.	Wort genau aussprechen, verwandte Wörter suchen, z. B. *trinken, Getränke*
die Wiesen	**Länge/Kürze des Vokals nicht beachtet** Es ist ein Wort mit einem betonten langen Vokal. Das lange *i* wird meist mit *ie* geschrieben. Dieses Wort ist kein Lernwort mit einfachem *i*.	Wort genau aussprechen und auf die Länge des betonten Vokals achten
konnten	**Länge/Kürze des Vokals nicht beachtet** Es ist ein Wort mit einem betonten kurzen Vokal. Deshalb wird es mit Doppel-*n* geschrieben.	Wort genau aussprechen und auf die Kürze des betonten Vokals achten
der Vorschlag	**Groß-/Kleinschreibung nicht beachtet** Es ist ein Nomen und muss großgeschrieben werden.	auf Begleitwörter achten (*den Vorschlag*) oder den Plural bilden (*die Vorschläge*)
möglichst	**Flüchtigkeitsfehler** Der letzte Buchstabe wurde vergessen.	nach dem Schreiben alle Wörter noch einmal genau prüfen, im Zweifelsfall genau aussprechen

2 e) Die meisten Fehler gehören in die Bereiche Groß-/Kleinschreibung oder Länge/Kürze des Vokals.

2 f) Die Schreiberin / Der Schreiber sollte auf Vokallängen und -kürzen beim betonten Vokal und auf Begleitwörter von Nomen achten.

Seite 172

3 a–c) *Überprüfe deine Ergebnisse zusammen mit einer Lernpartnerin / einem Lernpartner oder deiner Lehrerin / deinem Lehrer. Diese Fehlerschwerpunkte könntest du zum Beispiel nennen:*
Groß-/Kleinschreibung, Länge/Kürze des Vokals, Lernwörter, Flüchtigkeitsfehler

Teste dich selbst! Richtig schreiben
Seite 181

1 b)
A: daher, fließt, Strand, Richtung
B: ausgelöst, schwächer, zieht, großer, Meeres
C: Sonne, stark, kräftigen, Sonnenstrahlen, erwärmen, verdunstete, Abend, Kraft

1 c) *So könnte deine Lösung lauten:*
daher → Man kann keinen Artikel vor das Wort setzen und keinen Plural bilden. Deshalb kann es kein Nomen sein und muss kleingeschrieben werden.
fließt → Das Wort muss mit *ß* geschrieben werden, denn es kommt von *fließen*; nach einem langen betonten Vokal steht niemals Doppel-*s*.
Strand → Das Wort wird mit *d* geschrieben, denn im Plural heißt es *die Strände.*
Richtung → Es ist ein Nomen und muss großgeschrieben werden, denn man kann einen Artikel davorsetzen (*die Richtung*), es hat eine typische Nomen-Endung (*-ung*) und man kann eine Pluralform bilden (*die Richtungen*).
ausgelöst → Das Wort muss kleingeschrieben werden, denn es ist eine Form des Verbs *auslösen*. Man kann keinen Artikel davorsetzen, also ist es kein Nomen.

2 a) Abschnitt A ist richtig.

2 b) die Sonne, der Mond, das Wasser, der Mond, die Erde, der Mond, das Meer, der Magnet, das Wasser, die Richtung, das Ufer, die Ebbe, der Mond, das Wasser, die Flut, die Erde, die Anziehungskraft, das Wasser, der Weg, der Mond

Seite 182

3

langer Vokal	kurzer Vokal
die Vase	*der Hund*
der Vogel	*das Muster*
die Dose	*die Katze*
der Regen	*der Blitz*
der Hase	*krumm*
grüßen	*flink*
	die Wanne

4 a) Das Thema des Textes ist die Schwerkraft (Erdanziehungskraft).

4 b) Alles fällt auf die Erde: Äpfel, Birnen, Pflaumen, Fallschirmspringer und Bungee-Jumper. [...] Nur oben am Himmel leuchten Mond, Sonne und Sterne und fallen kein bisschen herunter. [...]

5 [...] Wenn ich mir einmal einen spannenden Film im Fernsehen anschauen will, sagt meine Mutter garantiert: „Der Film ist nichts für dich.“ Will ich ausnahmsweise länger aufbleiben, meint mein Vater regelmäßig: „Du musst morgen in der Schule ausgeschlafen sein.“ Dann wünsche ich ihnen manchmal ihre eigenen Eltern an den Hals. „Jetzt geht ihr nicht mehr aus!“, würden die ihnen vielleicht vorschreiben. Alles wird uns verboten. Ständig befehlen die Erwachsenen: „Mach jetzt deine Hausaufgaben, iss nicht so viele Süßigkeiten, räum dein Zimmer auf!“ Ja, wir Kinder haben es schon schwer. [...]

Teste dein Wissen! Lernstandstest
Seite 202

1 b)
Abschnitt 1: B
Abschnitt 2: A
Abschnitt 3: C
Abschnitt 4: D

2 A -, B +, C +, D -, E+, F-

Seite 203

3
sesshaft werden: B
die Einheimischen: B
das Reich: A

4 a) Die Menschen zogen früher von Ort zu Ort und versorgten sich mit allem, was sie brauchten, selbst. Deswegen brauchten sie kein Geld. (Z. 4–6)

4 b) Der direkte Tauschhandel funktionierte nicht mehr, weil die Menschen aufhörten, umherzuziehen. Sie gründeten größere Betriebe, die auf ein bestimmtes Handwerk spezialisiert waren. Deshalb konnte man das, was man herstellte, nicht immer eintauschen. (Z. 6–12) Ein Schuster brauchte z. B. jeden Tag Brot, ein Bäcker aber nicht täglich neue Schuhe. (Z. 16–17)

4 c) Gold, Silber und Edelsteine wurden als „Geld“ benutzt, weil diese Gegenstände besonders wertvoll oder selten waren. (Z. 26 f.)

4 d) Der Wert des „Geldes“ wurde festgelegt, indem man Gold und Silber in unterschiedlich große Scheiben einteilte und sie mit einem Stempel markierte. Das Gewicht der Stücke war genau festgelegt. Dadurch wussten die Händler gleich, wie viel ein Stück wert war. (Z. 32–35)

5 a) *Diese Erklärungen könntest du notiert haben:*
Geld gibt es schon seit sehr langer Zeit.

5 b) Keiner konnte bislang wirklich feststellen, wann und wo genau es zum ersten Mal auftauchte.

5 c) ... damit wurde eine einheitliche Möglichkeit zu zahlen / einheitliches Geld / eine einheitliche Währung notwendig.

Seite 204

6 a) das Zahlungsmittel (Z. 19), das Kleingeld (Z. 24), die Münzen (Z. 36)

6 b) *Diese Wörter könntest du im Cluster ergänzt haben:*
Bargeld/Bares, Kreditkarte, Knete, Kohle, Moneten, Mäuse, Zaster

7 a) Münzen, Schnee, Jahren, uns, neuen, Form, Plastikgeld, Zahlen, Kreditkarte, Magnetstreifen, elektronischen, Bank, unterschreibt

7 b) Der Fehlerschwerpunkt ist die Groß-/Kleinschreibung.

8 Folgende Merkmale könnte dein Märchen z. B. enthalten:
- Es fängt an mit *Es war einmal ...* und endet mit *Und wenn sie nicht gestorben sind, dann leben sie noch heute.*
- Normale Menschen und Fantasiefiguren leben wie selbstverständlich zusammen.
- Es passieren fantastische Dinge, z. B. Verzauberungen.
- Tiere und Gegenstände können sprechen.
- Die Zahl Drei hat eine besondere Bedeutung.
- Es gibt Reime und Zaubersprüche.
- Das Gute wird am Ende belohnt, das Böse bestraft.

Achte auf die Einhaltung des Tempus (Zeitform) Präteritum!

So könnte dein Märchen zum Thema „Geld" lauten:

Das Märchen vom Geld
Es war einmal ein Mädchen, das entdeckte am Straßenrand drei Geldstücke aus purem Gold. Es steckte sie erfreut in die Tasche und überlegte, was es damit machen könnte: „Einen Berg voll Süßigkeiten kaufen? Jeden Tag ins Kino gehen? Mit den teuersten Kleidern in die Schule kommen?" Auf dem Weg zur Fußgängerzone kam das Mädchen an einem Bettler vorbei, der auf einer Parkbank in der Kälte saß. „Das wird mir so schnell nicht passieren", dachte es und lief an ihm vorbei. Als es jedoch im Supermarkt einen Einkaufswagen voll Süßigkeiten bezahlen wollte, verwandelte sich das goldene Geldstück in ihrer Hand in eine hässliche Kröte. Vor Schreck ließ das Mädchen den Einkaufswagen stehen und rannte davon. Nun machte es sich auf den Weg zum Kino. Als es jedoch die Kinokarte bezahlen wollte, verwandelte sich das Geldstück in ihrer Hand in klebrigen, grünen Wackelpudding. „Igitt", rief das Mädchen laut und rannte davon. Jetzt wollte es schicke Kleider kaufen. An der Kasse jedoch verwandelte sich das letzte goldene Geldstück in ihrer Hand in ein 1-Euro-Stück. „Damit kann ich die teuren Kleider nicht bezahlen", dachte es traurig, steckte das 1-Euro-Stück in ihre Tasche und machte sich auf den Heimweg. Auf der Parkbank saß immer noch der Bettler, und das Mädchen gab ihm das 1-Euro-Stück. Da lächelte der Bettler, und jetzt lächelte auch das Mädchen.

Textquellenverzeichnis

S. 22–25, 29 Pludra, Benno: Die Schwäne auf dem Wasser. Aus: Gelberg, Hans-Joachim (Hg.): Geh und spiel mit dem Riesen. 1. Jahrbuch der Kinderliteratur. Beltz und Gelberg, Weinheim u. a. 1971, S. 140 f.
S. 35 Maar, Paul: Das Sams in der Schule. Aus: Eine Woche voller Samstage. Oetinger, Hamburg 1973, S. 94 f.
S. 68 f., 71 Probier's mal mit Gemütlichkeit! Aus: GEOlino 02/07, S. 56–61
S. 76 Volle Kraft voraus! Aus: GEOlino 09/06, S. 58–60
S. 79 f. Wie gefährlich sind Schlangen wirklich? Aus: http://www.freenet.de/freenet/wissenschaft/natur/biologie/schlangen/05.html (Stand vom 16.04.2008)
S. 80 In Deutschland besteht keine Gefahr. Aus www.wissenskarten.de (Stand vom 23.01.2009)
S. 80 Die Ringelnatter. Aus: Löwenzahn Kinder Lexikon. Axel Juncker Verlag, München 2002, S. 135 http://www.medienwerkstatt-online.de/lws_wissen/vorlagen/showcard.php?id=935
S. 81 f. Die Königskobra. Nach: Frances Jones: Gefährliche Tiere ... zum Greifen nah. Tessloff, Nürnberg 2005, S. 8–9
S. 84 Der Blauring-Krake. Nach: Frances Jones: Gefährliche Tiere ... zum Greifen nah. Tessloff, Nürnberg, 2005, S. 12 f.
S. 86 f. Prinzessin Mäusehaut. Aus: www.hekaya.de/anzeigen.phtml/maerchen/grimm_m_12 (Stand vom 16.04.2008)
S. 90 f. Die drei Wünsche. Nach: Die schönsten klassischen Märchen. Verlag Arthur Moewig, Rastatt 1987, S. 73 f.
S. 93 f. Die knubbeldicke Kartoffelkönigin. Aus: Arnold, Marlis: Das Märchen-Kochbuch. Könemann Verlagsgemeinschaft, Köln 2000, S. 106
S. 96 f. Hohler, Franz: Made in Hongkong. Aus: Gelberg, Hans-Joachim (Hg.): Eine Stadt geht über Land. Bildergeschichten & Comics für Kinder. Beltz und Gelberg, Weinheim u. a. 1980
S. 100 f. Große, Manfred: Tante Almas Geburtstag. Aus: Gelberg, Hans-Joachim (Hg.): Die Erde ist mein Haus. 8. Jahrbuch der Kinderliteratur. Beltz und Gelberg, Weinheim u. a. 1988, S. 47 ff.
S. 103 f. Bröger, Achim: Der Ausreden-Erfinder. Thienemanns Verlag, Stuttgart 1973, S. 3–7
S. 105 Petri, Walther: Gedichte sind Briefe. Aus: Tohuwabohu. Gedichte an Kinder. Der Kinderbuchverlag, Berlin 1986
S. 106 Guggenmos, Josef: Der Wind geht ums Haus. Aus: Sonne, Mond und Luftballon. Gedichte für Kinder. Beltz Verlag, Weinheim 1984, S. 54
S. 106 Bydlinski, Georg: Wind und Gras. Aus: Wasserhahn und Wasserhenne. Gedichte und Sprachspielereien. Dachs-Verlag, Wien 2002, S. 47
S. 108 Gomringer, Eugen: Wind. Aus: Worte sind Schatten. Die Konstellationen 1951–1968. Rowohlt Verlag, Reinbek 1969
S. 108 Jatzek, Gerald: Ki-Ki-Kirschkerne spucken. Aus: Der Lixelhix. Jugend und Volk, Wien und München 1986
S. 110 von Pocci, Franz: Der Wind. Aus: Bogner, Ute (Hg.): Die schönsten Kinderreime. Delphin Verlag, München und Zürich 1983, S. 304
S. 111 Guggenmos, Josef: Gegen den Wind. Aus: Oh, Verzeihung, sagte die Ameise. Beltz und Gelberg, Weinheim u. a. 1990, S. 83
S. 111 Baumann, Hans: Gegenwind. Aus: Wer Flügel hat, kann fliegen. Verlag Ensslin und Laiblin, Reutlingen 1966
S. 113 f. Wer der Stärkste ist. Aus: Große-Oetringhaus, Hans-Martin: Tierisch menschlich. Märchenhaftes aus der Tierwelt rund um den Globus. Erzählungen. IATROS Verlag, Nierstein 2007, S. 81 ff.
S. 115 Petri, Walther: Alle Wörter. Aus: Gelberg, Hans-Joachim (Hg.): Großer Ozean. Gedichte für alle. Beltz und Gelberg, Weinheim u. a. 2000, S. 186
S. 122 Schubiger, Jürg: Das Mädchen und die Langeweile. Aus: Wo ist das Meer? Beltz und Gelberg, Weinheim u. a. 2000, S. 18–20
S. 124 Jatzek, Gerald: Vom Tisch und vom Fisch. Aus: Gelberg, Hans-Joachim (Hg.): Oder die Entdeckung der Welt. 10. Jahrbuch der Kinderliteratur. Beltz und Gelberg, Weinheim u. a. 1997, S. 238 f.
S. 129 Intelligente und wendige Säugetiere. Nach: www.kindernetz.de/oli/tierlexikon (Suchwort: Delfin) © Südwestrundfunk (Stand vom 21.04.2008)
S. 130 Maar, Paul: Seltsam. Aus: Jaguar und Neinguar. Oetinger, Hamburg 2007, S. 12
S. 138 Schwitters, Kurt: So, so! – Aus: Gelberg, Hans-Joachim (Hg.): Großer Ozean. Gedichte für alle. Beltz und Gelberg, Weinheim u. a. 2000, S. 24
S. 144 Maar, Paul: Ein Gespräch. Aus: Jaguar und Neinguar. Oetinger, Hamburg 2007, S. 11
S. 145 Nach: Jatzek, Gerald: Zeitwortmelodie. Aus: Was für ein Glück. 9. Jahrbuch der Kinderliteratur. Gelberg und Beltz, Weinheim u. a. 1993, S. 21
S. 145 Das 18-Muskel-Training. Nach: Janßen, Ulrich/Steuerhagel, Ulla: Die Kinder-Uni 1. dtv, München 2006, S. 95
S. 159 Schubiger, Jürg: Der Reisende. Aus: Wo ist das Meer? Beltz und Gelberg, Weinheim u. a. 2000, S. 9–16
S. 164 Deutschland ist Fußball-Europameister. Aus: www.geolino.de (Stand vom 20.06.2005)
S. 165 Die ängstlichen „Killerfische". Aus: www.geolino.de (Stand vom 09.05.2005)
S. 167 Kant, Uwe: Tiergeschichte. Aus: Gelberg, Hans-Joachim (Hg.): Oder die Entdeckung der Welt. 10. Jahrbuch der Kinderliteratur. Beltz und Gelberg, Weinheim u. a. 1997
S. 168 Auer, Martin: Füchse. Aus: Gelberg, Hans-Joachim (Hg.): Oder die Entdeckung der Welt. 10. Jahrbuch der Kinderliteratur. Beltz und Gelberg, Weinheim u. a. 1997, S. 46
S. 169 Auer, Martin: Eulen. Aus: Gelberg, Hans-Joachim (Hg.): Oder die Entdeckung der Welt. 10. Jahrbuch der Kinderliteratur. Beltz und Gelberg, Weinheim u. a. 1997, S. 46
S. 170 Pludra, Benno: Es waren einmal ein paar Schuh. Aus: Gelberg, Hans-Joachim (Hg.): Augenaufmachen. 7. Jahrbuch für Kinderliteratur. Beltz und Gelberg, Weinheim u. a. 1984, S. 55
S. 171 Malerba, Luigi: Neun nachdenkliche Hühner. Nach: Sibylle Sailer (Hg.): Ich hör dir zu und denk mir was. Weltliteratur zum Vorlesen. Arena Verlag, Würzburg 2003, S. 89–91
S. 173 Maar, Paul: Hexenlied. Aus: Jaguar und Neinguar. Oetinger, Hamburg 2007, S. 22
S. 179 Thiel, Hans Peter (Hg.): Von Wort zu Wort. Schülerbuch mit Basiswissen Deutsch. Cornelsen, Berlin 2008, S. 278
S. 181 Wo ist das Meer, wenn Ebbe ist? Nach: Wilhelmi, Friederike: Warum schmeckt das Meer nach Salz? Ars Edition, München 2007, S. 93 f.
S. 182 Alles fällt ... Nach Janßen, Ulrich / Steuerhagel, Ulla: Die Kinder-Uni 1. dtv, München 2006, S. 95
S. 184 Ein Haus im Dach des Dschungels. Nach: http://www.weltderwunder.de/wdw/Mensch/Mythos/Korowai/Baumhaus/index.html (Stand vom 18.04.2008)
S. 184 f. Wohnen in der Jurte. Nach: Lugert, Verena: Kosmos-Uni für Kinder. Völker unserer Erde. Franckh-Kosmos Verlag, Stuttgart 2004, S. 45
S. 186 Interview mit meiner Straße: Die Schwalbenstraße in Rottenburg. Aus: www.kinderstrasse.org (Stand vom 21.04.2008)

S. 186 Die Kottbusser Straße in Berlin. Aus: www.kinderstrasse.org (Stand vom 21.04.2008)
S. 187 Ferra-Mikura, Vera: Weil die Wände so dünn sind. Aus: Bydlinski, Georg (Hg.): Der neue Wünschelbaum. Gedichte für Kinder und ihre Erwachsenen. Dachs-Verlag, Wien 1999, S. 41
S. 190 Hein, Christoph: Freunde. Aus: Abmeier, Armin/Berner, R. Susanne (Hg.): Lebens-Mittel. Was Kinder brauchen. Mit Bildern von Thomas M. Müller. Reihe „Tolle Hefte". Büchergilde Gutenberg, Frankfurt/M., Wien, Zürich 2003, S. 11
S. 191 Freundschaft. GEOlino 06/07, S. 40–44
S. 192 Über das Geheimnis der Beliebtheit. GEOlino 06/07, S. 44
S. 194 Creech, Sharon: Warum ist Bailey plötzlich so gemein? Aus: Glück mit Soße. Fischer Schatzinsel, Frankfurt/M. 2006, S. 17 f.
S. 195 Krausnik, Michail: Leistungsspitze. Aus: Mach mit bei der Schülerolympiade! Broschüre Nationales Olympisches Komitee für Deutschland. Frankfurt/M. 2002, S. 64
S. 196 Zeit der Rekorde. Nach: http://www.schule.de/schulen/gesamtschule-zehlendorf/infos/wilma.htm (Stand vom 24.04.2008)
S. 197 Erfolgreichste WM-Torschützen aller Zeiten. Aus: http://www.brasilienportal.ch/index.cfm?nav=12,817,819,834,1071 (Stand vom 24.04.2008)
S. 198 Der Berg mit dem längsten Namen. Aus: www.clickpix.de/unglaublich.htm, S. 28 (Stand vom 27.09.2006)
S. 198 Das schnellste Auto der Welt. Aus: http://www.br-online.de/kinder/fragen-verstehen/wissen/2003/00077/ (Stand vom 24.04.2008)
S. 199 Weltrekord im Fahrrad-Rückwärts-Geigen. Nach: http://www.lustige-weltrekorde.de/Spassrekorde-Guinnessbuch-FR.html (Stand 17.04.2008)
S. 200 Brendel, Friedrich Wilhelm: Das Rennschwein. Aus: Maar, Paul (Hg.): Östlich der Sonne und westlich vom Mond. Aufbau-Verlagsgruppe, Berlin 2006
S. 201 f. Die Geschichte des Geldes. Nach: Lietaer, Bernhard: So ist das Geld entstanden! Die Geschichte des Geldes. Aus: Der Bunte Hund. Beltz & Gelberg, Weinheim 2008, S. 18–20

Texte der Herausgeberin und der Autorinnen

Bildquellenverzeichnis

Titelfoto: Thomas Schulz, Teupitz; S. 7, 8, 11, 17, 41, 42, 57, 95, 122: Thomas Schulz, Teupitz; S. 9: Bildagentur Schapowalow, Hamburg; S. 26 links: Avenue Images, Hamburg, rechts: Lokomotiv-Ateliers für Visuelle Kommunikation, Stadtlohn-Fon; S. 30: plainpicture, Hamburg; S. 33: Christoph Mangler, Berlin; S. 35: Aus: Paul Maar. Eine Woche voller Samstage. Illustration: Paul Maar. Verlag Friedrich Oetinger, Hamburg 1973; S. 38: Susanne Bochem, Mainz; S. 49: picture-alliance/dpa, Frankfurt am Main; S. 55: privat; S. 62: picture-alliance/Alfons Rath, Frankfurt am Main; S. 67: Biosphoto/Gunther Michel; S. 68: Juniors Bildarchiv, Ruhpolding; S. 71: Wildlife/B. Kenney, Hamburg; S. 72: picture-alliance/ZB, Frankfurt am Main; S. 77: defd-pwe Verlag, Hamburg; S. 80: Arco Images, Lünen; S. 81: picture-alliance/OKAPIA/Joe McDonald, Frankfurt am Main; S. 84: Herbert Frei/SeaTops, Karlsruhe; S. 111: Bodo Müller, Travemünde; S. 137: Aus: Arche Sowa. Februar. Haffmans Verlag 1996. © Michael Sowa/Inkognito, Berlin; S. 138: Aus: Quint Buchholz. Der Sammler der Augenblicke. © 2000 Carl Hanser Verlag, München; S. 139: Aus: Quint Buchholz. Am Wasser. Ein Bilderbuch. Texte von Johanna und Martin Walser. © 2000 Carl Hanser Verlag, München; S. 164: picture-alliance/dpa/dpaweb, Frankfurt am Main; S. 183: Bildagentur-online, Burgkunstadt; S. 184: Garve Filmproduktion/Roland Garve, Lüneburg; S. 185: sinopictures/Brigitte Hiss, Berlin; S. 195: picture-alliance/dpa, Frankfurt am Main; S. 196: AP Images, Frankfurt am Main; S. 198: picture-alliance/dpa, Frankfurt am Main; S. 199: Christoph Adam, Lübeck

de.fotolia.com: S. 21: © picture-optimize; S. 22: © charly lippert; S. 24: © Vitalii Boduen; S. 26 Mitte: © Kayann; S. 51: © rosi; S. 54: © Gravicapa; S. 56 links: © Elnur; rechts: © DX; S. 66 (1-3): © Franz Pflügl; S. 105: © Ralf Siemieniec; S. 112: © Gérard Vécin; S. 134: © Phoenixpix; S. 145: © Andrey Novikov; S. 168: © chas53; S. 170: © OlgaLIS; S. 188: © Brebca; S. 189: © Franz Pflügl; S. 203: © Torsten Märtke

Sachregister

T

U

V

W

Z